Adalbert Stifter

Wien und die Wiener

Geismädchen.

Adalbert Stifter

Wien und die Wiener

Mit den farbigen Originalstichen
von Carl Mahlknecht und
Wilhelm Böhm

AMALTHEA

Ein besonderer Dank für das Zustandekommen dieser Ausgabe und die vorzügliche Beratung gilt Herrn Hofrat Dr. Sieghard Neffe von der Universitätsbibliothek Wien und Herrn Hofrat Dr. Johann Lachinger, langjähriger Leiter des Adalbert-Stifter-Institutes des Landes Oberösterreich.

Bildnachweis

Die Stahlstiche, die in dieser Ausgabe erstmals nach der Originalausgabe von 1844 wieder veröffentlicht werden, stammen von Carl Mahlknecht und Wilhelm Böhm. Auf den Blättern unten ersichtlich aus den Signaturen W.B. auf der linken Seite und C.M. auf der rechten Seite.

Besuchen Sie uns im Internet unter:
http:/www.amalthea-verlag.de

Umschlaggestaltung: Wolfgang Heinzel, nach Illustrationen von Carl Mahlknecht und Wilhelm Böhm
Herstellung und Satz: VerlagsService Dr. Helmut Neuberger & Karl Schaumann GmbH, Heimstetten
Gesetzt aus der 10,6/15 Punkt Garamond BQ
Druck und Binden: Ueberreuter Buchproduktion, Korneuburg
Printed in Austria
ISBN 3-85002-543-8

Inhalt

* Faksimile der von Adalbert Stifter 1844 publizierten Fassung.

* Faksimile der von Adalbert Stifter in den 1860er Jahren vorgenommenen Neufassung, die nicht vollendet wurde.

Vorrede.

Es ist Zweck und Ziel dieser Blätter, nicht etwa eine Statistik Wiens zu bringen, sondern in ernsten und heitern Bildern, wie in einem Kaleidoskop Scenen dieser Hauptstadt vorüber zu führen, die nur ihr zukommen, so daß sich dem Leser nach und nach ein Bild des Lebens und Treibens dieser Residenz zusammen male, welches dem, der es nie selbst gesehen, eine Vorstellung gibt — dem aber, der hier gewesen oder noch ist, eine ergötzliche Erinnerung. Wie wahr oder falsch beides, Vorstellung und Erinnerung sein wird, hängt dann freilich von der Güte der Aufsätze und von der Fantasie des Lesers ab. Da jede große Stadt nothwendig durch den Conflict von Leidenschaften und Thorheiten für den feinern Beobachter etwas Humoristisches hat, aber auch durch das Zusammenströmen großartiger Bestrebungen etwas furchtbar Ernstes, ja da eben jenes Humoristische durch die Folie dieses Ernstes bedingt ist: so wird auch nothwendig jene Komik und dieser Ernst in unserem Buche vorkommen müssen, und der Leser wird sich nicht verwundern, wenn ihm Figuren aus den untersten Ständen begegnen, und aus den höchsten. — Der Bettler, der Bänkelsänger, der Leiermann, Fiacker, Tagelöhner, Schusterbuben werden nicht minder als der Dandy, der Gelehrte, der Künstler, der Staatsmann, der Rentist, der Adel und der reiche Kaufmann durch unsere Blätter gehen, wie sie ja auch durch unsere Stadt gehn, und in die Kneipe und in den Gasthausgarten, so wie in den Salon und Privatpark wird uns der Leser folgen müssen: Volksfeste werden vor ihm ausgebreitet, und der Ballsaal der Reichen geöffnet, Narren die Hülle und Fülle, aber auch Herzen und Geister, vor denen er Ehrfurcht hat, einzelne Bilder und wieder auch Massen, das Gefühl des Einsamen und das Jubeln und Brausen der Menge — die weltgeschichtliche That, und der leichtsinnige Sprung nach einem Vergnügen, und so bunt wie das Leben selber, wünschen es diese Blätter zu bringen, und ihr Ziel ist erreicht, wenn der Leser die Wiener auslacht, aber auch liebt, und wenn er sagt: „das muß doch „eine erstaunliche Stadt sein, wir müssen doch auch dieselbe vor un„serm Lebensende noch besuchen und besehen, ob es denn gar so lustig „und so herrlich und so gemüthlich und so bedeutungsvoll dort sei, „wie Diese hier schreiben, oder ob es eitler Wind ist, den sie in die „Welt hinausblasen" — — nein! komme nur, lieber Leser, und siehe selber, wie wahr Alles ist, und wie weit noch unsere Feder zurückblieb. Wenn der Kritiker sagt, daß doch Werth und Gehalt dieser Aufsätze so sehr verschieden sei, so antworten wir ihm: der Leser ist selber nicht anders.

Und somit urtheilet freundlich über „Wien und die Wiener."

Wien im Monat August 1841.

Die Verfasser.*

* Adalbert Stifter hat als Herausgeber des 1844 erschienenen Sammelbandes »Wien und die Wiener« namens der Mitautoren die »Vorrede« mit »Die Verfasser« gezeichnet.

Aussicht und Betrachtungen von der Spitze des St. Stephansturmes

So entrollen wir denn vorerst vor dem geneigten Leser dieser Blätter die ungeheure Tafel, auf der dies Häusermeer hinauswogt, ein Leben in sich tragend, so bunt und heiter, daß man wähnt, es diene nur dem Augenblicke und der Stunde, und die Göttin, die hier herrschet, sei die Freude – und sie ist es auch – denn der Mensch, die Tausende, die hier strömen, arbeiten, sorgen, sich vergnügen und in Hast und bewundernswertem Geschicke die Frucht jeder Minute zu brechen wissen – sie ahnen es nicht, daß sie Lettern sind, heitere, schöne Lettern, womit die Muse das furchtbare Drama der Weltgeschichte schreibt; sie fühlen es nicht, daß hier der Herzschlag einer großen Monarchie ist, die im Rate der Völker sitzt und das Geschick des Erdballes bestimmen hilft, und daß von diesem Herzschlage die Frische und Gesundheit der andern Glieder abhängt – sie wissen es nicht und können es nicht wissen; aus Gemüt und Streben jedes einzelnen baut sich jener Geist der Zeit zusammen, der die Tat gebiert, die Tat und das Antlitz des Jahrhunderts, oft des Jahrtausends – keiner tat die Tat und formte das Antlitz, aber alle taten's, wenn sie auch dann vielleicht dastehn und staunen – das Blut, der einfach rote Balsam, strömt fröhlich durch alle Adern des ganzen Körpers und ahnt nicht, daß es selbst dies Wunderwerk von Körper aufgebauet hat: das Volk, das hier jubelnd strömet, jeder seinem Zwecke, meist dem der Freude dienend, dieses Volk bauet rastlos emsig in Kindern und Kindes-Kindes-Kindern an einem Baue, den es nicht kennt, nach einem Plane, den es nicht weiß – sie bauen unermüdlich fort, und stürzt einer, so steht schon wieder ein andrer mit Hammer und Kelle an seinem Platze und sputet sich – und wenn der Bau fertig ist, so erstaunen die einigen, die eben zugegen sind! Dann geht einer hin und erzählt in vielen Blättern, wie das alles gekommen ist, aber auch er weiß es nicht. – Weise Lenker waren bei dem Baue, aber auch sie konnten nur Teile sehen und bestimmen. – Wer das *Ganze* anbefahl und überwachte, den hat noch nie ein Auge gesehen!

Nun, lieber Leser, schaue dir noch einmal im Geiste dieses bewegte Leben an, und es wird dir bedeutungsvoller scheinen als vordem, und dann, wenn du dein Herz vorbereitet hast zu Erhabenheit und Scherz, zur Freude wie zur Betrübnis – dann folge mir, daß wir unsere Augen schweben lassen über dieser Riesenscheibe, die da wogt und wallt und kocht und sprüht und sich ewig rührt in allen ihren Teilen.

Wenn man Süd und Südwest ausnimmt, so mag der Wanderer kommen von welcher Weltgegend immer, und er wird, bevor er noch ein Atom von der großen Stadt erblicken kann, schon jene schlanke, zarte, luftige Pappel erblicken, die still und ruhig in einem leichten blauen Dufte steht und die Stelle anzeigt, an der sich die noch nicht gesehene riesige Stadt hindehnet, dann, wenn er weiter geht, reitet oder fährt, münden sich allerwärts Straßen wie Adern zusammen, der Gefährten werden immer mehr, die schneller oder langsamer teilnahmslos an ihm vorüberjagen, wie Treibholz, demselben Strudel zu, bis sich endlich rechts und links, nah und ferne die Massen der Stadt heben, hier sanft rauchend und hinausdämmernd, dort nahe schreitend mit Dächern, Giebeln, Türmen, funkelnden Punkten – bis er endlich bei einer unscheinbaren Barriere hineintritt, und nun schlagen die Wogen über ihm zusammen. Eine endlose Gasse nimmt ihn auf; ein Strom, der schmutzige und glänzende Dinge treibt, wird immer dichter und immer lärmender, je näher er jener Pappel kömmt, die er aber jetzt nirgends sieht – ja dort tritt sie vor, ein dunkler, schlanker, riesiger Stift in der glänzenden Luft – nein, sie ist es nicht; denn weiter rechts steht mit einem Male eine noch größere, ruhigere, graublau dämmernd, den Adler auf der Spitze tragend – diese ist's – man sieht fast das zarte Laubwerk an ihrem Schafte emporstreben. – Jetzt tritt wieder eine Häuserpartie dazwischen – die Gasse will kein Ende nehmen; allerorts Drängen und Brausen und Vergnügen und Freude, nur dem Fremdling will es einsam werden in dieser tosenden Wüstenei. Fast betäubt geht *er* weiter; mit einem Male ist die Gasse zu Ende und auch die Stadt. Ein weiter grüner Platz voll Laubgrün und geputzter Menschen steht vor ihm, aber jenseits wieder eine Stadt, die ewig unerreichbare Pappel wieder in ihrer Mitte tragend. – Unverdrossen durchschreitet er den seltsamen Garten; ein finsteres Tor schlingt ihn ein; eine Versammlung glänzender Paläste tritt um ihn herum und nimmt ihn in die Mitte, ihn hier und dort hindurchgeleitend, immer zu neuen, fast noch glänzenderen weisend. – Dem armen Landbewohner ist's, als seien hier ja gar keine Häuser, lauter Paläste und Kirchen – seine Pappel ist verschwunden – hier oder dort taucht wohl ihre Spitze ein wenig vor, dann wieder lange nicht, dann wieder auf. einmal an einem ganz anderen Orte. – Er geht darauf zu, weicht ein wenig an dieser Ecke ab, dann an jener, es kömmt Gasse an Gasse, aber er erreicht sie nicht – ja, dort sieht die Spitze wieder hervor, gerade hinter ihm. Sind ihrer denn unzählige? – – »Nein, mein Guter, aber du gehst in der Irre – siehe hier, wo die endlos große Tafel auf dem Hause ist, ist eine Herberge: da ruhe aus, erquicke dich, siehe von deinem Fenster aus dem Schwalle zu, der ewig unerschöpflich um jene Ecke flutet, und gewöhne dich an ihn – dann morgen früh mit Tagesanbruch geh mit mir, ich führe dich bis zur Spitze deiner geliebten Pappel empor und zeige dir von dort herab die Zauberei dieser Welt.«

So. Die Sonne ist noch nicht aufgegangen. Es werden wenige sein von allen denen, die jetzt noch unter uns schlummern, welche schon den Anblick genossen haben, der unser harret; denn sie können das Bett nicht verlassen oder haben niemand, der ihnen dazu verhelfen könnte, schon so früh heroben auf dieser Spitze sein zu können. Dort gegen Norden hinaus, wo die leichten weißen Nebel ruhen und ziehen, ist die Donau, und die dunklen Streifen, die sich im Nebel zu wälzen und mit ihm zu ziehen scheinen, sind schöne Auen, durch die der edle Strom wallet. – Weiter hinaus, das luftige, im Morgengrau schimmernde Fahlrot ist das Marchfeld, und jener blaue Hauch durch den Himmel, der sich eben mit der ersten Milch des Morgens lichtet, sind die Karpathen und die Berge gegen Ungarn. Sie schweifen wie ein aus Luft gewobenes Band um den ganzen Osten, der bereits überraschend schnell in ein immer feineres Licht aufblühet, und schwimmen dort wie in unermeßlicher Ferne in die Luft hinaus. Aber was ist jener Berg gleich rechts daran mit der zum Erschrecken nahen, weißglänzenden Zeichnung? Er steht eine Tagereise weit von hier gegen Südwesten und ist der Schneeberg, das letzte jener Häupter, die, mit manchem silberweißen Helm und Panzer bedeckt, in jenem Zuge stehen, der vom Lande Schweiz an durch das Tirol hinausreicht und dann, zwischen unserm Lande und der Steiermark laufend, hier mit einem Male ein Ende nimmt. Rechts von ihm siehst du die blaue Mauer weiter westwärts springen, bis sie dir jene dunklen Rücken decken, die uns breit und schwer den auch noch dunklen Westhimmel umlagern. Wie sie auch jetzt mit dem wilden Schwarz um den sich hellenden Himmel liegen, so wirst du doch sehen, wenn über ihnen die Sonne steht, wie sie anmutige Höhen sind, üppige Laubschöße, in denen die weißen Landhäuser herumgestreut sind, und die Dörfer und die Schlösser, in deren Schatten die tausend verschlungenen Wege laufen, so daß diese Höhen wie ein riesenhafter heitergrüner Park um die große staubende Stadt herumlaufen, ihren West wie ein sanfter Bogen gürtend. Mitten nun auf dieser dunklen Länderscheibe, die du eben mit deinem Auge aus dem Himmel herausgeschnitten, gerade unten zu deinen Füßen liegt die schwarze Stadt, unberührt von der Morgenröte, die bereits über ihr heraufflammt, dieses Bild des gestrigen Treibens, nun unbeweglich ruhig, wie in Todesschlummer gestürzt, gespenstig starr heraufglotzend, als wäre sie tot, von keinem einzigen Laute erschüttert als hier und da von dem grellen Schlag einer geblendeten Nachtigall, die, den stillen Nacht- und Morgenhauch in ihren Gliedern fühlend, mitten im Steinmeere von grünen Zweigen träumt und einen Lieb- und Angstruf tut – – doch horch, das erste Lebenszeichen des schlafenden Ungeheuers gibt sich eben kund. Hörst du das ferne Rasseln durch eine

Gasse, als ob Kriegsgeschütze im Galopp führen? Es sind die ersten Fähren, die beginnen, dem ungeheuren Magen seine heutige Nahrung zuzuführen, Fleischerwagen sind es, die durch die Schläfer rasseln und donnern und in ihre Träume reichen, ohne sie wecken zu können; denn sie haben es schon tausendmal gehört. Jetzt ist es wieder stille – feurige Landzungen ragen durch den Himmel und legen ein sanftes Purpurrot auf die grauen Steine um uns, die Rippen dieses Turmes, auf dem wir stehen. – Siehst du, ein graues Schimmern läuft schon hie und da durch Teile der Stadt, die dir immer größer wird und ihre Glieder, gleichsam wie im Morgenschlummer dehnend, über Hügel und Täler hinausstreckt – und in dem Schimmer blitzen rote Funken auf wie vortauchende Karfunkel, es sind Fenster, an denen sich die Morgenröte fängt. – Jetzt rasselt es wieder und an mehreren Stellen; – jetzt fängt sich's auch hier und dort in andern verworrenen Tönen zu regen an, und dort und da erbraust es sanft wie Atemzüge eines Erwachenden – die Nebel sind von der Donau verschwunden und sie wird sichtbar wie ein stiller, goldner Bach. Einzelne Rauchsäulen heben sich bereits aus der Stadt – das Brausen schwillt – – hui! Ein Blitz fliegt an unsern Turm: die Sonne ist herauf!! Die unten aber haben sie noch nicht – jetzt – ganz draußen brennt plötzlich ein Teil der Stadt an; wie es blitzt und von Zeile zu Zeile lodert! Jetzt brennt's auch dort, jetzt dort, jetzt in der ganzen Stadt, ihr Rauch vermehret sich und wallt wie ein goldner trüber Brodem in die Morgenglut hinein. Ganze Gassen schimmern im Morgenglanze, ganze Fensterreihen belegen sich mit Gold – Turmkreuze und Kuppeln funkeln – von einzelnen Türmen fallen die sanften Klänge der Glocken zum Morgen-Ave. In den Gassen regt sich's; schwarze Punkte werden sichtbar und bewegen sich und schießen durcheinander, sie werden immer mehr, einzelne frische Schalle schlagen herauf, das Rollen, Rasseln und Prasseln wird immer dichter, das verworrene Tönen ergreift alle Stadtteile, als ob sich Gassen und Häuser durcheinanderrührten, bis ein einziges dichtes, dumpfes, fortgehendes Brausen unausgesetzt durch die ganze Stadt geht. *Sie ist erwacht.* Indes schwingt sich die Sonne siegend und lächelnd wie ein silbern reines Schild immer höher über das wirre Babel empor.

Und nun, da der Tag alles ins klare gebracht hat, lasse unsere Blicke durch dies schöne Schauspiel wandern, ehe der Wind sich hebt und der Staub seinen schmutzigen Schleier über ganze Teile der Stadt und jenen schönen Schmelz der Fernsicht legt.

Der Teil gerade zu unsern Füßen ist die eigentliche Stadt. Wir sehen sie wie eine Scheibe um unsern Turm herumliegen, ein Gewimmel und Geschiebe von Dächern, Giebeln, Schornsteinen, Türmen, ein Durcheinanderhegen von Prismen, Würfeln, Pyramiden, Parallelopipeden, Kuppeln, als sei das alles in toller Kristallisation aneinandergeschossen und starre nun da so fort. – In der Tat, von dieser Höhe der Vogelperspektive angesehen, hat selbst für den Eingeborenen seine Stadt etwas Fremdes und Abenteuerliches, so daß er sich für den Augenblick nicht zu finden weiß. Wie eine ungeheure Wabe von Bienen liegt sie unten, durchbrochen und gegittert allenthalben, und doch allenthalben zusammenhängend, nur die Gassen nach allen Richtungen sind wie hineingerissene Furchen und die Plätze wie ein Zurückweichen des Gedränges, wo man wieder Luft gewinnt. Senkrecht im Abgrund unter uns liegt der Platz St. Stephans, die Menschen laufen auf dem lichtgrauen Pflaster wie dunkle Ameisen herum, und jene Kutsche gleitet wie eine schwarze Nußschale vorüber, von zwei netten Käferchen gezogen, und immer mehr und mehr werden der Ameisen und immer mehr der gleitenden Nußschalen. Dort, nur durch eine dünne Häuserschicht von uns getrennt, steht: die schöne schwarze Kuppel St. Peters, von dieser Höhe erst sichtbar, wie weit sie die Häusermasse überragt – hinter ihr der freundliche Turm der Schottenabtei, links das schlanke Stift St. Michaels, dann die Augustiner, die Kapuziner und zwischen ihnen allen – selber eine kleine Stadt – die ehrwürdigen Gebäude der kaiserlichen Hofburg. Dann schwingt sich von Süd gegen Ost herum die Häusermasse des Kärntnerviertels, durchschnitten von dem sanften Bogen der Kärntnerstraße, der menschenwimmelnden – dort ragen die Franziskanertürme, weiter links die der Universität empor, und dort gegen Nordwest – du kleines bescheidenes Türmchen! St. Ruprecht, ältestes der Stadt – und wieder links davon die zart durchbrochene Spitze von Maria am Gestade – und noch andere und andere Türme, Giebel, Erker und Balkone. – – Aber sieh, auch das Volk dieser Stadt ist erwacht und fängt sein Tagewerk zu betreiben an. Man könnte dessen Charakter weissagen aus der Stunde des Erscheinens auf dem Schauplatze der Beschäftigung – doch ehe wir dies tun, wirf noch einen Blick weiter hinaus über die Grenzen der eigentlichen Stadt – siehe dort ist ein seltsamer Garten, in den du gestern gelangtest, als plötzlich die lange Vorstadtgasse abbrach. Wie ein breiter, grüner Gürtel läuft er um die Stadt herum, einst Glacis der Festung, nun in der Tat ein anmutiger Garten, mit grünen Rasenplätzen bedeckt, nach allen Richtungen von Alleen durchschnitten, ein wohltätig Luftreservoir, dahin sich in der Abendkühle gerne und zahlreich die Bevölkerung ergießt, um sich zu ergehen und freier aufzuatmen.

Und jenseits dieses Gartens, in ungeheurem Kreise herumgeschlungen, breit hinausgelagert, liegt erst jene Masse, die dieser Hauptstadt eigentlich ihre Größe gibt, die Masse der Vorstädte, ich glaube, man zählt deren bereits fünfunddreißig – mit größtenteils sehr schönen Fronten stellen sie sich im Kreise gegen das Glacis auf, gleichsam in ihrem Hereinschieben, gegen die Stadt hier an einer unsichtbaren Grenze anhaltend und sich anstaunend; denn weiter dürfen sie gegen den luftigen, gesundheitbringenden Garten des Glacis nicht vordringen: aber dafür machen sie sich draußen breit und fressen immer weiter und weiter den Raum hinweg; denn siehst du, obwohl sie dort gegen Südwest über einen Flügel steigen, dann sanft ins Tal sinken, dort breit auseinanderfließen bis ans Gestade des Donauarmes, ja denselben überschreiten, das jenseitige Inselgestade dicht überfüllend, dann wieder steigen und wieder sinken ans Ufer des Flusses Wien und dann jenen ersten Hügel anklimmen – obwohl sie an manchen Stellen fast unübersehlich breit hinausgehen, bis sie sich allmählich mit mehr und mehr Gärten mischen, die weißen Punkte der Häuser einzelner auseinanderstreuend, und endlich an das grüne Gefilde stoßen, das wohl die Grenze der Stadt, nicht aber der Häuser ist; denn weit und breit in dasselbe herumgestreut liegen die Landhäuser, winzige weiße Punkte, herüberleuchtend wie ferne Segel in einem duftigen, grünblau dämmernden Meere – obwohl schon unzählige der einstigen Dörfer um Wien von den Vorstädten verschlungen sind und jetzt als Städte noch meistens ihren einstigen Dorfnamen führen: so ist des Wachsens und des Bauens noch immer kein Ende; denn siehe dort hinaus gen Süden, wo der schöne sanft dunkelgrüne Rücken des Wienerberges hinüberziehet, da siehst du auf seiner Höhe eine kleine Säule, die Spinnerin am Kreuz genannt. – Dort herein, gerade auf uns zu führt eine mächtige Straße, sie kömmt von unserm Hafen Triest und knüpft uns an den ganzen Süden. – Nimm nun das Fernrohr hier und suche die Straße; dort, wo jene ferne, schwache Staubwolke aufgeht, muß sie sein – – nun was siehst du? Einen langen Zug, Wagen an Wagen, langsam fahrend, alle gegen die Stadt – an ihnen vorüberjagend hinein und hinaus die vielerlei leichten Wagen und Reiter und zwischen ihnen wandelnd die Fußgänger und Wanderer und Herden von kleinem Vieh und Wagen, die weder zu jenen ganz schweren noch zu diesen leichten gehören. Jene schweren Wagen, die du siehest, bringen vielnamige Waren in die Stadt, aber ein großer Teil derselben, die du mit einem dunkelroten Stoffe beladen siehst, kömmt von jener Gegend, aus der du hinter dem Berge einzelne Rauchsäulen aufsteigen siehest, und bringt unablässig und unermüdlich jenes Materiale, woraus sich dieses riesige Häusegewimmel nach und nach erbaut hat: *die Ziegel* – und im Wienerberge liegen noch und harren unermeßbare Schichten von Ton, daß man noch ein Wien und noch eins und weiß Gott wie viele aneinander fortbauen könnte, bis der Berg erschöpft und eben, aber auch von der Stadt verschlungen wäre! Und sieht man so zu, wie sie sich sputen und treiben und wirken, so sollte man meinen, sie hätten auch nichts Anderes im Sinne.

Und da du das Rohr einmal in Händen hast, so gehe nun damit etwas links – siehst du am Rande der Stadt jenes palastähnliche

Gebäude? Es ist ein Wagenraum, aber für große, mächtige Wagen, deren gleich immer eine ganze Reihe aneinandergehängt daraus hervorfährt, von furchtbaren, unbändigen Rossen gezogen; ihr Schnauben ist erschütternd und der Dampf ihrer Nüstern geht als hohe, dunkle Säule durch den Himmel; sie zermalmen jeden Widerstand, und ihrem Laufe vergleicht sich nur der Flug des Vogels, und dennoch nur *ein* Mensch, ein kleiner Mensch, du würdest ihn mit deinem Rohre kaum sehen, mit einem sanften Druck seiner Hand bändigt er die Rosse, daß sie dastehen, still und fromm wie zitternde Lämmer. Ei – dort fährt er ja – siehe, die dunkle Linie schiebt sich durch die Saaten hin – sieh zu, eh' sie dir enteilt. Schon steht die erste Rauchwolke weit hinter ihr am Himmel, aber auch ihre zweite und ihre dritte – jetzt deckt sie jener Abhang, jetzt ist sie wieder sichtbar, deutlich hinausschwebend – – jetzt ist sie verschwunden, und nur der Rauch zerstreut sich langsam am Himmel.

Wie das majestätisch ist! Und der Mensch, das körperlich ohnmächtige Ding, hat das alles zusammengebracht; die furchtbar gewaltige Naturkraft, blind und entsetzlich, hat er wie ein Spielwerk vor seinen Wagenpalast gespannt und lenkt sie mit dem Drucke seines Fingers – und so wird er auch noch andere, noch innigere, noch grauenhaftere seinem Dienste unterwerfen und allmächtig werden in seinem Hause, der Erde. Die Welt wird immer schöner und großartiger – fast ist es betrübend, sterben zu müssen!

Hast du hier den Menschen in seiner *Stärke* gesehen – gehe nun mit dem Rohre einen Finger breit links und du siehest ihn in seiner *Schönheit*. Ein alter, vornehm belasteter Palast steht am oberen Ende eines Gartens: es ist das Schloß zu Belvedere.

Ein kleiner schwacher Mann ruhte einst dort aus von seinen Taten, die die Frucht eines eisernen Willens waren, der in dem kleinen schwachen Manne wohnte, und die in ihrer Gewalt durch Europa klangen und wie einen Halm die Säulen brachen, auf denen der gefürchtete fanatische Halbmond stand. – Jetzt ist es still in den Hallen des Schlosses; denn der kleine schwache Mann ist längst begraben, und obwohl an Hunderte von Helden in dem Schlosse sind, obwohl ein Kranz der schönsten Frauen dort weilet und Rinder und Rosse, Hirsche und Reiter und Wälder und Felsen, Gärten und Blumen und aller Tiere eine unzählige Menge: so ist es doch dort totenstille; denn als *Bilder,* als schöne, ehrwürdige Blüten der Menschenseele hängen sie dort, dicht Wand an Wand bedeckend, als Denkmal der Größe, der Tiefe, der Liebe, der Innigkeit des menschlichen Herzens. Es ist eine würdige Nachkommenschaft des Helden, der einst hier gewandelt.*

Weiter vorn ist der Sommerpalast des Fürsten von Schwarzenberg und rechts davon die gewaltige Kuppel der Kirche des heiligen Karolus mit ihren zwei schlanken, fast orientalischen Säulen, gleich daneben das symmetrische Gebäude mit dem schönen Blechdache ist die polytechnische Schule und von da weiter links, an schönen, fast palastähnlichen Privatgebäuden vorüber, trifft dein Auge auf ein Haus von großem Ansehen und Umfange – es ist ein seltsam Haus; man macht darinnen ein Ding, das an sich von geringem, man möchte sagen, von gar keinem Gebrauche ist – aber durch Übereinkunft schlummert in dem Dinge der Inbegriff aller andern, und es wird täglich erstrebt, heiß erstrebt von Millionen Händen und täglich weggeworfen von Millionen Händen: *das Geld,* ein Ding, erst harmlos erdacht zur Bequemlichkeit der Menschen, ein hohler, unbedeutender Vertreter der wahren Güter, um sie, die großen, plumpen, unbequemen, nicht allerorts mitführen zu dürfen – dann sachte wachsend in mählicher Bedeutung, unsäglichen Nutzen gewährend, Dinge und Völker mischend in steigendem Verkehr, der feinste Nervengeist der Volksverbindungen – endlich ein Dämon, seine Farbe wechselnd, statt Bild der Dinge selbst Ding werdend, ja *einzig* Ding, das all die andern verschlang – ein blendend Gespenst, dem wir, als wäre es Glück, nachjagen, – ein rätselhafter Abgrund, aus dem alle Genüsse der Welt emportauchen und in den wir dafür das höchste Gut dieser Erde hineingeworfen haben, *die Bruderliebe;* denn sein leichter Verkehr (ein Herzogtum

---

* Prinz Eugen

kann man in einer Tasche tragen) reizt zur Anhäufung, sein Allwert lockt zum Erwerb, dieser, der saure, zum Genuß als Lohn; und dieser als Afterglück reizt zur Steigerung, weil keiner dem lechzenden Herzen hält, was er versprach, und so geht es fort; wieder Erwerb, wieder Genuß, immer steigend, immerzu – größerer Gewinn, größerer Genuß, und der da stürzt in der hastigen Jagd, hat dann Neid und Groll gegen die andern, weil er wähnt, er sei arm. – Und so in toller Verkehrtheit des Begriffes »Glück« jagen Völker, jagt fast die Menschheit in zitternder Hast nach der Wechselmarter: *Erwerben und Verzehren,* indes ihm sein einzig Glück aus den Händen fällt; hold und selig zu spielen im Sonnenschein der Güte Gottes wie der Vogel in den Lüften: selig und arm – – nein, nicht arm; denn zum Bedürfnis ist eine Überfülle da, und reich und glücklich macht die Liebe und die Fröhlichkeit der tausend um uns herum Mitspielenden. – – Aber es muß wohl so sein, so gewiß, als es einst anders werden wird; in dem riesenhaft angelegten Erziehungsplane des unbegreiflich rätselhaften Geschlechtes, *Mensch* genannt, wird es wohl liegen, daß er auch *diese* Erfahrung mache, und von ihr zu andern und wieder andern sich rette, bis die kurzen Jahrtausende seiner Kindheit vorübergegangen sind und der Jüngling sich sacht des sanften Gutes in sich bewußt wird, das ihn zu stillerer Menschheit weiterführen wird, seiner moralischen Freiheit. – Und somit rolle das Geld seinem Zwecke und seiner Bestimmung entgegen.

Gleich links von dem Münzhause, bloß durch jenen blauen Wasserfaden getrennt (es ist der Neustädter Kanal), liegt ein anderes Gebäude, wo man auch ein Ding aus Metall macht, das beinahe so nützlich ist wie das Geld und fast nicht so schädlich, nämlich die Kanonen, die Zähne, die wir dem Fremden weisen, wenn ihn nach unserem Gute gelüstet – sie sind nur ein zeitweiliges Gut und taugen nur so lange, bis einmal die gesamte Menschheit vernünftig wird. Dann hat bloß hie und da das Söhnlein eines Vornehmen ein solch Ding zum Vergnügen, das man ihn losschießen lehret des wundersam starken Schalles wegen. Bis aber jene Zeit kömmt, sind noch immer solche Häuser nötig, wo man sie macht, und auch solche, wie du wieder weiter links eins siehest, ein großes, schönes Haus wie der Palast eines großen Fürsten. Es steht dort gerade an jener Straße, wo du so sehr aus- und einfahren siehest, und ist geschnitten von mächtig großen Pappeln, die in einer Allee dahin führen. – Wenn du das Rohr auf sein Mittelschild richtest, so kannst du die Aufschrift lesen: »Patria laeso militi«, zu deutsch: »Das Vaterland dem beschädigten Krieger«. Es ist das Invalidenhaus, und zwar, wie gesagt, nur so lange tauglich, als man auch das Kanonenhaus braucht, aber es lebt noch keiner, der es wüßte, wann jene Zeit kommen wird, da beide nicht mehr nötig sind. Die Straße, die an dem Gebäude vorüberführt und deren Lauf du auch außer der Stadt dort in dem gelben Felde an dem leichten Staubstreifen, der sich hinauszieht, verfolgen kannst, ist die nach Ungarn und in den Orient, Tag und Nacht befahren von den kleinen Rossen des Ungarlandes, deren oft fast eine Herde vor einem Wagen läuft, gelenkt und ermuntert von jenem malerischen Menschenschlage mit den weiten weißen Beinkleidern und dem breiten Hute, der ein verbranntes, höchst ausdrucksvolles Gesicht beschattet. Es sind noch unverkennbar die Nachkommen der Söhne der Steppe. Aber auch noch eine andere Straße haben wir nach dem Orient, eine noch ergiebigere, ob es gleich auf ihr nicht so wimmelt wie auf dieser und gar kein einzig Stäubchen ist. – Wie einen breiten schimmernden Silberbach siehest du sie dort hinausgehen durch jenen dunkelgrünen Laubwald. Es ist unser schöner Strom, die Donau, und der Laubwald ist der Prater, der Garten von Wien. Große schimmernde Häuser gehen auf dieser Straße abwärts, Menschen und Waren aller Art nach Osten führend, darunter auch jene zierlichen, schlanken Fähren, die Geburt unserer Zeit, die Dampfschiffe, *abwärts* fliegend wie die Wasserschwalbe, *aufwärts* ruhig wandelnd wie ein Schwan, mit der Gewalt seiner Ruder die Macht der Welle überwindend. Sieh, es wallet dort am Eingange des Waldes die mächtig große, weiß und rote Fahne, ein Zeichen, daß noch heute eines jener Feuerschiffe abgehen wird. – Ei, dort steht ja der schwarze Punkt am Ufer, siehst du, draußen auf dem breiteren Wasserbande rechts, wo jene Mühlen sind, das ist das Schiff. Wieviel Freude, wieviel Tränen wird der schwarze Punkt heute noch sehen.

Nun geh noch weiter links, stromaufwärts, da sind zwei dunkle Linien über dem Strom, fast parallel, sie sind die zwei Brücken, die nordwärts führen, die eine links, uralt, für Wagen und Wanderer nach dem Norden, die andere rechts, neu und bloß für die Wagenzüge der Eisenbahn. Am Eingange des Praters siehst du auch den Bahnhof. Besieh dir auch rechts ab von den Brücken jenseits des Stromes jene gelblich fahle Fläche, wogend von Getreide und schier unermeßlich hinausgehend bis zum Horizonte, der in matter Farbe an dem Himmel verschwimmt – mit dem Segen Gottes ist das Feld überdeckt, Nahrung und Heil für die Hauptstadt, aber auch einstens einmal Glück, einmal Unglück bringend; es ist das Feld *von Aspern und von Wagram.* Man hat vor nicht langer Zeit dort einmal eiserne Körner gesäet, und wer weiß, ob nicht die Millionen goldner, die eben dort der Ernte entgegenreifen, eine Frucht der eisernen sind; denn dort haben die Völker gelernt, daß einer besiegt werden konnte, der bis dahin unbesieglich schien. Da man jene Körner säete mit vielen tausend Arbeitern, da war diese Stelle, auf der wir stehen, gedrängt von Menschenangesichtern, und jede andere Stelle unter uns, wo nur der Turm immer eine Lücke gegen jene Seite zeigte, wenn nur so groß wie ein Menschenauge: da war auch ein solches Auge, und alle die Antlitze und alle die Augen waren gerichtet nach der einen Stelle, nach dem Saatfelde – und manches Auge dort wird ahnungsvoll hieher geblickt haben nach der luftigen befreundeten Pappel seiner Stadt, und in manchem brechenden wird diese Spitze noch wie ein Phantom gezittert haben. Der Tag ging vorüber, die Kämpfer gingen vorüber, und die Natur hüllte schamhaft einen Blumenteppich auf diese Stelle.

Wenn du nun noch weiter links gehst, so streift dein Blick über die Inselstadt, die unser Strom vor wenig Jahren so arg heimgesucht hat. Wieder auch dieser Turm war der Ort, von wo aus tausend Blicke auf jene Stätte schauten, wie Häuser und Eis ruhig zum Himmel emporstarrten, und wo sie angstvoll harrten, ob die aus

Schollen gebaute Stadt über die andere emporwachsen werde, ob nicht – und draußen lag es gegossen weithin, wie ein silberner Spiegel blitzend, die Dörfer und Häuser hineingelegt wie ein schwarzer Punkt; der graue Märzhimmel wie eine ruhige matte Kuppel sah unbeweglich nieder, und wo die Sonne das Grau durchdringen konnte, da legte sie flimmernde Mosaik und prachtvoll glitzernde Bilder auf den furchtbaren Spiegel. Die Wasser rannen wieder ab und manches Leben mit – aber die Inselstadt steht wieder heiter und glänzend da, und die Flut von Leben, die hier wogt, schloß sich über jene verlorene, wie die Luft an jener Stelle wieder zusammenfließt, wo man sie verwundet hat.

Willst du nun wieder zur Stelle gelangen, von der wir unsere Rundschau begonnen haben, so schreite von der Inselstadt links, dann über den kleinen gewundenen Strom (eine zu uns hereingesendete Ader der Donau) durch eine Masse von Vorstädten, die gerade dort, wo das Glacis wegen kriegerischer Übungen und Festlichkeiten ohne Baumpflanzung gelassen ist, eine lang gedehnte, schimmernd weiße Linie ziehen, darunter jenes neue Haus, das sich so mächtig und fast ägyptisch ernst und schwer dem Sandplatze entlang zieht – es ist das neue Kriminalgebäude. – Wenn einst jene vernünftige Zeit erscheint, wo man keine Kanonen mehr nötig haben wird, da wird auch dieses Haus unbrauchbar werden, und vielleicht erschallen dann Freudengesänge in den Zellen, wo jetzt die Reue und Verzweiflung brütet – oder vielleicht ist das feste Haus längst in Staub zerfallen, und etwas anderes steht wieder an seiner Stelle, ehe jene Zeit gekommen.

So wie dies Haus vor innerem Unheil wahret, so wahrt das andere rechts gegenüber vor äußerem. Es ist die erste große Alserkaserne, ein regsamer Bienenstock von Krieger- und Waffengewimmel.

Nun gehe noch jenen Schutt von Häusern durch, der links sich über die Höhe lagert, ein Gewirr vielnamiger Vorstädte: Josephstadt, Altlerchenfeld, Neubau, St. Ulrich, Mariahilf, Leimgrube usw. … So, und nun siehst du wieder den sanft grünen Rücken mit der kleinen Säule, den Wienerberg, und unsere Rundschau ist vollendet.

Siehe, die Sonne ist unterdes heraufgestiegen und gießt ihren Schimmer weithin und blendend über all den Schmelz und die Abenteuerlichkeit und Mannigfaltigkeit der ungeheuren Stadt. – Den Schauplatz haben wir durchgangen … und nun, welch ein Volk wohnt und treibt in diesen tausend Mauern?!

Obwohl die Sonne dem Landmanne draußen und uns hier oben längst schon aufgegangen ist, obwohl wir schon mit dem Auge die ganze Stadt durchwandelt haben, so bricht doch für diese unten erst der Morgen an, und ihre Regsamkeit beginnt. – Es ist ein tausendgestaltig, ein seltsam Volk, durcheinandergewürfelt mit allen Vortrefflichkeiten und Tugenden und mit allen Leidenschaften und Lastern, und wenn du sagen gehört, wie Frohsinn und Herzensgüte, sowie Scherz und Schalkheit der eigentliche Grundzug dieses Volkes sei, und obwohl es wahr ist, was man dir sagte: so hoffe doch nicht, daß du dieses am ersten oder zweiten oder zehnten oder hundertsten Tag herauskostest. – Diese Stadt muß wie ein kostbares Nachessen langsam, Stückchen für Stückchen mit Prüfung ausgekostet werden, ja, du mußt selbst ein solches Stückchen geworden sein, ehe der ganze Reichtum ihres Inhaltes und die Reize ihrer Umgebungen dein Eigentum geworden sind. Nur der langsamen und anhaltenden Beobachtung gibt sie sich hin, aber dann tief und innig und nachhaltend. Darum geht mancher von hier fort und trägt nichts mit als ein Getümmel in seinem Kopfe. Erst lerne jede Ode überwinden, die dich fassen wird, wenn du täglich aus deiner Wohnung gehst und täglich andere Menschen auf der Gasse siehest; wenn du an Orten der Freude bist und alles um dich braust und jubelt, ohne sich um dich zu kümmern, daß es dir fast gespenstisch einsam wird – harre nur, gehe immer aus, sei immer hier, werde gemach einer aus ihnen, und siehe, in geheimer Neigung wirst du *alle* auf der Gasse erkennen, ja so erkennen, daß du den Fremden sogleich herausfindest. Sie werden überall mit dir reden, sie werden dich einladen, sie werden dir Freude zuteilen; denn du bist jetzt einer der Ihren, sie erkennen dich und geben sich dir – – und wie du auch jetzt befremdet auf diese Häuser hinabsiehst, wer weiß, ob nicht in einem derselben noch im süßesten Morgenschlummcr die zwei Augen zugedeckt sind, in deren Himmel du rettungslos versinken wirst, daß du dann die Stadt ein Paradies heißest, die dich jetzt noch mit so widerstrebenden Elementen anfaßt; – und hüte dich nur, man trägt hier wunderschöne Augen, und von der Herzensliebenswürdigkeit der Wiener haben die Frauen einen mächtig großen Teil empfangen.

Nun geht das Treiben an, sieh, wie auf dem Platze unten der Menschen immer mehr werden; die Fiaker fahren an und stellen sieh auf, die großen eisernen Riegel vor den Gewölben lüften sich und der Reichtum der Auslagen beginnt sich zu entfalten, ein blendend Verführungsmittel für das schöne und schönheitsbebende Geschlecht. Und wie sie alle laufen und durcheinanderwimmeln, als fürchteten sie sämtlich, zu spät zu kommen. Da fahren die Wagen und bringen in tausend kleineren Gefäßen das Weltmeer »Milch«, das heute verzehrt werden soll – Stand an Stand drängt sich auf dem Markte, mit Lebensmitteln belastet. Eine Million Tiere ist heute nachts gestorben, daß alle diese unten zu essen haben; ein Wald von Pflanzen wurde abgemähet und hereingebracht – da gehen die Mägde mit ihren reinlichen Einkaufskörbchen und tauchen hinein in das wogende Gesurre – – siehe, auch schon eine Karosse, die über den Platz rollt – und all die Geschäftsleute erscheinen und die Beamten, die in ihr Amt gehen – und es mehrt sich Rauch und Staub über der Stadt; der Wagen und Kutschen werden immer mehr, so daß ein unausgesetztes Donnern gedämpft heraufschlägt zu unserer luftigen Einsamkeit – – siehe, wie lieblich! der Morgenhimmel sammelt nach und nach seine Vormittagswolken und die Sonne legt deshalb auf die ausgebreitete Stadt hier Schattenbilder, dort Lichtblicke, daß sie unten liegt wie der Schmelz einer schönen Gold- und Silberstickerei – und ihre Größe kannst du daraus abnehmen, wie dort draußen die Ringe der Vorstädte in einem schwachen blauen Dufte schwimmen, während die nahen Teile der Stadt mit der Klarheit eines Camera obscura-Bildes heraufsehen. Nun erblickt man auch schon die Wagen des Adels und reicher Privaten über das glatte Kirchenpflaster unseres Platzes rollen, und neben den Häusern zieht sich ein ununterbrochener schwarzer Strom von Menschen hin wie wimmelnde Insekten – Trommelschlag – dort um die Ecke rücken Grenadiere: schön und gleich wie eine wandelnde Mauer schiebt sich's auf den lichten Platz heraus, vor derselben weicht und hinter ihr schließt sich das schwarze Gedränge – die Fenster öffnen sich und schöne neugierige Augen schauen heraus; oder die gestickte Mütze und der rote Schlafrock eines Müßiggängers oder Spätlings, für den es jetzt erst frühmorgens ist; die Musik und die Krieger ziehen vorüber, und eine neugierige Schar, teils Männer, teils Knaben, ziehen ihnen im Taktschritte nach.

Endlich öffnen sich auch die Fenster jenes schönen Hauses, und die Vorhänge fliegen hinauf. Wer mag dort wohnen? Ganz gewiß jemand, bei dem Mitternacht erst Abend ist und später Vormittag Morgen. So, nun sind sie alle erwacht, und der Tag ist da – – nein! einer vielleicht oder der andere schlummert noch; siehe, dieser wallende, brodelnde Kessel, er treibt und quirlt, als sei das so obenhin und gehe nach irgendeinem geheimen unabänderlichen Gesetze fort: aber da sind einige in dieser Stadt, du würdest sie auf der Gasse nicht von den andern kennen, diese sitzen an dem schweren Arbeitstische; ihnen ist von noch einem Höheren die Formel dieses Triebens und Lebens anvertrauert, daß sie sich schön und glückselig entwickle und nicht jetzt überschlage – alle fühlen die Wohltat ungehemmten Ganges, aber keiner den Zauber, durch den es geschieht – nur wenn er, sei es auch leise, gehemmt wird, dann meint er, es gehe alles gefehlt und er könnte es besser machen. Laß sie, es ist so die Art des menschlichen Geschlechtes! Mancher nun von denen, auf die ich oben deutete, mag wohl noch zur Zeit, als wir heraufstiegen, bei der Lampe gesessen und der Formel nachgesonnen haben, und als da unten das Leben, für dessen Wohl er sorgt, erwachte, löschte er die Lampe aus und suchte kurzen Schlummer – oder auch er suchte ihn nicht, sondern wandelt jetzt unter den Wachenden wie einer aus ihnen und läßt sich von seinen Untergebenen berichten, was sie meinen und was not tut. Ist dir dieses Treiben noch nichtig? Wächst dir nicht eine furchtbare, ernste Bedeutung aus dem Gewirre dieses Häusermeers empor? Ein Stück und manchmal schon bedeutende Stücke der Weltgeschichte wurden hier geprägt und werden noch gepräget werden.

Aber lasse selbst Weltgeschichte Weltgeschichte sein und denke und male dir nur recht deutlich die Geschichte eines einzigen Tages, einer einzigen Nacht, wie sie hier etwa sein mag. Es ist kein Glück auf dieser Erde, es sei so groß und innig, daß es nur eben noch ein Menschenherz ertragen kann: heute nacht war es in diesen Mauern. Der verzagende Jüngling – es waren zwei Lippen, so unerreichbar wie die Sterne des Orion – heute streiften sie zum erstenmal über die seinen, und da saß er auf seiner Stube und hielt sich mit beiden Händen die Augen zu, daß er's festhalte, ja, daß er's nur begreife, das Glück, und daß es ihm beim Licht des Tages nicht entschwinde. – Das Kind entschlief im Arme einer neuen, fast fabelhaft schönen Puppe. – Eine Jungfrau lag vor dem Bilde der Gebenedeiten und flehte, daß jeder Tag so schön sei wie heute, denn sie war mit dem Längstgeliebten eingesegnet worden. – Einer hat das große Los gezogen – einer in den Armen der schönsten Frau gezittert – tausend Lippen mögen sich geküßt, tausend Arme ineinander geschlungen haben. – Dem Dichter erschien in der trunkenen Sommernacht sein Ideal zum erstenmal sichtbarlich, und der Astronom zählte die Sterne. – Eine Mutter besuchte mit der Lampe nach Mitternacht ihre rosenroten schlummernden Engel – Geizhälse zählten das Geld – Träume zuckten durch tausend Herzen – Wüstlinge feierten eine Orgie – der Spieler trug das ganze Vermögen von zwei andern nach Hause – und was da ruhte im sorgenfreien Schlummer, über das wurde feenhaft der goldgestickte Traumteppich gewoben, daß sie sanken und schwebten in einem Meere der Wunder. Aber auch, es gibt keinen Jammer und kein Unglück, es sei wie greulich immer: heute war es auch in dieser Stadt. – Der Tod ging in hundert Häuser und zerdrückte überall ein Herz. – Ein blasser Mann lud eine Pistole, im Zimmer neben ihm schläft sein Weib und Kind, morgen ist Kassenuntersuchung, und dann Festung, wenn er nicht früher – – – er wischt die Stirn, es ist ihm märchenhaft ferne, wie er auch einmal unten gegangen wie eben die Nachtwandelnden und unschuldig war wie sie. – Tausend Kranke zählten die ewig zögernden Schläge unserer Turmuhr, und die Wächterin schlief neben ihnen. Jenes Mädchen zerdrückt vor Schmerz das Glas von dem Brustbilde des schönen falschen Mannes, daß ihr das Blut von den Händen rinnt. – Eine andere öffnet unter tausend angstvollen Herzschlägen dem Verführer ihre Zimmertüre. – Verschmähte Liebe klagt im Liede ihr Leid in die Nacht hinaus und eine Wachtel daneben schlägt leichtsinnig darunter. – Auf sorgenvoller Armut liegt der Schlummer wie Blei, und die Lusttöne heimkehrender Schlemmer klingen in ihn hinein. – Das Laster martert seinen Verehrer, und durch Höhlen und Säle schreitet der Vorwurf und webt ein Stachelhemd um das Herz des Schlummernden – die Träume legen heiße Steinhüllen darüber, indessen oben die Sterne ruhig glitzern, das Rollen der Wagen einzelner wird und endlich, so wie die Reden und Fußtritte spät Heimkehrender, gänzlich schweigt. Diese Zeit ist um zwei Uhr nachts herum – – dann gemach lichtet sich der Himmel, und bald beginnt jenes Rasseln der Nahrungswagen, indes der Tag heraufkömmt und die Sonne, so mild und unschuldig über die Stadt aufgehend wie über einen grünen Grasteppich, in dem die Tierchen spielten oder schlummerten und nun freudig an ihr Tagewerk gehen werden.

Welch eine Fülle, unermeßlich reich an Freude und an Schauer, liegt nicht in der Geschichte einer einzigen Nacht einer solchen Stadt – und unten treibt sich alles harmlos fröhlich und *ist* harmlos fröhlich; denn der einzelne Unglückliche wird nicht gesehen in dieser Menge oder er macht ein Gesicht so heiter wie sie, weil er stolz oder starrköpfig ist.

Sie alle, die du unten so winzig wandeln siehst, sie reden, grüßen sich, es schallt das Pflaster unter ihrem Fußtritte, aber wir hören es nicht, es ist stumm unter dem allgemeinen Brausen, wie wenn die dunkle Herde der Grundeln in der Tiefe des Wassers, das ober ihnen wallt, ein und aus durch die Gassen und Tore ihrer großen, feuchten steinernen Stadt schlüpfet.

Was treibt und bewegt nun alle, daß sie ebenso rastlos strömen und dringen und eilen, als würden bunte Schnüre durch die Gassen gezogen?

Was?! Es ist kein Interesse, so hoch und niedrig es in der Menschheit sei, das da nicht wirkt, um jenen treibenden, kreisenden Wirbel zu erzeugen. – Da ist die breite, mächtige, schmähliche Basis der Menschheit, die Habsucht mit ihrer Stiefschwester, der Verschwendung. – Ihre Opfer siehest du zu Tausenden unten gestachelt rennen, daß sie es einem andern zuvortun und ihm Weg und Zeit abgewinnen, daß es einkehre in ihr Haus, auf daß es wieder glänzend hinausgehen könne. – Der eine trägt schon den Gewinn in der Tasche und hastet weiter; der andere trägt ein furchtbar pochend Herz, denn alles kann heute noch verloren sein – und Erwerben, Erraffen, Erlisten den ganzen Tag so fort und fort, und morgen wieder von neuem begonnen. – Dann ist der Hunger, er treibt zu den Tausenden der abenteuerlichsten Leistungen und Arbeiten, daß er nur verscheucht werde, der bleiche und schmutzige Geselle – da geht die Grisette und läßt Wimpel und Flagge wallen, daß sie nur die Gier anlocke, die in müßiger Weise herumlauert, um sich zu sättigen und zu ekeln – da geht der Gewerbsmann aus der fernen Vorstadt und trägt die fertige Arbeit den Kunden zu – der Müßiggänger treibt sich – der Eitle hat die schönsten Kleider an und zeigt sie – ihm vorüber, nachlässig gehalten, geht der Dichter und trägt ein Himmelreich durch das Getose – und der Liebende hat eben die zwei Augen leuchten gesehen – der Künstler trägt seine Herzensträume, die Himmelsmelodien, die Farbenwunder in seinem Kopfe mit, an den vergebens die Wellen des äußeren Brausens schlagen – ein unglücklich jammernd Frauenherz sucht den kühlen, dunklen Dom unter uns, daß es sich in Andacht ergieße, und der Architekt steht neben ihr und bewundert die Dichtung, die sie hier mit Stein und Mörtel aufgebaut haben – und Tausende strömen nach rechts und links, die all das nicht tun, sondern ein und derselben, obwohl vielgestaltigen Göttin nachjagen, der Freude. – – Indes geht der glänzende Tag gemach herauf, so freundlich oder so gleichgültig, wie über eine prachtvolle Wildnis – sein leuchtendes Blau wird beschmutzt von den quellenden Rauchsäulen. – Indes die außen treiben, geht es auch im Innern der Häuser nicht minder lebhaft zu. Es wird gekauft und verkauft, gehämmert und geschnitten, gearbeitet und gefördert; viele tausend Zeilen werden geschrieben, viele tausend gedruckt, musiziert und gespielt, und an die tausend Hände sind beschäftigt in millionfacher Gestalt, das zu bereiten, was heute verzehrt werden soll; denn wenn der Hammer der Uhr unter uns die Stunde zwölf schlägt, von da an ist jede Stunde eine Eßstunde, und dem letzten Mittagmahle im Palaste reicht das erste Abendessen in einer Kammer die Hand, wenn es nicht etwa noch früher kömmt als jenes. Und dann ruhen die Geschäfte und die Welt des Vergnügens beginnt. – Siehest du draußen auf dem Bergesabhang die weißen Punkte im Grünen leuchten? Das sind ihre Landhäuser, das sind die Orte ihrer Lustfahrten, dahin gehen Wagen aller Art und bringen in das Grüne; – dort wogt die Stadt hinaus, daß du meinst, alle seien an den einen Ort gefahren, und wenn du an den andern kömmst, so sind auch alle dort, und wenn du in die Stadt wanderst, so geht keiner ab. Tag und Nacht wird gesonnen, tausend Hände sind in Bewegung, daß neue Altäre ersonnen, neue Altäre gebaut werden der tausendäugigen Göttin *Vergnügen*, und überall wird es ausgebreitet und überall wird es in den Weg gelegt, ausgeschmückt, mit großen Zetteln an die Mauern geklebt, was heute noch zu haben ist, daß man sich daran ergötze – und da sind alle Sorten von den Späßen des Hanswurstes im Prater an bis zu dem höchsten Genusse der Kunst, und jeder sucht sich, was ihm und dem heutigen Tage zusteht. Indes geht Glück und Unglück dieses Tages gelassen seines Weges und beseligt hier ein Herz und drückt dort eins entzwei – aber die Menge weiß das eine nicht und nicht das andere. – Dort klingt Musik und Freude, dort geht die Schar der Spazierenden, hier ein angehender Selbstmörder, dort ein Jüngling, eben aus der Einsamkeit des Landes gekommen, dem sein Herz in diesem Gewirre vor Heimweh zerspringen möchte – und lustige Reiter jagen vorüber und lachen sich zu – indes entzündet sich sachte die Abendröte und flammet von jenen Bergen herüber dem weiten Lande seinen Abschiedsgruß zu, und auch dem kleinen Pünktchen Wien. Und wenn die Oper ausgeklungen und die Vorhänge der Theater gefallen, die Wagen heimrollen, die Zecher die Schenken verlassen, so zünden sich die Sterne an und sehen nieder, und eine Nacht folgt wie die gestrige und ein Tag wie der heutige – – und so schieben sie sich fort, einer gleich dem andern und jeder so verschieden von dem andern, und so bauen sie im eigenen Treiben und Rollen freitätig und doch bewußtlos jenes rätselhafte Ding auf, das Schicksal, vor dem Reiche entstehen und vergehen, ohne es berechnen zu können, und das wir doch selber durch langsamen tausendfältigen Beitrag an Tugenden und Lastern aufgerichtet haben. Die Glocke unter uns verkündet Mittag und von den hundert Türmen der Stadt hallt es nach – so lasse uns denn wieder hinabsteigen. Tauche denn nun getrost in dieses Treiben, und es wird an dir sein, dir Glück oder Unglück darinnen zu suchen; beides ist in Menge da zu haben.

Nimm die Menschen und Bilder, wie sie kommen. Jetzt ein kleines unbedeutendes Wesen, jetzt ein tiefer Mann voll Bedeutung; jetzt Scherz, jetzt Ernst, jetzt ein Einzelbild, jetzt Gruppen und Massen – und alles dies zusammen malet dir dann zuletzt Geist und Bedeutung dieser Stadt in allem, was in ihr liegt, sei es Größe und Würde, sei es Lächerlichkeit und Torheit, sei es Güte und Fröhlichkeit. So, nun steige hinab und trete an den nächsten besten Einzelnen und beachte ihn und studiere ihn, und werde gemach auch einer aus diesen allen, welche in Wien leben, und leben und sterben wollen nur in Wien.

Ein Gang durch die Katakomben

Wir sind so gewohnt worden, unsere Voreltern als gute dumme Hanse zu betrachten, daß, wenn von was immer für geistiger Größe die Rede ist, wir sogleich mit den Fortschritten unsrer glorreichen Zeit da sind, worunter jeder *die* versteht, in der *er* gelebt hat, und daß, wenn von einer Torheit die Rede ist, die dort oder da geschehen, wir sogleich schreien: »Dies ist doch unglaublich; so etwas geschieht in dem Jahre 1842!« Ich aber frage: »Warum sollte es denn nicht geschehen?« Was wir auch in gewissen Richtungen gewonnen haben, so blieb es doch meistens nur Eigentum einzelner oder weniger – was wir verloren haben, das verloren *alle*. Ich will mich deutlicher erklären. Die Wissenschaft, der Gewerbfleiß, in gewissen Zweigen auch die Kunst (aber weniger) haben erstaunliche Fortschritte gemacht – aber das Gute, ich meine das *Menschlich*-Gute, was diese Dinge brachten, *wie vielen* wurde es zuteil? Oder liegt nicht die Masse in eben den Banden des Rohen gefangen wie einst, nur sind diese Bande beweglicher und polierter – und von denen, die sich in den Besitz des menschlich Erworbenen setzten, der Wissenschaft, der Politik, der Kunst, bei wie vielen ist es zuletzt Sitte und Schmuck des Herzens geworden, als ein wirklich *Menschliches?* Oder tragen sie es nicht als toten Schatz, als bloßes *Wissen* oder *Können* in sich, es höchstens zu Nützlichem verwendend, nicht zum Guten? – Ja durch vervielfältigte geistige und leibliche Verkehrsmittel sind wir feiner, glatter, geschmeidiger geworden, wie Kiesel, die sich aneinander abreiben: aber ist deshalb der Kiesel innerlich weniger hart? Mit Betrübnis und Entsetzen müssen wir erfahren, wenn heute diese Politur, diese, ach, so fälschlich »Bildung« getaufte Politur von der Leidenschaft durchbrochen wird, daß da Feuerflammen herausfahren, wie wir sie kaum in alter oder ältester Zeit gesehen haben, – oder gibt an Gräßlichkeit und Ausschweifung die französische Revolution irgendeiner Tatsache der frühern Zeit etwas nach? Unverkennbar ist es zwar, daß wir fortschreiten; denn solche Szenen der Weltgeschichte werden, gottlob, seltener – aber wann wird jene Zeit kommen, in der ein Krieg ebenso ein Unding der Vernunft sein wird, wie ein Trugschluß schon heute ein logisches Unding ist? – – Es ist ein seltsam, furchtbar erhabenes Ding, der Mensch!! und schwindelnd für das Denken des einzelnen ist der Plan seiner Erziehung, die ihm Gott als Geschenk seiner sittlichen Freiheit übertragen, daß er sie in Jahrtausenden, vielleicht in Jahrmillionen vollende! – Wie lange, wieviel Billionen Jahrtausende muß dann die Großjährigkeit dauern? Ich sagte oben, daß, was wir verloren haben, alle verloren. In der Glätte und Verflachung unsrer Zeit ging alle tiefe Gemütskraft und Glaubenstreue unsrer Voreltern unter, was sie auch immer unter uns stellen mag an Wissen und Erfahrung: fromme Kraft stellt sie weit über uns, und diese war allen gemein, sie war Geist der Zeit; denn nur *der* bringt das Bleibende hervor, was er durch Individuen zwar wirkt, aber er erzeugt selbst die Individuen. Darum baute dieser Sinn einst jene rührend erhabenen Kathedralen und malte jene Bilder, die wir heute bloß bewundern können, aber trotz aller Trefflichkeit unsrer technischen Mittel nicht mehr nachmachen, indes unser Zeitgeist auf das sogenannte Praktische geht, worunter sie meistens nur das Materiell-Nützliche, oft sogar nur das Sinnlich-Wollüstige verstehen; daher wir Eisenbahnen und Fabriken bauen, während sie Dome und Altäre, und wenn es ja heutzutage eine Kirche werden soll, so wird sie wieder sehr nützlich gebaut, oder sie sähe, wie ich es leider in meinem Vaterlande schon erfahren, wenn sie keinen Turm hätte, einem Zinshause ähnlich. Ja oft nicht einmal bewundern mehr kann die Zeit jene kräftig schönen Werke der Vorzeit; denn wieviel Tausende werden täglich über den Platz von St. Stephan gehen, ohne von dem Dome desselben etwas anders zu wissen, als daß er sehr groß ist. Wenn mir jemand den Aberglauben unsrer Voreltern einwenden will, so muß ich ihm leider entgegnen, daß heute der widerwärtige

Indifferentismus der sogenannten gebildeten Klassen zu dem alten Aberglauben, den die Massen nicht abgelegt haben, noch hinzugekommen ist – und zuletzt ist Aberglaube schöner, heiliger, kräftiger als jene sieche Kraftlosigkeit des Indifferentismus, der bei den Worten: Gott, Unsterblichkeit, Ewigkeit nichts denkt und sie nur als Redeformen in dem Munde führt, die er überkommen hat wie andere Worte, bei denen er auch nichts denkt. Dies ist neben dem so vielen Nützlichen der Buchdruckerei eine Schattenseite derselben, daß, seit sie die Bücher so vervielfältigen, tausend und tausend Menschen aus der Welt gehen, ohne dann einen einzigen Gedanken gehabt zu haben; denn sie lesen sich einen gewissen Vorstellungskreis, eine Art Natur zusammen und sagen ihn so lange sich selber und andern vor, bis sie sterben, und wissen nicht, daß sie selber in der Welt gar nichts gedacht haben; darum hat sogar auch unsre Literatur etwas so Wässeriges und Familienähnliches, während die der Alten so frisch und so unmittelbar ist, trotz der Einfalt und Naivität, die wir heute belächeln.

Solche und ähnliche schwermütige Gedanken hatte ich, als ich eines Tages aus den Katakomben des Stephansturmes wieder an das Licht des Tages trat und schnell durch das frivole Treiben der Gasse nach Hause ging.

In diese Katakomben nun will ich den freundlichen Leser begleiten, daß er ein ernstes Stück Vergangenheit vor sich sehe, und daß er etwa anfange, über den ernsten Inhalt der Worte Gott, Weltgeschichte, Ewigkeit usw. nachzudenken. Wer immer über die Spinnerin am Kreuz (ein schöner Getreidehügel, über den die Triester Straße führt) oder über einen der Westberge Wiens gegen die Stadt kömmt, der wird die alte, ernste, große Stephanskirche mitten in dem Häusermeere wie einen Schwerpunkt ruhen sehen und sich dieser Symmetrie erfreuen; aber dies war nicht immer so, sondern bei ihrem Entstehen lag die Kirche sogar außerhalb der Stadt, und wie es eine rührende Sitte unsrer Ahnen war, um den Ort, an dem sie sich im Leben Trost und Zuversicht holten, nämlich um die Kirche, auch im Tode zu schlummern, welchen Platz sie mit dem schönen Namen Friedhof belegten: so war es auch um diese Kirche, und manche alten Leute Wiens sagen noch immer statt Stephansplatz Stephansfriedhof, aber es ist kein Friedhof mehr; denn diese Sitte der Altväter ist ebenfalls aus allerdings sehr nützlichen Sanitätsrücksichten abgeschafft worden, und heute ragt jede Kirche geradewegs aus dem lustigen Getümmel des Alltagslebens empor und ist fast ein gewöhnliches Haus geworden, so wie sie einst aus den Monumenten des Todes emporstieg und selbst von seinen Schauern umweht war. Oft, wenn ich über diesen Umstand traurig war, dachte ich: wenn sie nur tief genug grüben, so könnten schon die Toten an ihrer Kirche ruhen, und wie wäre es religiös feierlich, wenn jede Kirche, selbst in den Städten, mit einem großen Garten der Toten umgeben wäre, der durch eine Mauer von der leichten Lust der Lebenden getrennt wäre, daß sie ein Gedanke der Ewigkeit anwandeln müßte, wenn sie durch das Gitter einträten.

Der Stephansfriedhof ist keiner mehr, sondern ein geräumiger Stadtplatz mit schönen Häusern und Warenauslagen, und glänzende Karossen rollen über das Pflaster, unter dem die Reste unserer Vorfahren ruhen – ihre Kreuze und Monumente sind verschwunden, das Lob ihrer Tugenden auf denselben ist verstummt, die Denkmale, die sie einst gründeten, um die Stätte ihrer Angehörigen auf ewige Zeiten zu bezeichnen, sind von unsrer Industrie und unsrem Verkehre bis hart an die Mauern der Kirche gedrängt worden, wo noch manche Tafel aus rotem Stein übriggeblieben ist, auf dem ein betender Vater mit seinen Kindern ausgemeißelt ist oder ein liegender Toter selber mit gefalteten Händen oder Heiligenbilder oder sonst Embleme und Wappen, wovon manch Stück durch die Zeit herabgeschlagen oder verwittert ist, und darunter steht Namen und Amt und stehen die Tugenden des Toten – aber wie oft weiß man gar nichts mehr aus der Zeit seines Lebens, und es ist da keiner mehr, um zu sagen: er war unser Ahnherr.

Es ist in neuester Zeit, gegenüber von der Rückseite der Kirche, ein sehr großes Haus aufgeführt worden, und als es bereits prachtvoll und wohnlich mit mehr als hundert Fenstern glänzte, als zu ebner Erde schon die grünen Flügeltüren der Verkaufsgewölbe hoch und elegant eingehängt waren und längs derselben ein breites, flaches Trottoir hinlief, so ging man auch daran, den Platz vor dem Hause bis zur Kirche zu ebnen und das bisherige schlechte Pflaster zu verbessern. Es mußten einst die Grabhügel bedeutend höher gelegen haben, als das heutige Pflaster; denn als man zum Behufe der oben angeführten Planierung und Pflasterung die Erde lockerte, kamen die Knochen und Schädel der Begrabenen zum Vorscheine, und wie ich nebst vielen andern Menschen zufällig dastand und sah, wie man bald die Röhre eines Oberarmes, bald ein Stück eines Schädels, ein Gebiß mit etlichen Zähnen, ein Schulterblatt oder anderes gelassen auf einen bereitstehenden Schubkarren legte und lachend und scherzend und die Pfeife stopfend weiterschaufelte, dachte ich: vor so und so viel Jahren hat man euch eingegraben, und an eurem Grabe wurde gesungen: »Requiem aeternam dona eis, domine!«*, dann deckte man es mit Erde zu und setzte ein Denkmal auf den Hügel, daß man wisse, wer da in Ewigkeit ruhe – – und jetzt legt man eure Reste, die niemand kennt, wie das wertloseste Ding auf einen Haufen, um sie an einen andern Ort zu bringen, wo sie wieder nicht bleiben; denn wer weiß, zu welchem Zwecke unsre Nachkommen denselben wieder werden brauchen können.

Außer den Hügeln des Stephansfriedhofes, deren Ruhe, wie wir erfahren haben, nichts weniger als ungestört blieb, haben sich aber jene, deren Rang oder Reichtum es erlaubte, noch ganz andre, festere, sicherere Grabesstätten auserwählt; nämlich nicht nur unter dem ganzen riesenhaften Baue von St. Stephan, sondern auch rückwärts hinaus unter dem ganzen Platze, ja selbst bis unter die umliegenden Häuser, wie z. B. bis unter das sogenannte Deutsche Haus, unter die Post ist ein System von Gewölben und Gängen nach Art unsrer Voreltern äußerst fest gebaut, und man weiß heutzutage noch gar nicht, wie weit sie sich erstrecken. Sie sind hier unter dem

* Herr! schenke ihnen die ewige Ruhe.

Namen der Katakomben von St. Stephan bekannt und waren lauter Begräbnisstätten, gleichsam eine weitläufige unterirdische Totenstadt. Jedoch trotz der dickern Mauern, aus denen diese Zellen, als Fundament der Kirche, aufgeführt sind, trotz der Quadern, womit Gänge, Gemächer und Bogen überwölbt sind, ja trotzdem daß jedes Gewölbe, wenn es mit Toten gefüllt war, zugemauert wurde, fanden dennoch die hier liegenden Schläfer die beabsichtigte Ruhe nicht, so wie sie ihre ärmeren Brüder nicht gefunden, die man über ihnen auf dem Friedhofe in bloßer Erde eingegraben hatte. Manche Gänge, manche Gewölbe wurden im Laufe der Zeit geöffnet. Die einen lockte Neugierde; die andern jenes Schauergefühl, das den Menschen über Tod und Ewigkeit ergreift und ihn doch lockt, solche Stätten zu betreten, wo es erweckt wird; wieder andre wurden durch frevlen Vorwitz hingeführt, so daß Menschenhände, teils fromm ordnend, teils mutwillig zerstörend, das vollendeten, was Zeit und leise Verwesung begonnen hatten, nämlich einen ganz andern Zustand der hier verborgenen Reste hervorzubringen, als den die beabsichtigten, welche sie hier verbargen.

Wir wollen in folgenden Zeilen einen Gang durch diese Katakomben beschreiben.

Es war ein feuchter, neblichter Novembernachmittag, als wir uns, fünfe an der Zahl, auf dem nassen Pflaster des St. Stephansplatzes, rückwärts der Kirche, wo der Turm emporsteigt, einfanden. Ein Freund hatte uns versprochen, uns in die Katakomben zu führen. Wir standen lachend und scherzend, als wir ihn erwarteten, und machten Bemerkungen über das trübselige Wetter und die Unpünktlichkeit des Freundes; aber nach einer Stunde war es ganz anders: nie werde ich den Eindruck vergessen, den diese Stunde unterirdischen Aufenthaltes in mir hervorbrachte.

Als wir einige Zeit gewartet hatten, erschien der Freund und mit ihm zwei Führer, weil er, obwohl schon öfter unten, doch nicht sicher war, sich und uns vor Verirrung zu bewahren. Nicht von der Kirche aus, wie ich wähnte, war der Hinabgang, sondern einer der Führer winkte uns an ein Haus des Platzes, das einen vorspringenden Winkel bildet und Wohnparteien und Handelsgewölbe enthält, – es liegt mit dem Winkel schief gegenüber der Wohnung des Küsters, die sich im Erdgeschosse des Stephansturmes befindet. An diesem Hause sperrte er eine dunkle, schwarze, hohe Türe auf, an der ich wohl hundertmal vorübergegangen war, und die ich immer für die zufällig zugemachte Hälfte des Tores einer Bude gehalten hatte. Als wir eingetreten waren, befanden wir uns in einem schmalen Gange; der Führer schloß hinter uns die Türe wieder zu, und der andre machte Licht, woran er eine Fackel und wir jeder unsre Wachskerze anzündeten, und dann ging es nicht über eine Treppe, sondern wie über einen sanften Gang abwärts; ein schwacher Tagesschein fiel in das erste Gewölbe durch einen schmalen Schacht herab, der in den Hof des Deutschen Hauses mündet. Dieses Gewölb war gleichsam eine Vorhalle, und es lagen Stangen, Stroh, Bretter, Tragbahren und dergleichen in dem Winkel, alles von seltsamem, veraltetem Ansehen.

Dann kamen wir in allerlei Gänge und Gewölbe, die leer waren. Nach Art unsrer Voreltern sind die Gänge schmal und die Gewölbe verhältnismäßig klein und niedrig, aber das Mauerwerk fest und dicht, als wäre es aus einem einzigen riesenhaften Granitblocke gegossen worden. Ob wir in diesen Gängen nach Ost oder West, nach Nord oder Süd gingen, konnten wir keiner erkennen, und da sie sich vielfach kreuzten und die gewölbten Zellen sich alle ähnlich sahen, so war es uns einleuchtend, daß man sich hier verirren und stundenlang herumsuchen könnte, ohne den Ausgang zu finden. Endlich kamen die ersten Bewohner dieser stillen, finstern Stadt, nämlich: wie Holz aufgeschichtet, viele Klafter lang und hoch, lauter Knochen von Armen und Füßen – es überläuft einen ein seltsamer Schauer. – Was werden alle diese Werkzeuge, als sie noch ein denkender Geist belebte, ein liebendes oder hassendes Gemüt stachelte, Schönes, Herrliches oder Entsetzliches getan haben? Und nun liegen sie hier, starr, übereinandergeschichtet, eine wertlose, schauererregende Masse. – In gewissen Abständen, gleichsam symmetrisch geordnet, stecken zwischen ihnen die Köpfe, aber auch auf der Erde liegen bereits Trümmer herum, und der weiche Tritt läßt merken, daß man auf Moder gehe. Ein Führer bedeutete uns, daß man die vielfach zerstreuten Knochen der Katakomben und die einst auf dem Stephansfriedhofe ausgegrabenen hier der Ordnung wegen aufgeschichtet habe. Meine Phantasie fing bereits zu arbeiten an, sei es durch den Anblick vor mir aufgeschreckt oder gedrückt durch das Bewußtsein, unter der Erde zu sein. Die Luft trug nichts bei; denn trotz den hier vorgegangenen Akten der Zersetzung waren diese doch schon vor so vieler Zeit, und es ist seitdem eine solche Trockenheit eingetreten, daß die Luft, durch viele Schachte in Kommunikation mit der äußern erhalten, ganz trocken und rein ist. Wir ließen das Licht unsrer Kerzen und Fackeln längs des großen Knochenstoßes hingleiten und beleuchteten bald diese, bald jene Partie, und das fahle verwitterte Grau dieser ausgetrockneten uralten Gebeine erglühte düster rot in dem Schein unsrer Lichter, die demungeachtet, trotz der anscheinenden Kleinheit dieser Räume, nicht bis zu den obern Rändern dringen konnten, so daß der Schein in unheimliche geheimnisvolle Schatten überlief, die hoch oben und seitwärts in den Ecken saßen und glotzten. Wenn wir einer Wand nahe kamen, so erglänzte das Gestein der Mauer in allerlei kleinen Flimmern, wahrscheinlich die schönen Glimmertäfelchen des Granites. Auf dem Fußboden war dichter Moder, hie und da ein Splitter, und der Fuß streifte zuweilen an einen Lappen von einst kostbarem und schimmerndem Seidenstoffe. – Wir gingen weiter in einem Kreuzgange: Ein Schädel mit langen staubigen Haaren lag da. Einer leuchtete ihn an; ich aber mußte augenblicklich die Augen wegwenden, und es rieselte mir seltsam in dem Körper. – »Lassen Sie das liegen«, sagte ein Führer, »wir werden schon noch mehr solches und besser erhalten antreffen.« Ei freilich trafen wir es an. An einem viereckigen, machtvoll großen Pfeiler stand ein Sarg, ein einziger in diesem Gewölbe, als wäre er von seinem Orte absichtlich hierhergebracht und geöffnet worden und dann stehen gelassen; denn wirklich lag sein Deckel nebenan, und zwischen den Brettern, die vom Alter geschwärzt und nur mehr lose zusammenhängend waren, lag der einstige Bewohner dieses gezimmerten Hauses, eine Frau – ach! wer war sie? Mit welchem Pompe mag sie einst begraben worden sein! Und in welchem Zustande liegt sie jetzt da! Bloßgegeben dem Blicke jedes Beschauers, schnöde auf die bloße Erde niedergestellt, und unverwahrt vor rohen Händen; das Antlitz und der Körper ist wunderbar erhalten – in diese verschlossenen Räume muß die Verwesung nicht haben eindringen können, so daß die organischen Gebilde blos vertrockneten, aber nicht zerstört wurden – die Züge des Gesichtes sind erkennbar, die Glieder des Körpers sind da, aber die züchtige Hülle desselben ist verstaubt und zerrissen, nur einige schmutzig-schwarze Lappen liegen um die Glieder und verhüllen sie dürftig, auf einem Fuße schlottert ein schwarzer seidner Strumpf, der andre ist nackt, die Haare liegen wirr und staubig, und Fetzen eines schwarzen Schleiers ziehen sich seitwärts und kleben aneinander wie ein gedrehter Strick – diese Zerfetzung des Anzuges und die Unordnung, gleichsam wie eine Art von Liederlichkeit, zeigte mir ins Herz schneidend die rührende Hilflosigkeit eines Toten und widersprach fürchterlich der Heiligkeit einer Leiche. – Ich legte mit der Spitze meines Stockes die Reste des gewiß einst prunkenden Anzugs so anständig, als es noch möglich war, über die Glieder und leuchtete dann der vergessenen Toten ins Antlitz. Es war im Todeskampfe und durch die nachher wirkenden Naturkräfte verzogen und in dieser, dem Menschenangesichte gewaltsamen Lage erstarrt, und so blieb es, wer weiß wieviel hundert Jahre, in unheimlicher Ruhe ein Bild eines einstigen gewaltsamen Kampfes, der das so heiß geliebte Leben von diesen Formen abgelöset hatte, und eben das ist das Erschütternde an Mumien und Leichen, daß sie meistens in ihrer eisernen Ruhe doch auf einen furchtbar bewegten Moment zurückweisen – und dann das, daß wir sie uns schon jenseits jenes Vorhanges denken müssen, der so geheimnisvoll zwischen Diesseits und Jenseits hängt, daß sie schon wissen, wie es ist – und dennoch mit dem ehernen Schweigen da vor unsern Augen liegen, fremde Bürger einer andern Welt. Wer mag die Tote vor meinen Augen – wer mag sie einst gewesen sein? Welchen Unterschied auch die Menschen im Leben machen, wie nichtigem Flitter sie auch Wert geben, ja wie sehr sie sich auch bemühen, diesen Unterschied bis über das Grab fortzupflanzen: der Tod macht alles gleich, und vor ihm sinkt lächerlich nieder, was wir uns hienieden bemühen, wichtig zu finden. Wer weiß, mit welchem Ansehen und mit welchen Kosten es diese Tote dahin gebracht hatte, daß sie dereinst in diesen unbezwinglichen Gewölben ruhen möge, dem Asyle der Reichen und Vornehmen: und nun steht ein Mann vor ihr, der vielleicht bei ihrem Leben sich kaum ihrer Schwelle hätte nähern dürfen, und legt, nicht mit der Hand, weil's ihn ekelt, sondern mit der Spitze seines Stockes einige Lappen zurechte, daß sie ihren Leib bedecken – und wer weiß, ob nicht bald eine mutwillige Hand erscheint, sie aus dem Sarge reißt und nackt und zerrissen dort auf jenen Haufen namenlosen Moders wirft, wo sie dann jeder, der diese Keller besucht, emporreißt, anleuchtet, herumdreht und wieder hinwirft.

Mitleidig wandte ich mich ab, um weiter zu gehen; da sah ich, daß ich bereits allein war, und die Lichter meiner Freunde schon fern und klein in einem Gange dahin schwebten. Mit raschen Schritten ging ich nach – es wollte mich fast wie Furcht überkommen.

»Hier stehen wir gerade unter dem Hochaltare der Kirche«, sagte ein Führer und leuchtete mit der Fackel gegen das Gewölbe empor. Wir waren zufällig in dem Augenblicke alle stille, und da hörten wir deutlich in langen, schweren Tönen die Orgel aus der Kirche heruntertönen. Wie durch Verabredung blieben wir stehen und horchten einige Augenblicke, bis die Orgel schwieg und dann wieder in höheren, sanfteren Tönen anhob, die wunderbar deutlich und lieblich durch die Gewölbe zu uns herabsanken – es mußte gerade Nachmittagsgottesdienst sein – und wie eine holde goldene Leiter, schien mir's, gingen diese gedämpften Töne von den geliebten Lebenden zu uns hernieder.

Endlich schwieg alles, und wir gingen weiter. Wie doch die Musik wunderbar auf unsere Seele wirkt! Ich brauchte einige Zeit, um mich wieder zu orientieren, wo ich sei, und meine Phantasie wieder an diese unterirdischen Gemächer zu gewöhnen, und doch war es wahrscheinlich nur das sogenannte Segenlied gewesen, was wir herunter gehört hatten.

Wir traten nun wieder in eine neue Halle, und wie ich um die Ecke des Pfeilerbogens komme und vor mich hinleuchte, erschrak ich heftig. Ein großer nackter Mann lehnte starr an der Mauer; zu seinen Füßen saß ein andrer zusammengekauert, die Hände über der Brust gefaltet, und den Kopf, der nur mehr an einem losen Bande des Halses hing, über die Schulter seitwärts gesunken – eine Frau, in sich gebückt und eingesunken, gleichfalls mit gefalteten Händen, lauerte im Winkel, und an den Wänden lehnten oder saßen oder lagen andere – und wie ich so vor mir her leuchte, wieder andere und wieder andere – lauter Leichen und Mumien, der eine mit offenem Munde, der andere mit furchtbar zusammengepreßtem, der eine gestreckt, der andere zusammengeknittert, fast alle mit gefalteten Händen, wie man sie ihnen im Sarge gegeben – alle mit verzerrten Zügen; aber bis zum Erschrecken deutlich waren die Gesichter und die Körperformen, als wären sie gestern hierher gestellt worden; – denn aus einer mir unbekannten Ursache war hier keine Verwesung eingetreten, sondern die Haut war sanft getrocknet, und war anzufühlen wie weich gegerbtes Leder, das Zellgewebe des Fleisches war ebenfalls ausgetrocknet und füllte die Haut wie eingestopfte Sägespäne, so daß selbst die Muskeln elastisch blieben, dem Drucke unserer Stöcke wichen und wieder sachte emporschwollen, wenn der Druck nachließ.

Es war ein seltsamer, gespenstiger Anblick in dieser Halle, und überwältigend für Gefühl und Phantasie. Ein Berg von Moder stieg gegen die Gewölbmauer empor; aus ihm ragten Lappen von Gewändern heraus, mitunter Holzsplitter, oder es blickte ein Arm hervor, oder ein Fuß mit allen Zehen, oder eine zusammengekrümmte Gestalt saß auf demselben, eine andere lag der Länge nach, wieder andere standen aufrecht, und obwohl sie einst unverletzt gewesen waren und ihrer Art nach bleiben konnten, so mochte doch schon der Mutwille an ihnen manches verübt haben; denn viele derselben waren zerrissen, daß ein Arm herabhing, oder der Kopf oder Glieder ganz fehlten – vielleicht hat auch teilweise Verwesung das Ihrige getan. – Seltsam ist es, die Körper sind geblieben, und die Gewänder sind fast alle zerstäubt und vermodert, nur wo sie durch Schutt gesichert waren, haben sich ganze Lappen erhalten und waren sogar erkennbar, meistens Linnen und Seidenzeug, welches letztere ganz besonders stark und fest gearbeitet war.

Wie wir nun so dastanden in der Versammlung von längst verstorbenen, unbekannten Menschen, die vor Jahrhunderten hieher gebracht wurden, um zu verwesen, und die aber nun ihren Ururenkeln dieselben Züge weisen müssen, die man einst, davor grauend, mit einem Tuche zugehüllt und in einen Sarg verborgen hatte – und wie das reine, weiße Wachslicht oder die dunkelrote Glut der Fackeln, die wir trugen, über die Gesichter und Glieder der Toten lief und darinnen schweren Kampf oder starre Ruhe oder häßlich Grinsen wies: so waren wir alle bis in das Innerste erschüttert. Mir war, als sei ich in ein fabelhaft Gebiet des Todes geraten, in ein Gebiet, so ganz anders, als wir es im Leben der Menschen erfahren, ein Gebiet, wo alles gewaltsam zernichtet wird, was wir im Leben mit Scheu und Ehrfurcht zu betrachten gewohnt sind – wo das Höchste und Heiligste dieser Erde, die menschliche Gestalt, ein wertloses Ding wird, hingeworfen in das Kehricht, daß es liege, wie ein anderer Unrat. – Ach! welch eine furchtbare, eine ungeheure Gewalt muß es sein, der wir dahingegeben sind, daß sie über uns verfüge – – und wie riesenhaft, all unser Denken vernichtend, muß Plan und Zweck dieser Gewalt sein, daß vor ihr millionenfach ein Kunstwerk zugrunde geht, das sie selber mit solcher Liebe baute, und zwar gleichgültig zugrunde geht, als wäre es eben nichts! – Oder gefällt sich jene Macht darin, im öden Kreislaufe immer dasselbe zu erzeugen und zu zerstören? – Es wäre gräßlich absurd! – Mitten im Reiche der üppigsten Zerstörung durchflog mich ein Funke der innigsten Unsterblichkeitsüberzeugung. Wir standen alle stumm und ließen unsere Fackeln und unsere Lichter lodern. Der

Eindruck ist so mächtig, so neu und ernst; er nimmt unser ganzes Wesen so ein, daß alles andere abfällt und vor seiner Gewalt nichtig wird. – Ich war so aus mir selber getreten, daß mir das Rollen eines Wagens, das wir in diesem Augenblicke auf dem Pflaster über uns hörten, ganz abenteuerlich vorkam, ja durch den Gegensatz schauerlich. Ist es denn der Mühe wert, dachte ich, daß sich der im Wagen oben brüstet und über das Pflaster wegrollt? daß sie Häuser bauen und bunte Lappen heraushängen, als wäre es was?

Wir fragten die Führer, ob man denn gar nicht mehr weiß, wer einer von denen gewesen sein möge, die wir da vor uns haben? »Es mag wohl im Pfarrarchive zu finden sein«, antwortete er, »wer überhaupt herab begraben worden ist, aber da es schon viel über hundert Jahre sein mag, daß man niemanden mehr herab begraben hat, so kann man auch gar nicht wissen, wer dieser oder jener sei. Sie haben einmal sehr getrachtet, in die Stephansgruft begraben zu werden, damit sie ein vornehmes und ungestörtes Begräbnisplätzchen hätten.«

Ein vornehmes und ungestörtes Begräbnisplätzchen! Als ob irgend auf der Erde etwas Ungestörtes, etwas Unvergängliches wäre! Ja, ist nicht am Ende sie selber vergänglich, und wird eine Leiche so wie die, die man jetzt so sorglich in ihrem Innern verbirgt?

Mir fiel die Sage von dem Hunnenkönige Attila ein, dessen Leiche man in einen goldenen Sarg tat, den goldenen in einen silbernen, diesen in einen eisernen und diesen zuletzt in einen steinernen. Dann grub man einen Fluß ab, senkte die Särge tief in die Erde seines Bettes, und ließ dann die Wasser wieder darüber wegrollen – ja endlich tötete man die, die um das Werk wußten und es machen halfen, damit niemand auf Erden das Grab des Hunnenkönigs wisse!! – – Aber eines Tages wird der Fluß den Sand und Schlamm in einer Überschwemmung herausstoßen, oder man wird eine Wasserbaute anlegen, oder der Fluß wird seinen Lauf ändern, und man wird im alten Bette ein Feld oder einen Garten graben: dieses Tages wird man dann den Sarg finden, das Gold und Silber nehmen, den König aber hinauswerfen auf den Anger der Heide.

Und so ist jeder Ruhm; denn für uns Sterbliche ist keine Stelle in diesem Universum so beständig, daß man auf ihr berühmt werden könnte; die Erde selber wird von den nächsten Sonnen nicht mehr gesehen, und hätten sie dort auch Röhre, die zehntausendmal mehr vergrößerten als die unsern. Und wenn in jener Nacht, wo unsere Erde auf ewig aufhört, ein Siriusbewohner den schönen Sternenhimmel ansieht, so weiß er nicht, daß ein Stern weniger ist, ja hätte er sie alle einst gezählt und auf Karten getragen, und zählte sie heute wieder, und sieht seine Karten an, so fehlt keiner, und so prachtvoll wie immer glüht der Himmel über seinem Haupte. Und tausend Milchstraßen weiter außer dem Sirius wissen sie auch von seinem Untergange nichts, ja sie wissen nichts von unserm ganzen Sternenhimmel; nicht einmal ein Nebelfleck, nicht einmal ein lichttrübes Pünktchen erscheint er in ihrem Rohre, wenn sie damit ihren nächtlichen Himmel durchforschen.

Während ich dies dachte, rasselte wieder ober uns das Geräusch eines rollenden Wagens auf dem Pflaster des Stephansplatzes, und es deuchte mir so leichtsinnig oder so wichtig wie etwa die Weltgeschichte der Mücken oder der Eintagsfliegen.

Wir aber leuchteten noch einmal die unbewegliche gespenstige Versammlung in die Runde an und wendeten uns dann zum Fortgehen; sie aber sanken hinter unsern weichenden Lichtern in ihre alte Ruhe, in ihre alte Nacht zurück.

Immer weiter, immer verwickelter und größer entfaltete sich diese Stadt der Grüfte; immer neue Tote waren zu treffen; Trümmer von Särgen, Hügel und Wälle von getrocknetem Moder, dann kommen wieder Knochen, dann leere Gewölbe und Gänge – und wie weit sich dies alles hin erstrecke, weiß man jetzt noch gar nicht mit Gewißheit; denn in manchem Gemache sieht man in der Mauer einen Steinbogen, fest und künstlich gefügt, daß er etwas trage, oder daß man hindurch gehe, so wie durch den, durch welchen wir hereingekommen waren: aber dieser Schwibbogen ist mit Mauer angefüllt, so daß die Vermutung entsteht, daß hinter ihm wieder ein Gewölbe sei, das man zugemauert hatte, als es voll mit Toten war. Und wirklich traten wir jetzt an eine Stelle, wo man eine Schlußmauer durchbrochen hatte, und siehe! aus der Bresche ragte eine Unzahl Särge hervor, klafterhoch aufeinandergeschichtet, mit gräßlichen Trümmern und Splittern herausragend aus der Finsternis des Gewölbes – die Zeit hatte Bretter und Fugen gelöset, daß ein ganzes Wirrsal derselben herabgeleitet dalag, und oben in der Öffnung nackte Füße und Glieder der Toten in die Luft herausstanden, verlassen von der schützenden und bergenden Wand ihrer Särge, ebenfalls bestimmt, auf den hängenden Brettern vorwärts zu gleiten und endlich wie sie herabzustürzen. Es war ein Anblick, noch erschütternder als jener in dem Gewölbe der Mumien, weil er unmittelbarer das Reich der Verwesung und Zerstörung auftat und näher der Zeit lag, wo alle diese noch wandelten und lebten, weil er eindringender wies, wie auch wir einst werden sollen, und weil das Werk der Vergehung und Vernichtung gleich massenhafter und großartiger ersichtlich war. Auch einen solchen aufgeschichteten Stoß von Kindersärgen sahen wir hervorblicken, einen übereinandergeworfenen Haufen kleiner Häuschen, deren Bewohner starben, ehe sie lebten. Es tat unsäglich wohl, daß man von den Särgen keines der zarten Glieder hervorragen sah, sondern alle verdeckt waren, wahrscheinlich ihres geringen Gewichtes wegen, das die Särge nicht aus den Fugen zu drücken vermochte. Arme kleine Welt!

Es war ein düster großartiger Anblick, wie wir so dastanden vor dem starren Ruinengewirre und der Lichtblick unserer Fackeln auf dem Granit der Mauer und auf den alten braunen Sargbrettern glänzte – und wie weiter zurück zwischen den Brettertrümmern heraus Finsternis glotzte, und sich unsre Phantasie hinter ihr dieselbe Bevölkerung von Toten vorstellen mußte, immer fortgesetzt und immer fortgesetzt – liegend in der eisernen Nacht, bis einmal diese vorderen zerstäubt sind und wieder ein anderes Jahrhundert und eine andere Hand das fernere Gewölbe erbricht und die Schläfer dem Lichte der Fackeln bloßlegt, so wie diese da in dem der unsern düster glänzen.

Es war einleuchtend, daß dieses System von Gewölben, wie weitläufig es auch sein möge, doch einmal angefüllt werden müßte, an welchem Tage sich dann die Gruft von St. Stephan auf immer schloß – daß es nur die Mächtigsten und Reichsten sein können, die wir da in dieser Zerwürfnis und schnöder Verlassenheit liegen sehen, und dieser Gegensatz machte die Szene noch tragischer und all den Flitter noch erbärmlicher, um den wir gewohnt sind, die andern zu beneiden. Ein Stück Vergangenheit und Weltgeschichte halfen die da bauen, welche da vor uns liegen. Vielleicht sind Helden darunter, ein Todesblick für Feinde; vielleicht sanfte Künstler, die den Himmel des Schönen in ihrer Brust trugen, nicht daran denkend, wie schnöde die Wohnung dieses Himmels einst herumgeworfen werde – vielleicht schöne Frauen und Jungfrauen, deren Auge die Seligkeit der Liebe in andrer Herzen strahlte, und um die der schwärmende, wahnsinnige Jüngling seinen Leib dahin vorausschleuderte. Wie sie nun auch liegen: – vorübergegangen ist der Traum, und beide sind sie eine wertlose Masse – – vielleicht liegen auch solche da, deren Glieder Samt und Purpur deckte, auf deren Wimper tausend Augen blickten, ob sie freundlich zucke oder zürne, die aus Gold und Silber aßen, jedes Rauhe und Ekle von sich fernehielten, und nun selber ärmer und ekler sind als das Tier des Berges, welches in die Felskluft stürzte und dort in der Mittagssonne dörret und von den Winden der Nacht getrocknet wird. – – Sie alle mühten sich, erwarben, verzehrten, arbeiteten, stiegen empor, verrichteten Taten, die tausend Arme regten sich täglich, die Seelen dachten, die Herzen glühten in Wunsch und Begierde oder in Befriedigung und Triumph, die Leidenschaften kochten und kühlten sich – nun ist alles vorüber, und von dem Gebirge von Arbeiten aus dem Leben dieser ist nur ein Blatt Geschichte übriggeblieben, und selbst dieses Blatt, wenn die Jahrhunderte rollen, schrumpft zu einer Zeile ein, bis auch endlich diese verschwindet und die Zeit gar nicht mehr ist, die den dann Lebenden so ungeheuer und so einzig herrlich vorgekommen.

In die Stille unsrer Betrachtungen tönte jetzt das Wort eines Führers: »Es wird hier, wenn einmal alles ausgegraben und gelüftet sein wird, noch viel weitläufiger und wunderbarer herumzugehen sein als jetzt; denn auch der Boden, auf dem wir in dem Augenblicke wandeln, ist höchstwahrscheinlich wieder nur die Decke von andern Gewölben, die unter uns befindlich sind.« Wirklich war es uns schon öfter, wo wir nicht weichen Moderboden unter den Füßen hatten, vorgekommen, als gingen wir über harte, sanft gewölbte Stellen weg. Und als der Führer obige Worte gesagt hatte, verließen wir die traurige Bresche und gelangten nun in der Tat in ein Gemach, dessen Fußboden durchbrochen war, und siehe, es war unten wieder eine solche Halle wie die, in der wir standen, eine Leiter führte durch die aufgebrochene Öffnung in dieselbe hinab, und zweie von uns stiegen hinunter. Das Gewölbe schien niedriger, wahrscheinlich nur des gehäuften Schuttes wegen. Gegen die Wände hin und in den Winkeln war wegen Moder und dicker Finsternis, in der unsere Lichter wie ohnmächtig waren, nichts deutlich zu sehen, aber unser Führer versicherte uns, es sei hier unten alles vollgestopft mit Toten. Unendlich erleichtert stiegen wir wieder empor – seltsam! – Obwohl die Luft unbegreiflich trocken und rein war: so fühlte sich doch die Phantasie erleichtert, als sie wieder nur mehr eine Decke über dem Haupte wußte. Die nicht hinabgestiegen waren, leuchteten nun noch einmal in die Höhle hinab, und wir gingen dann weiter durch mehrere Gänge und leere Gewölbe, wie es mir schien, auf dem Rückweg begriffen. Wir hatten alle Orientierung bereits so verloren, daß jedem die Unmöglichkeit einleuchtete, ohne Führer sich hinauszufinden – namentlich, wenn einer ganz allein wäre. Er müßte nur, meinte man, die Wege, die er schon gegangen ist, mit Knochen bestreuen, um immer andere Gänge zufinden, und so auch den, der ihn herausführt.

»Aber wenn ihm allenfalls das Licht ausginge?« bemerkte ein andrer.

Es ist entsetzlich, dies zu denken, und furchtbar inhaltschwer wäre die Geschichte solcher Augenblicke. Das Licht flackert noch einmal und ist aus: eine Nacht, so dick, wie die Erde keine kennt, ist um ihn; die Toten, die ihm früher sein Licht gezeigt hatte, ist er nun genötiget, mit dem innern Auge zu schauen, und zwar, da ihm die Begrenzung seines Raumes, die ihm das Licht vorher so freundlich gewiesen hatte, durch die Finsternis entrückt ist, so muß er sich nun gleich das ganze Totengewölbe auf einmal vorstellen, die ganze durchbrochene Totenstadt mit all ihren Bewohnern – er horcht – vielleicht rührt sich heimlich etwas – alles stille, nur das Knistern seines Trittes und das dumpfe Rascheln seiner Hände, wie er sich an den Mauern fortgreift – er ruft, er ruft keine Hoffnung, gehört zu werden; er geht in Todes- und Geisterangst gestachelt fort durch Gänge und Gewölbe, die sich ewig ineinander münden. – Es sind bereits Stunden, es ist vielleicht schon ein Tag vergangen – er faßt, an der Felsenmauer fortgreifend, einen Toten, und erkennt, daß es derselbe sei, den er schon einmal ergriffen habe – und dabei hört er von oben herab die Orgel tönen, vielleicht auch das Singen der Gemeinde oder das Läuten der Glocken, das Rasseln der lustigen Wägen auf dem Straßenpflaster – er ruft und ruft – alle gehen sie ihrer Wege, es wird stille, also Nacht – und des andern Tages hört er es wieder so – und so fort und so fort – bis in der Gruft um einen Toten mehr ist.

Mich schauerte, als ich dies dachte, und unwillkürlich drängte ich mich an die Führer, mit leisem Frösteln mir den Einfall hinwerfend, »wenn nur diese sicher zu der schmalen hohen Türe sich zurückfinden, bei der sie uns herein gelassen hatten«.

»Wir sind jetzt unter der Post«, sagte einer von ihnen und leuchtete im Gange weiter.

Jetzt fing es mir an, in diesen massiven Kreuzgängen und Überwölbungen drückend zu werden – immer Mauer, eisenfeste Steinmauer, keine Fenster, keine Öffnung. – Wie schwer der Mensch jene leichte, lichte Decke entbehrt, deren Köstlichkeit er in seinem Leichtsinne nicht beachtet, die Decke des Firmamentes! – Es schien mir, als entbehrte ich die Luft selber – –

In dem Momente fiel ein blasser Streifen von oben herab, es war

Tageslicht durch den Schacht vom Deutschen Hause – ich erkannte die Stangen und das Stroh, die Bretter und Tragbahren des ersten Gewölbes wieder – der Boden hob sich – der schmale Türflügel ging auf, und wir traten auf das vom Regen glänzende Steinpflaster des Stephansplatzes hinaus.

Die Brust des stärksten Mannes hob sich freier an der frischen Luft; ein feiner Novemberregen rieselte von dem Himmel. Man zündete eben die Abendlichter an, Gold, Silber, schimmernde Seidenstoffe wurden davon in den strahlenden Kaufbuden beleuchtet – kostbar gekleidete Menschen wimmelten an mir vorüber; glänzende Karossen rollten; der Turm St. Stephans stieg riesig empor, und Sprechen und Lachen erscholl ihm gegenüber, den beleuchteten Häusern entlang – –

Ich aber ging wie im schweren Traume nach Hause, während an mir vorüberhuschte der Strom des unbegreiflichen Lebens der Menschen.

Der Prater

Wenige Hauptstädte in der Welt dürften so ein Ding aufzuweisen haben wie wir unsern Prater. Ist es ein Park? »Nein.« Ist es eine Wiese? »Nein.« Ist es ein Garten? »Nein.« Ein Wald? »Nein.« Eine Lustanstalt? »Nein.« – Was denn? Alles dies zusammengenommen. Im Osten der Stadt Wien liegt eine bedeutende Donauinsel, ursprünglich ein Auland, wie so viele Inseln der Donau, wo sie Flachland durchströmt, aber im Laufe der Zeit zu einem reizenden Gemische geworden von Wiese und Wald, von Park und Tummelplatz, von menschenwimmelndem Spazierplan und stillster Einsamkeit, von lärmendem Kneipegarten und ruhigem Haine. Viele Wiener mag es geben, die die Reize und Schönheiten ihres Praters nicht kennen, wenn er auch noch so besucht ist; denn so betäubend das Gewimmel an einigen Stellen, besonders zu gewissen Zeiten ist, so einsam, wie in der größten Einöde, ist es an andern, so daß man wähnen sollte, wenn man diese Wiesen und Gehölze entlang schritte, müsse man eher zu einer artigen Meierei gelangen als zu der riesenhaften Residenz einer großen Monarchie; – aber gerade die riesenhafte Residenz braucht einen riesenhaften Garten, in den sie ihre Bevölkerung ausgießt, und doch noch Teile genug leer läßt für den einsamen Wandler und Beobachter – und wohl uns, daß wir den Prater haben. Der Wiener weiß das sehr gut, und wird er auch zuweilen etwas undankbar gegen seinen Prater, wie z. B in den heißen Sommermonaten, so ist er zu andern Zeiten demselben desto überschwenglicher zugetan, z. B. im Frühling, und namentlich an bestimmten Tagen, wo es zum guten Ton gehört, in den Prater zu fahren, und wer dies nicht kann, wenigstens zu gehen. Der erste und zweite Mai sind solche Tage, dann auch noch der Ostermontag und Pfingsten. Einen solchen Pratertag denke dir nun, entfernter Leser, und folge mir im Geiste dahin, und laß dir auf diesem Papier deuten, was wir sehen.

Es ist der erste Mai, etwas nach vier Uhr nachmittags, und gerade auch Sonntag und der heiterste Himmel.

Wir gehen über die Ferdinandsbrücke in die Vorstadt Leopoldstadt und wenden uns gleich rechts gegen die Jägerzeile, die zum Prater führt; die ganze schöne, ungemein breite Straße ist bedeckt mit einem schwarzen Strome von Menschen, so dicht wellend, daß, wenn man jemandem sagte, er bekomme ein Herzogtum unter der Bedingung, daß er die ganze Straße entlang gehe und an keinen Menschen streife, er sich dasselbe nicht verdienen könnte. Mitten in diesem Menschenstrome, wie Schiffe im Treibeise, gehen die Wägen, meist langsam, oft aufgehalten und zu vielen Minuten lang ganz stillestehend, oft aber, wenn die Wagenlinie Luft bekommt, aneinander und an der ruhiger wandelnden Menge der Zuschauer hinfliegend. Hie und da hervorragend aus dem Meere der Fußgänger, bald hin, bald her die Wagenreihe vorüber, hüpfen die Gestalten der Reiter, und die meist prachtvollen Häuser dieser Straße stehen zu beiden Seiten ruhevoll aus dem schiebenden Menschengewimmel empor, und ihre Fenster und Balkone sind besetzt mit unzähligen Zuschauern, um den glänzenden Strom unter ihren Augen vorüberfluten zu sehen und sich an Pracht und Schimmer und Flitter zu ergötzen; meist sind es Damen, die, in alle Farben gekleidet, in dies Frühlingstreiben selber wie leibhaftige blühende Frühlingsgesträuche von den Fenstern herniederschauen. Man sollte meinen, die ganze Stadt sei um dreiviertel auf vier Uhr närrisch geworden und wandle nun in ihrer fixen Idee da gerade diese Straße hinab, und du und ich, geliebter Fremdling, wandeln auch mit. Dort durch den Staub herauf von der Öffnung der Straße blicken schon die hohen Bäume des Praters, dem wir alle zuströmen, als würde dort das ewige Heil ausgeteilt. Endlich ist die lange Jägerzeile doch zu Ende, und die Straßen fahren wie in einem Sterne auseinander, und der Menschenknäuel lüftet sich. Fähnlein auf hohen Stangen wehen und weisen dem Wanderer verschiedene

Wege; das zu unsrer Linken trägt auf seiner flatternden Zunge hoch in den Lüften den Namen »Ferdinands-Nordbahn«, und wirklich fliegen auch Wagen, dicht mit Menschen besetzt, dem links stehenden Gebäude des Bahnhofes zu, wo schon die Feuerrosse, pfeifend und schnaubend, stehen, um eine endlose Wagenreihe hinaus in das Marchfeld oder gar nach Brünn zu führen, das durch die Schnelligkeit dieser Rosse zu einer unsrer Vorstädte geworden ist. – Das mittlere Fähnlein weist zur Schwimmschule, die auch heute ihr Eröffnungsfest feiert, – das dritte trägt den Namen »Nador« oder »Sophie« oder einen andern, und ein gewaltiger Arm weist die Zufahrt zu dem Dampfschiffe; weiter rechts auf dem Rasenplatz stehen die hölzernen Hütten der Menagerien, und auf riesengroßen Leinwanden sind die Ungeheuer noch fürchterlicher gemalt, als sie selbst drinnen sind, und diese Gemälde und das fremde Schreien und Pfeifen und Girren und Brüllen im Innern lockt die Leute, daß vor dem Eingange stets ein dichtes Gedränge ist und in den glänzenden Blicken der Kinder und der Landmädchen sich schon das lebhafte Verlangen malt, zu sehen, was denn drinnen ist. Auf dem Rasenplatze stehen auch noch Buden mit Früchten und Gebäcke, ein Kroate mit Schwamm und Feuersteinen, ein Mann mit Spazierstöcken und einer mit einem Leierkasten und einem Hund darauf, der gar aufrecht stehen und mit dem Schwerte in seiner Pfote schultern kann. – Aber all diesen Dingen vorüber geht der hauptsächliche Menschenstrom in die sogenannte Hauptallee hinein; denn dort ist heute die höchste und hohe und niederste Wiener Welt zu sehen – was an Pracht der Kleider, der Wägen und Dienerschaft nur immer Laune und Reichtum erfinden konnten, ist heute in der Hauptallee zu sehen. Zu beiden Seiten sind schattige Alleen, eine für die Fußgänger, die andre für die Reiter; mitten in der Straße fahren die vielen tausend Wägen, einer hart an dem andern, der Sicherheit wegen auf einer Seite hinab, auf der andern hinauf, und diesen Kreis machen viele oft mehrmals, um zu sehen und gesehen zu werden; – das ist denn nun eigentlich der Ort, wo sich augenbetäubend Farbe an Farbe drängt, Reiz an Reiz, Pracht auf Pracht, Masse an Masse, Bewegung auf Bewegung, so daß dem schwindelt, der es nicht gewohnt ist. Zu beiden Seiten der Straße stehen dichtgedrängt die Zuschauer, und hinter ihren Rücken wogt der bunte Strom der Spaziergänger, während in der Mitte Wagen an Wagen rollt, eine glänzende, schimmernde Linie, wohl über eine halbe Meile lang. Dort schwebt in ihrem Wagen, der so leicht wie ein Luftschiff geht, die Dame des höchsten Standes vorüber, prachtvoll einfach gekleidet, mit wenigen, aber kostbaren Schmuckstükken geziert, gleich hinter ihr die Familie eines reichen Bürgers, dort ein Wagen voll fröhlicher Kinder, die ihres Staunens und Jubelns kein Ende finden über die Pracht, die sie umschwebt, hier kommt ein Mann ganz allein in seinem Wagen stehend und mit den vier unvergleichlichen Pferden zum ersten Male paradierend; jetzt sprengen Reiter vorüber und grüßen in einen Wagen, aus dem die schönsten Antlitze entgegennicken, dort sitzt ein einsamer alter Mann in seiner schweren Karosse, er ist in feines Schwarz gekleidet und trägt viele winzig kleine Kreuzlein auf seiner Brust, dann kommt ein Fiaker mit seligen Kaufmannsdienern oder Studenten – dann andre und wieder andre, und vor den Augen tanzt es dir vorüber, als wollte es sich nie erschöpfen, und aus Glanz und Schimmer wieder Glanz und Schimmer quellen, und wie es auch so treibt und wallt und quillt, so siehst du doch dort ein Schauspiel, wie es nur der Prater bieten kann; ganz nahe an der geputzten Menge steht ein Hirsch, das stattliche Geweih zurückhaltend und mit den dummklugen Augen in das Gewühl glotzend; er hat es wohl oft gesehen, aber so toll nicht wie heute, darum schaut er auch einige Augenblicke und geht dann wieder in seine Auen zurück; auch von den Menschen wundert sich keiner, denn sie wissen es ja, der Prater ist für die Hirsche und Spaziergänger. Und fort flutet es und fort – und wie auch die Pracht der Gewänder, die Schönheit der Pferde und Wägen, das Wallen der Federn, das Blitzen der Geschmeide dein Auge blenden, so taucht doch, und nicht selten geschieht es, in dem Gewimmel oft ein Antlitz auf, das alles vergessen macht, wie es in seiner sanften Schönheit deinem Auge vorüberschwimmt, daß du ihm gerne nachschauest und es dir öfter ist, als wärest du ärmer, da es vorüber. Warte nur, Wien ist so dürftig nicht an Frauenschönheit, es kommt vielleicht bald wieder ein gleiches oder gar noch ein schöneres. Sieh, was reißt dort alles die Hüte ab die ganze Linie entlang? Sechs Schimmel ziehen einen schönen Wagen – wer sitzt darinnen? – – Der Kaiser und die Kaiserin. Du wunderst dich? Hast du dies in Paris nicht gesehen? Hier grüßt man und staunt nicht, daß sie wie Private unter Privaten fahren; man ist es gewohnt, und sie wissen, daß sie im dichtesten Volksgedränge so sicher sind wie in ihrem Palaste. – – Schau, auch der Held von Aspern ist da; siehst du, jener schwarze Mann ist es, der mit einem andern in der Reitallee geht, und den alle grüßen – und warte nur, gewiß sehen wir auch noch andre aus dem hohen Hause, wie sie das heutige Vergnügen teilen und mitgenießen. Dort fährt er hinab, der Sechsspänner, und fügt sich in die heutige Wagenordnung ebenso wie dieser Fiaker, der eben mit seinen zwei mühseligen Braunen vorüberkeucht.

Doch laß uns nun die Allee hinabgehen und dann auch seitwärts, um zu sehen, was der Prater noch zu bieten hat außer dieser sinnbetörenden Flut von Gesichtern, Kleidern und Wägen. Aber wie wir immer tiefer und tiefer hinabkommen, ist es, als würde es immer ärger; der Knäuel wird dichter und ruhiger. Links am Wege stehen Restaurationshäuser, die sogenannten Praterkaffeehäuser; aus ihnen erschallt Musik; unter den Bäumen stehen viele tausend Sessel, überwuchert mit geputztem Menschengestrüppe, – das redet, das lacht, das braust, das klingelt an die Gläser, ruft nach Kellner und Marqueur – und vorüber den Augen auf und ab haspelt sich dasselbe Ziehen und Rollen der glänzenden Wägen, und so weit das Auge schaut, ist es, als nehme die Allee kein Ende.

So wie sich hier die gewähltere Gesellschaft treibt, so treibt sich weiter links das eigentliche Volk. Ihm ist aber bloßes Spazierengehen oder Fahren weitaus nicht genug, sondern es verlangt nach greifbaren Freuden, und diese nun sind rings und überall ausgebreitet. Trete hier links heraus aus dem Strome der Hauptallee – ein großer Rasenplatz, mit uralten Bäumen besetzt, nimmt uns auf, und auf ihm herumgestreut liegen alle die Anstalten zum Vergnügen des Volkes: da sind alle möglichen Kosmo-, Pano-, Dioramen; alles, was je berühmt war, steht von Wachs in jener Hütte. Einer läßt sich sehen, weil er zu groß, ein andrer, weil er zu klein ist; einer frißt Feuer, ein andrer speit Seidenbänder, und auf der Brust eines dritten wird wie auf einem Amboß schrecklich gehämmert, und darunter schallt das Klopfen und Klingeln des Wurstls, der in seiner hohen schmalen Bude eben wieder sein neues Spiel beginnt; dort um die Kneipe herum schießt der dichte Salpeter der Trinkgäste an, so fast, daß man meint, die arme Hütte könne sich inmitten der Leute nicht rühren. Einer oder zwei ragen über die andern empor und spielen Szenen von einer Bühne herab, die gepriesen und belacht werden, auf der andern Seite des Baumes deklamiert einer, und der Harfenist reißt wütige Töne auf den Saiten, um mit dem Gesange seiner Begleiterin durchzudringen, und dicht neben ihm werden Limonien und Pfeifen ausgespielt, während von etwas ferner die schwachen Töne eines Leierkastens herüberklingen, und mit den Gläsern wird geklopft, und es wird gerufen, und Spaziergänger und Zuschauer winden sich durch das Wirrsal – und wendest du dich ab, so steht dort unter noch größeren Bäumen wieder eine solche Kneipe und rechts wieder eine und weiter ab wieder eine – und überall ist dasselbe Bild oder noch ein lebhafteres – und eine Musik schallt durch die Zweige, sie heißt nicht umsonst die türkische – die große Trommel eilt und tummelt sich, und ein Geschimmer ist darunter, als wäre eine Messingbude närrisch geworden, und zu dem Geschwirre fliegen Reiter in einem Kreise auf hölzernen Rossen herum und stoßen Türkenköpfe herab und andres. Da freut sich nicht nur der Knabe des fliegenden Kreises, sondern auch der Handwerksgeselle hat seine Geliebte hergebracht, und sie prangt in einem der kreisenden Wagen, und er sticht Türken – und die genug haben, oder denen übel geworden ist, gehen fort, und neue Gäste steigen ein, und mit neuer Kraft erschwingt sich die Trommel und der Kreisel, und während des Augenblickes, da sie still war, scholl durch die Bäume herüber von einer andern solchen Reiterei dieselbe Musik. Dort auf mehreren Schaukeln werden ganze Frachten von Menschen geschaukelt, daß die Stricke knarren und sich die Bäume biegen. Andre werden wie echtes Garn abgehaspelt, und zwei Liebende geraten in Zwiespalt, da sie *schon,* er aber noch *nicht* nach Hause gehen will. – Du befindest dich, fremder Leser, wie es hier beschrieben, mitten in dem sogenannten *Wurstelprater,* der seinen Namen von dem Hanswurst hat, der aber schon längst gestorben ist. War der Glanz und Prunk in der Hauptallee, der sich doch vergleichungsweise ruhig vor deinen Augen entfaltete, schon denselben betäubend, so ist es zwar hier nichts weniger als auf Glänzen und Prunken abgesehen, aber wenn du dieses Wirrsals nicht gewohnt bist oder mächtig werden kannst, so zerrüttet es dir die Vernunft, und ich kannte einen ernsthaften Herrn mit schwachen Nerven, der hielt sich den Kopf, weil er behauptete, er fühle es, wie ihm die Knochen auseinandergehen – aber sieh! das ist echte gesunde Volkslust, die sich das Volk selber gibt, und die ihm wohl bekommt; laß sie drollen und jubeln, und mitunter derb; denn diese da brauchen den Wein der Freude etwas stark und sauer, weil er die ganze folgende dumpfe Arbeitszeit nachhalten muß, die sie zu überstehen haben, bis wieder ein Fest kommt wie das heutige – darum freut sich auch der Arbeiter wochenlang darauf, und er ließe es nicht aus, er läge denn auf dem Sterbebette – und ich denke, da schon ein guter Teil der Menschen dazu verurteilt ist, namentlich in der Stadt, seine meiste Lebenszeit in dumpfen, engen Werkstätten zuzubringen mit einem dumpfen engen Geiste, so darf man es ihm wohl gönnen, ja, man soll ihn dazu ermuntern, daß er auch einmal sein Auge auftue, seine Seele erweitere und Lust und Freude walten lasse. – Ist dem Krittler diese Lust und Freude nicht zuständig oder zu roh, so bedaure er lieber, statt zu schelten, daß eben die Lage des Mannes ihm nicht erlaubte, sich in seiner Jugend so heranzubilden, daß ihm höhere Freude munde. – Zerstöre ihm nicht die Lust, o Krittler, mit deinem essigsauren Gesichte; geh lieber weg – oder bleib stehen, sie schauen dich ohnehin nicht an. Ein *lustiges* Volk ist auch *ein gutes* Volk, und das wissen wir hier am Donaustrande recht wohl, und es freut uns, daß es gerade bei uns so ist, und Arbeit und Lust, und Lust und Arbeit, das mischt sich so bei dem Wiener, daß du nicht weißt, ist das eine oder das andre die Hauptsache – es mögen's wohl beide sein – du kennst es ja, das lustige Volk der Phäaken, immer ist Sonntag, »es dreht sich immer der Braten am Spieß«.

Weile noch einige Augenblicke hier, – du weißt, Wien ist die Stadt der Musik – daher auch hier Musik genug: türkische, der Leiermann, der Harfenist und Bänkelsänger, schwärmerische Handwerksgesellen mit Gitarren, dort zwei Jungfrauen, die eine Romanze absingen, ewig um eine Quint voneinander abstehend wie zwei parallele Linien – heimkehrende Freundschaftsketten, die den Rinaldo Rinaldini singen – hier und da in den Händen eines Knaben eine Harmonika – und nun kommen auch noch die Zigeuner, seltsame, starre Gesellen, ein Traum aus einer urfrühen Zeit der Weltgeschichte, übriggebliebne Gestalten, unberührt von der Gegenwart; darum wirst du gleich hören, wie sie, und wären sie schon ein Menschenleben lang im Prater gesessen, dennoch unberührt von dem Geist und der Weise unsrer Töne ihr uraltes Klingen anheben, feurig melancholisch wie ihr Auge, und phantastisch verworren hinschlürfend, wie der Faden ihrer Geschichte durch die andern Schicksale der Welt – und in den höher ziehenden Tönen ihrer Geige ist ein Klagen und Trotzen, daß es mir immer unheimlich werden will, mich aber dennoch nicht fortläßt von dieser eigentümlich glühenden Poesie. Dazu, sieh nur einmal den an, der die erste Violine streicht, und den, der das Zymbal schlägt, wie der eine den Bogen führt und zieht, fast graziös, wie ein Virtuose, und wie der andre die Klöppel handhabt, und beide so ernst und fast traurig das Weiß der Augen verdrehen aus den tiefbraunen Gesichtern – und wie es auch lärmt und wogt und musiziert ringsherum, so macht sich ihre Musik doch Platz – als ein fremdes Element, und schreit und singt aus der andern heraus, erkennbar auf so weit, als man überhaupt noch Töne vernehmen kann.

Sie werden immer toller und toller und streichen und streichen, daß die Töne wie Raketenstreifen steigen. – Jetzt ist der Wirrwarr erst vollendet, der Menschen werden immer mehr; der Wein beginnt zu wirken; singende Stimmen erheben sich hier und dort – nur zwei Gäste sind ganz still und freundlich: die liebe Abendsonne, die ihr Licht durch den rötlichen Staub und um alle Menschenantlitze gießt, und die zarten Laubknospen auf den riesenhaften Bäumen, die die laue Lenzluft empfinden und sich stündlich wohler fühlen und größer werden.

Laß uns nun weiterschreiten und diese brodelnde Hexenküche verlassen, damit wir, ehe die Sonne untergeht, auch noch andere Teile des Praters besuchen können. Wir wandeln auf dem Rasen unter den großen Bäumen fort, und das Menschengewühl wird dünner und dünner und das Gemische von Musik und Lärmen schwächer und schwächer; – einzelne Gruppen und Paare, denen auch das Gewühl nicht behagt, wandeln vergnüglich in der Frühlingsluft auf dem bereits grünen Rasen herum. Dort steht ein mächtiges hölzernes Gerüste. Es ist der Feuerwerksplatz, und wo du jetzt nur einzelne Gruppen gehen und lagern siehst, da steht sonst, wenn der Feuerkünstler Stuwer seine Phantasien abbrennt, eine Menge, Mann an Mann, als wäre der Raum mit Köpfen gepflastert, und alle schauen in die Nachtluft, die von Raketen wie von gellenden Tönen durchschnitten wird, oder in die er plötzlich einen Stern heftet, der jetzt rot, jetzt grün, jetzt blau, jetzt golden am finstern Himmel schwebt und, von den Lüften getragen, langsam nieder und seitwärts steigt*, oder der Stern platzt und wirft eine Handvoll farbiger Feuerblumen durch die Nachtluft, – oder plötzlich steht eine durchbrochene, brennende Stadt vor dir und lodert ruhig prasselnd aus, dem feineren Auge öfters die sinnigsten Feuerdichtungen vorführend – heute aber ist von alldem nichts, und das graue Gerüste steht einsam auf dem Platze, von der glänzenden Frühlingsabendsonne friedlich beschienen.

---

* Fallschirmraketen

Wir wollen nun noch weiter vorwärts gehen, bis wir an das Donauufer gelangen. Hier links an diesem Damme stehen die Gebäude der Schwimmschule, die wir ein andres Mal besehen wollen; diese andern hölzernen Häuser auf Flößen sind lauter Bade- und Schwimmanstalten und im Sommer lebhaft besucht. Hier mündet sich schon ein größerer Donauarm herzu, und da, wo du die vielen Pflöcke im Wasser stehen siehst, ist das sogenannte Freibad, ein Platz, der mit gespannten Tauen eingefangen ist, innerhalb denen jeder baden kann. Laß uns noch weiter abwärts gehen – siehst du, wie groß unser Prater, unser Wienergarten ist – schon längst hörst du keine Musik mehr, kein Rollen der wirklich mehr als tausend Wägen, die in der Hauptallee fahren – die laute, hohe Woge der Menschenlust hat dich entlassen, und hier ist es bereits so einsam wie in einer abgelegenen Waldwiese. Laß uns am Saume des Wassers fortgehen. Auf jener Insel weidet ruhig ein Hirsch, und die vielen Spuren im Lehmboden des Ufers zeigen, wie sie oft herdenweise hinübergehen; noch weiter draußen an der Spitze der bebuschten Insel steht eine Rinderherde, und es ist, als hörte man einzelne Klänge ihrer Glocken über das Wasser herüberschlagen, aber es ist Täuschung; die Donau ist hier so breit, daß die Tiere nur wie kleine verschiedenfarbige Lämmer herüberschauen. Wie wohltuend und sanft ist die Stille und die weiche Frühlingslandschaft auf das Getümmel, das wir eben verlassen haben! Fast kein Mensch mehr stört uns hier, und jener einzelne Fischer, der den ersten Mai dadurch feiert, daß er mit einer unerhört langen Rute unbeweglich am Wasser steht, ist eher eine zur Landschaft gehörige Staffage als eine Störung. Immer weiter führt unser Weg abwärts, und jener ferne glänzende Turm, der über die Auen herüberblickt, bezeichnet schon ein Dorf, das über eine Meile unterhalb Wien liegt, Ebersdorf. Hier stehst du am Gestade der ganzen, vollen Donau, und dort, wo jene Mühlen sich drehen, die sogenannten Kaisermühlen, da ist der Platz, am dem die Dampfboote landen, die stromabwärts gehen, und weiter hinab wird es immer ländlicher und einsamer. Es ist seltsam, daß man so viele Wiener über die Stadt klagen hört, und wie es so schön und herrlich um einen Spaziergang auf dem Lande sei – und in einer Nähe, wie keine Hauptstadt, haben sie einen Park voll reizender Abwechslung, und so wenige besuchen ihn; und gerade die schönsten, weil natürlichsten Stellen sind am allerwenigsten besucht. Wir wandern nun auf schmalen Pfaden durch Gebüsche, treten jetzt auf Wiesen heraus, mit großen schönen Bäumen besetzt; die Abendsonne streift mit roten Fäden durch Laub und Zweige, und die Amsel und der Fink schlagen ihr frisches Lied; der Hase läuft durch das Gras; von der großen Stadt ist nicht ein Pünktchen sichtbar, und es wird uns schwer zu glauben, daß wir noch vor einer halben Stunde im dichtesten Gewühle waren. – Diese Rüstern und Silberpappeln, den Lieblingsbaum der Donauinseln, würdest du kaum irgendwo anders in solcher Größe und Stattlichkeit antreffen als hier, wo er so geschont wird, daß man keinen schlägt, als bis er gestorben ist, so daß er sich ausbreiten und entwickeln kann und in diesem lockern und fetten Boden bis zur Grenze seines höchsten Alters gedeihen mag. Der Wiener liebt aber auch diesen schönen riesengroßen, breitkronigen Baum seiner Heimat gar sehr, und ich würde es keinem raten, daß er in Gegenwart von Spaziergängern einen dieser Bäume beschädigte. Da sie auf dem auserlesenen Boden vereinzelt stehen, so sind sie dem Städter ein wahres Kleinod geworden; der Spaziergänger geht von Schatten zu Schatten, der Grübler, der Philosoph, der Lesefreund setzt sich an dem Stamme nieder und versinkt in seine Gedanken oder in sein Buch; der ermüdete Arbeiter und der Tagedieb schlummern im Schatten; zu ihnen gesellt sich der wüste Geselle, der die gestrige Orgie ausschlafen muß; so geht der Wandler an allen vorüber und stört sie nicht weiter, der Künstler sitzt mit seiner Mappe auf seinem niedern Feldstuhle und zeichnet oder malt einen Baum oder eine Gruppe; und es wird wohl keine einzige Mappe sowohl des Künstlers als des Anfängers in Wien geben, in welchem sich nicht »Partien aus dem Prater« befänden, und da tritt gerne der neugierige Wandrer oder die Dame, die sich, ihren Wagen abseits warten lassend, eben auf dem Rasen ergeht, an den Rücken des Malers heran, und schaut ihm auf sein Blatt, ob er denn den prächtig schönen Baum auch so prächtig auf seine Tafel zu bringen vermag; – sie gehen vorüber, und andre kommen, aber der Maler malt fort, die Schläfer schlafen, die Grübler grübeln fort – die Kindsmagd kommt und breitet ihr blütenweißes Leinenzeug auf den Rasen und setzt ihre Kleinen in die Sonne und Luft oder an den Stamm eines Baumes; indes ist aber Sonnenschein und Himmelsbläue, und ein Westlüftchen, das über die heiße Stadt gekommen war, wundert sich hier, daß es frisches Waldgrün getroffen hat, und blättert gerne in den Zweigen der Silberpappel.

Solche stille feierliche Zeit im Prater ist meistens an schönen Frühlings- und Sommervormittagen und tiefer unten, wo sein städtischer Zuschnitt aufhört.

Aber, lieber Fremdling, laß uns nun wieder umkehren auf unsrer empfindsamen Wandrung und gleich jenen einzelnen Paaren und Wallern wieder das Menschengewühl und endlich die Stadt suchen; denn sieh, die Maisonne ist bereits im Untergehen und gießt Blendung und feurigen Rauch um jene Höhen, wo Döbling und Grinzing und Nußdorf liegen und die beiden Schwesterschlösser auf dem Leopolds- und Kahlenberge, und so dir etwa der Abendtau und die Nachtfeuchte des Praters ein Übel zuzöge, so wäre es mir sehr unlieb, da ich es doch eigentlich bin, der dich herabgeführt und in diese entfernte Einsamkeit verlockt hat. – Aber sei getrost, dort sehen wir schon Wägen, die bis zum Lusthause fahren, das auf der Inselspitze am Wasser liegt, und weiter aufwärts werden sie immer mehr, und schon hören wir wieder die Musik der Kaffeehäuser und endlich auch die aus dem Circus gymnasticus schallen – dasselbe Auf- und Abhaspeln der Wägen und des Glanzes und Pompes in der Hauptallee; dasselbe betörende und verwirrende Klingen und Schmettern aus dem Wurstlprater herüber; dasselbe Wogen und Wallen der Menge, wie wir es verlassen, daß du dich ermüdet ordentlich wegsehnst aus diesem Menschenknäuel, und daß du meinst, es müssen ja alle Bewohner von Wien hier sein oder im Herabgehen begriffen – – aber sieh zu, wir gehen die ewige lange Allee hinauf, geblendet von der Abendröte, die in unser Gesicht strahlt; jetzt stehen wir wieder an der Jägerzeile, und du siehst sie vollgepfropft von Menschen, die fast alle hinauf gehen – eine Masse dunkler Gestalten, die vor deinem geblendeten Auge in Staub und Abendröte schwimmen, während die Fenster an der Seite eine Reihe von goldnen Blitzen werfen. Ermüdet und betäubt und zerschlagen langen wir endlich von dieser Partie an, die wir mit solchem Ergötzen begonnen haben, beide eine und dieselbe Sehnsucht empfindend – sie soll auch befriedigt werden, komm mit mir; in einem kühlen, luftigen Zimmer meiner Gartenwohnung wartet meine Gattin auf uns und hat schon auf den gedeckten Tisch gestellt, was uns not tut: eine bekannte Wiener Lieblingsspeise, gebackene Hühner mit dem zartesten Salate, und ein nicht gar bescheidenes Fläschchen alten Nußberger. Erquicke dich, rede noch eines mit uns, und dann geh zu Bette, aber hab acht, daß dich nicht Träume wecken und du dich etwa mit dem Bette im wahnsinnigen Menschenkreisel gedreht findest oder in demselben lächerlich im Prater auf und ab schwimmst, etwa gar im Hemde, was dich sehr kränken würde.

Gute Nacht.

Die Streichmacher

Diese Sekte ist sehr zahlreich und fast so weit verbreitet als das Gras, und ebenso mannigfaltig als das Gras, zu welchem bekanntlich der Weizen ebensogut gehört wie dasjenige Gras, mit dem man sich bloß schneidet, und das kein Vieh frißt. Ehe wir zu der Mannigfaltigkeit der Streichmacher übergehen, hätte der Leser freilich ein Recht zu fordern, daß wir ihm sagen, was denn eigentlich ein Streichmacher sei; allein wir müssen frei bekennen, daß wir ebensowenig eine stichhaltige Definition eines Streichmachers kennen als die des Grases, aber so wie der Mensch recht bald das Gras von dem Salat unterscheiden lernt, wenn er nur dort lebt, wo beide wachsen, so lernt er auch bald die Streichmacher kennen, wenn er nur unter ihnen ist – in wenigen Jahren kennt er sie, und zwar von dem sanftesten und solidesten Streichmacher an bis zu dem Fanatiker in diesem Fache – wenn er nicht unterdessen selber einer geworden ist.

Je mehr ich aber über die Streichmacher nachdenke und mir die wesentlichen Eigenschaften klar zu machen suche, um sie dem Leser vor Augen zu führen, desto mehr komme ich zu der betrübenden Überzeugung, daß ich selber einer bin – ja, daß meine Nachbarn rechts und links in der Gasse Streichmacher sind, daß mein Onkel einer ist, und daß alle Menschen Streichmacher sind, und die ärgsten gegen sich selber. Was macht man sich nicht alles weis – welche handgreiflichen Lügen glaubt man sich nicht selber? Es muß am Ende doch ein Streichmacher kein böses Geschöpf sein, weil Gott so viele erschaffen hat – es geht wahrlich ins Fabelhafte, wieviel ihrer sind – bloß unter den Pflanzen habe ich keine getroffen, für die Tiere stehe ich nicht gut, am wenigsten für die Pudel und Reitpferde, wohl aber für die Gans, worunter ich noch nie eine streichmachende getroffen – aber da sind der Pfau, der Truthahn, der Tauber – selbst der Esel ist nicht frei vom Zeitgeiste. Man sieht also, diese Sekte greift weiter als der Mohammedanismus, der Brahminismus, der Buddhismus und als jeder andere Glaube und Aberglaube, und obwohl sie in unendliche Schismen zerspaltet ist und nach Zeit und Ort sich ändert, so hat sie doch eine bestimmte konstante Orthodoxie, deren Schattierungen durch alle Zeiten der Geschichte gehen. – Die Griechen waren Streichmacher, und zwar mehr oder minder feine; die Chinesen sind es, und zwar etwas grobe und meistens gegen sich selber, andrer nicht zu gedenken, die auch großen Ausfuhrhandel mit diesem Zweige treiben und Propaganden haben. – In Europa sind Streichmacher und in der Hottentottei, in Wien und Paris sind sie, und in Eipeldau und Kagran*, in den Salons und Volksgewirren und in dem Schlafzimmer, wo der Streichmacher ganz allein ist und sein Gewerbe noch redlich ausübt, bis er entschlummert.

Aber was ist denn eigentlich ein Streichmacher?

Ich habe schon erklärt, daß ich das nicht weiß, obwohl ich in jedem einzelnen Falle recht gut angeben kann, ob ich eben einen Streichmacher vor mir habe oder nicht.

Sie sind immer dort am dichtesten, wo überhaupt die Menschen dichter wohnen, daher die meisten in großen Städten und in Orten, wo man sich drängt; denn es ist eines der ersten Bedürfnisse des Streichmachers, daß er gesehen wird, Umgebung ist ihm daher so notwendig wie dem Fische das Wasser, nur mit dem Unterschiede, daß der Fisch ohne Wasser absteht, während der Streichmacher ohne Umgebung nicht einmal absteht, sondern er erschafft sich eine Umgebung, er wird seine eigene Umgebung, er zerspaltet sich und wird sein eigenes Publikum, dem er Dunst bläst und sich dabei sehr außerordentlich dünkt. Ich kannte einen Mann, einen feinen, netten Mann, der mit der Streichmacherei der Grazie und Schönheit behaftet war, und trieb alle mögliche Vornehmheit auf und legte sie in seine Stellungen, er konnte nichts tun, ohne eine Figur zu

* Kleine Ortschaften bei Wien.

bilden, und wenn er zu Hause allein war und in dem elendesten Flause auf dem Sofa lag, so konnte er es nicht lassen, schön zu sein und sich eine hohe Meinung von sich selbst beizubringen. Spiegel waren ihm höchst gefährlich, und Winke, die ihm entfuhren, zeigten deutlich, welch großes Glück er bei Weibern haben müsse, obwohl es bei ihm Grundsatz war, über derlei Dinge reinen Mund zu halten. Seltsam war es nur, daß von diesem Manne alle Tröpfe sagten: dieser Herr sei den Damen sehr gefährlich, die andern aber lachten und sagten, er möchte es nur weismachen.

Obwohl also, wie gesagt, die Streichmacher überall sind, so sind sie doch wieder an verschiedenen Orten verschieden, ich kann mir einen hottentottischen Streichmacher unmöglich so denken wie einen Londoner, und die Wiener haben daher auch ihre eigene Sorte, obwohl andrerseits einzugestehen ist, daß sich die Streichmacher der europäischen Zivilisation ungefähr in der Art gleichen werden wie die Kiesel im Bache, und daß alle großen Städte dieselben zeigen, nur durch ihre Atmosphäre eigens modifiziert, so z. B. werden die Wiener Streichmacher niemals dieselbe Schattierung der politischen aufzuweisen vermögen wie die Pariser – selbst auch wie alles Menschliche, in den untersten Anfängen zeigt sich diese Kunst gleichsam in den Windeln, wie es z. B. bei jenem Könige einer Südseeinsel war, von dem ich einmal in einer Reisebeschreibung las, daß er den europäischen Weltumsegler nicht eher vor sich ließ, bis er in Gala sein würde. Der Kapitän und sein Gefolge wartete, endlich wurden sie eingeführt, und sie trafen die südliche Majestät nackt, nur daß sie eine einzige, glänzende, rote Weste anhatte.

Doch ich denke, wir haben uns bei dem Allgemeinen der Streichmacher lange genug aufgehalten, und es ist Zeit, daß wir dem Leser einige Porträts von diesem Wiener Artikel vorführen, nur wird es uns schwer, wo der Anfang zu machen sei, da der Arten so viele sind; allein wir wollen bei der feinsten Sorte beginnen und bei der gröbsten enden, – wenn uns nicht unterwegs der Streich geschieht, daß wir aus dem Systeme fallen und eine ganz andere Ordnung befolgen. Lassen wir das nun in Gottes Hand.

Die feinsten Streichmacher sind beinahe keine, und diese sind es auch, die sich ihres Standes oft am wenigsten bewußt sind. So kannte ich einen, der den andern den großen Mann vorspielte – sie hielten ihn dafür, ich hielt ihn dafür, und er hielt sich dafür – bis hierher ist keine Streichmacherei. Seine Wohnung, Kleidung, Redeweise war einfach edel, sein Benehmen leutselig und überall natürlich, seine Gedanken tüchtig und reich, seine Tätigkeit ungemein und überall auf das Gute gehend, und beinahe wäre er ein großer Mann gewesen – wenn er kein Streichmacher gewesen wäre; denn mit unglaublicher Feinheit wußte er das vorzuschieben, wo er glänzte, es fielen Namen, die ihn hoben, es lagen verlegte Korrespondenzen herum, die staunen machten, es blickten Gedanken durch, die er ausführen müsse, alle Systeme hatte er umfaßt, alle Vorurteile abgelegt, klare weise Ruhe in seinem Wesen ausgeprägt – – im geheimen aber war er rauh und eigensinnig gegen seine Diener, herrisch gegen Weib und Kind – und letztlich verriet er seine Philosophie um ein einträglich Amt – doch es war nicht sichtbar, und er ließ gerne seine Selbstüberwindung bewundern, mit der er sich diese neue Last zu den alten aufgelegt.

Dann sind die Genies. Diese haben gestern mit dem und dem Dichter gespeist, dieser Tondichter ist ihr Freund – jetzt müssen sie in die Sitzung des Gewerbvereins; dann wird einem großen Verstorbenen eine Denksäule gesetzt, da müssen sie dazu, weil sie dem und dem das Wort gegeben – abends haben sie Eile, weil sie zum Klub sollen – es ist da die Aufnahme sehr schwer – dann müssen sie ein Manuskript lesen, um ein freundschaftliches Urteil abzugeben, eine neue Musik anhören – in die Gemäldeausstellung gehen – dann lassen sie durchblicken, wie dieser und jener ein Esel sei – wie dies und das darniederliege, wie hoch das Ideal stehe – – wie alles einer Reform bedürfe – dies und dies Werk liegt auf ihrem Tische, Voltaire und Bolingbroke, Shakespeare, Gervinus, George Sand usw.; und manchmal haben sie auch lange Haare und Weltschmerz – aber diese gehören schon mehr in die Schattierung der Narren, also nicht unter die Streichmacher.

Dann sind die, die alles von sicherer Hand haben, die alles schon gestern wußten, die ins Geheimnis gehüllt sind – dann die, die in Paris waren und interessante Mitteilungen über Guizot und Thiers fallen lassen.

Dann ist die ungeheure Schar der Überlegenen. Der Überlegene ist an allen Orten Wiens zu finden. Er hat alle gesellschaftlichen Formen weg, er befolgt sie aber selten, er legt das Journal gleichgültig hin, er sieht mit Sicherheit auf die, die da bescheiden eintreten, er ist der Leichte, der Vornehme, der Kalte, er ist mitunter zerstreut, sein Gang ist heiter und bewußtvoll – er steckt voll Witz und sagt gelegentlich einen, er weiß alles, aber redet von nichts, außer daß alles schlecht sei, – die Überlegenen sind auch die Selbstzufriedenen, sie haben eine Erzählung, die mit den Worten anfangt: »Nein, was es für Leute gibt ...«, und nach diesem Eingange folgen die Variationen. Vorzüglich gibt es unter der Jugend viele Überlegene. Er ist nicht zu bessern und zu widerlegen, weil er die Gründe ohnedies besser weiß, und er gehört namentlich unter jene Streichmacher, die es gegen sich selbst sind.

Dann sind die Wohnungen und Gerätstücke, mit denen Streiche gemacht werden. Wir sind in großen Städten Troglodyten, nur sind wir freilich nicht so einfältig wie die alten Ägypter, die anfangs gar warten mußten, bis irgendwo in einem Felsen eine Höhle war, die sie dann sofort bewohnten, später aber doch darauf kamen, selber in die Steine Wohnhöhlen zu bohren – wir sind, sage ich, nicht mehr so einfältig, sondern wir führen uns den Felsen samt den Höhlen gleich aus schönen Ziegeln auf und wohnen darinnen – da müssen nun eine Unzahl Dinge hinein, die zu nichts sind – als zum Streichmachen. Worauf man sitzt, liegt, steht, das ist nicht zum Sitzen, Liegen, Stehen, sondern zum Sehen, daß es nämlich der Nachbar, der aus seiner Höhle in unsere herüber auf Besuch kommt, sehe und sich daran ärgere – Ärger ist dem Inhaber immer ein lieblicheres Opfer als Beifall – der Nachbar soll sich nämlich ärgern, daß es bei ihm nicht so schön ist. Wie man, um ein schnödes Stipendium zu bekommen, ein Armutszeugnis braucht, wenn man auch nicht arm ist, so müssen die Geräte Reichtumszeugnisse sein, wenn auch kein Reichtum da ist; darum sind die Fächer und Kästen weit kostbarer als das, was darinnen ist, nur die einzige Sache, die gleich selber etwas ist, das Silber- und Goldgeschirr, tut man in einen Kasten mit gläsernen Wänden, damit es herausschaut; der Boden ist, daß man die Füße lieber in die Tasche stecken möchte als mit ihnen auf ihm gehen; die Luftlöcher, welche der Höhlenbaumeister aus Vernunft herrichtete, werden mit recht viel Falten wieder zugehängt, daß das Licht nicht hereinkomme; dann sind Teppiche, Damaste, Kaffeetücher, Kästen, Tische, Sessel, Sofas – alle die Dinge sind selber wieder Streichmacher; denn sie sind inwendig von eitel weichem Holze, jeder Tisch hat Fichtenfüße, nur hat er eine nußbaumene oder Mahagonihose an, der größte und ernsteste Garderobekasten ist mit hartem Holze geschminkt, und selbst die Fensterbretter sind Kinder, die immer ihren Sonntagsrock anhaben – dies nur heißen sie schöne Geräte und machen sich weis, sie haben daran etwas, und streuen den Besuchern den Sand in die Augen, in weiß Gott welch vornehmes und auserlesenes Haus sie gekommen. Daß dieses der Zweck der Geräte ist, nicht etwa, wie ein Einfältiger glauben möchte, der *Gebrauch,* erhellt daraus, daß man gerade in den besseren Fächern der Wohnhöhle nicht wohnt, daß man, wenn kaum die Besuche fort sind, den Dingen über den hölzernen Überzug noch einen leinernen gibt – ja daß man, wie mir erst vor kurzem ein Freund von einer Frau aus seiner Bekanntschaft erzählte, sogar eine ganze Zimmerreihe haben kann, in die nie jemand kömmt, sondern die Magd und die Frau gehen eines Tages hinein, rufen die Diener und geben ihnen die Teppiche abzustauben und auszuklopfen; sie selber wischen alles hübsch und reinlich ab und stellen die Sessel, rücken die Spiegel, wo einer schief hängt, und sperren dann wieder gut zu, daß nichts gestohlen wird. Im Winter werden dann zuweilen viele Kerzen angezündet und viele Menschen eingeladen, welche durch die Zimmer oder Höhlenfächer gehen und die Fetische anbeten, die da ausgestellt sind, oder auch dieselben lästern, wenn sie sich nämlich bessere machen ließen und zu Hause stehen haben. Der echte Streichmacher dieser Art tut auch, wenn Leute bei ihm sind, als liege ihm an dem Krame nicht viel, er mißhandelt ihn, daß es scheine, die Sache sei ihm unbedeutend – aber nachher pflegt und hegt er sie wieder und schleudert gegen jedes der Seinen den Bannstrahl, der das Unglück hatte, irgendwo anzustoßen und zu beschmutzen oder zu ritzen. *Diese* Streichmacherei, meine ich, wird etwas nachlassen, wenn wir in der Kultur werden vorgerückt sein und aus Höhlenbewohnern endlich Luftbewohner geworden.

Ich muß hier eingestehen, daß ich wirklich in der absteigenden Linie der Streichmacher eine Lücke ins System gerissen habe, ich vergaß nämlich die mit den Kindern und ihrer Erziehung, welche doch offenbar vor den Möbeln kommen sollten. Ich hole daher nach, was mir von der Sache kund ist. Da Erziehung doch offenbar nichts ist als Abrichtung des Mannes zu Amt und Geschäft, des Mädchens zu einem Manne, so finde ich Streichmacherei in diesem Zweige sehr zweckmäßig; denn die Erziehung ist beendet, wenn der Mann ins Amt, das Mädchen unter die Haube kommt, beides sind sehr nützliche Dinge. Da freilich die Eltern nicht Zeit haben, anders als stoßweise zu erziehen, nämlich zu dieser oder jener Minute gute Lehren zu geben, die sich widersprechen, weil besagte Eltern zu anderer Zeit zu tun und zu genießen haben, so ist es einleuchtend, daß man den Kindern so viele gleißende Stellen hinauflackiert, als sie brauchen, damit sie leuchten und ein Mann oder ein Amt wie ein Nachtschmetterling an dieses Licht heranfliege und daran kleben bleibe. Als solche Anlackierer werden nun unterschiedliche, wohlfeile Meister genommen, die da beibringen, was klingt und glänzt, da geraten dann die Kinder zu allerlei Virtuositäten. Sie spielen das Piano, dieses leidige Marterholz unserer Zeit, d. h. sie trommeln Noten, weil es einem andern beifiel, das arme Herz in das eigentliche, geheimnisvolle Reich des Schönen einzuführen; sie reden etliche Sprachen, d. h. sie sagen in ihnen Dinge, die deutsch zu albern klängen – aber genug, sie *sprechen* die Sprache; mehr verlangt Vater und Mutter nicht. Ob das Gesagte Vernunft hat, ist hier unwesentlich; – sie tanzen – nun das können sie meistens gut, weil es meistens den wenigsten Wert und das größte Vergnügen mit sich bringt –, dann malen sie, d. h. der Lehrer bessert aus, und so werden (wenige Striche des Lehrers ausgenommen) die schönsten Bilder des Zöglings fertig –, dann sind sie artig, sie wissen sich zu benehmen, sie reden, daß es Hand und Fuß hat, sie werden herausgeputzt, den Leuten gezeigt, und oft wird gesagt: »Karl, Adolf, sei brav« – und das ist dann die Erziehung – glänzen, gelten, vordrängen, tun als weiß Gott wie tief, wie weise, wie gebildet ... und das einzige, was eigentlich allein einer Erziehung fähig und wert wäre, die Vernunft, diese sittliche Muse des Menschen, verödet – doch ich muß abbrechen, *diese* Streichmacherei bricht mir das Herz oder facht den Grimm an. Alle andern dagegen gehalten, sind harmlose Tierchen: diese frißt das Grün der Erde weg, daß die feste Rinde der Gehaltlosigkeit weithin offen liegt – und fast weiter als jede andere ist gerade *diese* Streichmacherei auf Erden verbreitet. Desto größere Ehre und reicherer Dank gebührt daher jenen Eltern, wie sie jetzt doch häufiger werden, die es anders machen und das Kind des Kindes nicht andrer wegen erziehen, und recht und wahr und gut erziehen.

Wie unschuldig, gleichsam neugeborene Kinder, stehen dagegen die da, die ich jetzt erwähnen will, die *Ankündigungen.* Jeder weiß ja aus Erfahrung, wie es ihm mit seinem Hunde geht; er ist der schönste, weiseste, ja er hat fast Menschenverstand – oder dem Blumenpfleger; er sieht nirgends so schöne Nelken, Rosen, Hyazinthen als bei sich: ebenso geht es nun, meine ich, auch allen denen, die sich Dinge einkaufen und nun selbe wieder verkaufen müssen, ich denke, sie verblenden sich auch dafür, und daher mag es kommen, daß sie sich in den Verkaufsankündigungen Täuschungen hingeben, die sie sonst nicht rechtfertigen könnten: da ist alles echt, alles unverantwortlich billig, alles in jeder Haushaltung unentbehrlich und alles nur mehr in geringer Menge zu haben – ganz unglaublich ist es, was Redakteure in dieser Hinsicht leisten, sie opfern sich, sie richten sich zugrunde, um nur dem Publikum das Allerbeste bieten zu können – und das undankbare Publikum frißt dann diese Dinge ruhig wie Heu hinein und weiß nicht, welche Trüffeln und Ambrosia hinuntergegangen sind.

Wir steigen nun immer weiter hinab auf der Wesenleiter der Streichmacher und gelangen zu jenen, die das unwesentlichste Zeichen wählen, um den andern eine hohe Meinung abzunötigen, *Kleider.* Überhaupt ist es, merk' ich schon, ein wesentliches Merkmal der Streichmacherei, daß sie, statt auf die *Sache,* auf die *Zeichen* ausgeht; denn ihr Zweck ist, sich geltend zu machen, andere zu überflügeln und zu dem Ende zu gewaltsamen, auffallenden Handlungen, *Streichen,* zu greifen. Da nun die verworrenen Begriffe ungemein leichter zu erwerben sind als die klaren, ja da es noch leichter ist, gar keine Begriffe zu haben, sondern nur Einbildungen, so darf es niemanden von uns wundern, wenn solche Einbildungen sehr im Verkehre sind. Der reiche, der ausgezeichnete, der vornehme Mann und seine Frau haben schöne Kleider, also kehrt jener obige verworrene Begriff die Sache, wie einen Muff, um und sagt, wer schöne Kleider hat, der ist ein reicher, ausgezeichneter, vornehmer Mann oder dessen Frau, also, folgerichtig fortzugehen, muß ich suchen, schöne Kleider, hauptsächlich aber moderne, zu bekommen, dann bin ich vornehm oder werde doch wenigstens von mir und andern dafür gehalten – und je moderner, je auffallender das Kleid, desto vornehmer der Träger. – Welche namenlose, unbeschreibliche, überwältigende Gedanken und Umwälzungen mögen z.B. in dem Kopfe so einer böhmischen oder mährischen Küchenmagd vorgehen, wenn zum erstenmal ein Damenhut, wie der der gnädigen Frau, darauf sitzt! Ein großer, schöner, rosenfarbener Hut, zu dem sie sich endlich durch peinliche Ersparungen geschwungen – daß der Rock, das Halstuch und die Schuhe dazu stehen, versteht sich von selber – wie seltsam, wie fieberhaft muß der ganze Sonntag sein, an dem sie mit diesem Hute herumgeht! – Und wenn sie erst daran denkt, einmal so in ihr heimatliches Dorf zurückzukehren und dort alles in Erstaunen zu setzen, wie sie vornehm und gebildet geworden ist! Aber nicht bloß die Küchenmagd und die Köchin, sondern auch die gnädige Frau wird durch einen neuen Hut und ein Ballkleid verrückt – gnädige Frau aber heißt in Wien jede, welche einen Dienstboten hat. Da sie nun selber einen solchen Wert und solche Würde in Kleider legt, wie müssen erst andere staunen und neiden, wenn sie in der unerhörtesten Pracht erscheint! Das schönere und verwirrtere Geschlecht geht uns Männern in *dieser* Gattung Streichmacherei vor; es gibt keine Verunstaltung ihres Körpers, die nicht schon einmal Mode war. Was die Feinere, die Bescheidenere, die Gebildetere Neues an sich trägt, das wird von der Beschränkten, Leichtfertigen und Dummen auf die Spitze gestellt, die Mode wird überboten, und wenn sie dann wie ein Pfau und wie eine Ente zugleich auf der Gasse geht und Flitter und Trödel auf Dingen trägt, die unmöglich Körper sein können, so dürftest du an dem seligen Ausdruck ihres Gesichtes abnehmen, wie hoch sie sich dünkt, und an dem Nachschauen mancher Mitschwester, wie sehr sie sie beneidet. – Mir fällt häufig der Mann ein, der arme, der alles dieses kaufen muß. Bald muß der Hut oben aufgeputzt sein, bald unten, bald muß er groß sein, bald klein; jetzt darf er kein Hut sein, nämlich ein Ding, was vor der Sonne schützt, dazu hat man ja ohnehin den Sonnenschirm, sondern eine Art hohler Kapuze, die im Nacken sitzt, das Tuch muß nun weiß, wenigstens licht sein, der Rock muß ein Rad schlagen, und damit er dies tue, wird dem armen ein härener Unterpanzer gegeben, und er wird über die Fessel eines Strickes oder Seiles gespannt, oder es werden ihm gar noch andere Sachen untergelegt, die ich nicht nenne, die aber Anno 42 für sehr schön gehalten werden müssen, da man's so übertreibt. Und so schwirrt und surrt und saust es von seidenen, samtenen, musselinenen usw. … usw. … Stoffen und Sachen, als wäre ein tolles Blumenbeet ausgelassen – – o ihr armen und ihr betrogenen Dinger! Just das, was ihr erzielen wollt, vornehm, bedeutend, ansehnlich zu erscheinen, das erreicht ihr nicht; denn ein Wort, ein Ruck, ein Wink, und ihr verratet die innere Leere, ja die Übertreibung selber verrät sie; denn gerade die Vornehmheit ist ein Ding, das sich nicht lernen läßt, und Würde und Bildung erscheint in dem einfacheren Kleide schöner als Anmaßung und Prahlerei in dem übertriebensten. Daß ich aber tauben Ohren predige, weiß ich übrigens recht gut. Wäre diese Streichmacherei unschädlicher und nicht gerade sie der erste Schritt zur Untergrabung der Sitte und oft des Familienwohls, so könnte man sie hingehen lassen als Spiel der Armen im Geiste – aber …

Von dem Manne, der sonst nichts als überall schön ist, schweige ich, er ist eben ein Tropf; freilich gibt es viele, in der Regel aber sind sie harmlos … also transeant.

Zum Schlusse lange ich nun bei jenen Streichmachern an, die den Ausdruck der Ehre und Hoheit im sogenannten Aufhauen suchen, d. h. sie werfen geradewegs das Geld weg; für was, ist gleichgültig, wenn es nur Aufsehen macht, wenn es nur knallt und klingt, es mag nun dem Aufhauer selber Marter oder Angst kosten, das tut zur Sache nichts, er tanzt, er fährt, er reitet, er spielt. Wie sauer es ihm wird, weiß oft nur er, wenn er z. B. selber kutschiert und ihm im Prater vor Angst der Staub und die Sonne und die Menschen durcheinanderschwimmen, oder wenn er auf dem Gaule wie der Schächer auf dem Kreuze hängt; denn der Mann hat auch noch immer das Unglück, daß die angewandten Mittel trotz der Verschwendung unzulänglich bleiben und die Sache ins Lächerliche ausschlägt. Am großartigsten ist er, wenn er beim Gelage sitzt oder beim Balle und nun warm wird, Champagner trinken, Flaschen zerschlagen, Krapfen unter den Tisch werfen oder gar mit einer Banknote die Pfeife anzünden kann.

Dieser letzte Streichmacher ist meistens der unschädlichste, d. h. für die menschliche Gesellschaft; sich selber bringt er freilich nicht gar vielen Nutzen, und Zwecke erreicht er auch nicht gar sonderliche; denn mir geschah es nie, daß er mir eine hohe Meinung oder dergleichen einflößte. Seine Klapper ist die roheste.

Und somit nehmen wir Abschied von der Sippschaft der Streichmacher, und zum Schluß ersuche ich nur den Leser, recht auf sich zu achten, und er wird sich wundern, wie viele feine und versteckte Streichmachereien er an sich entdecken wird – ich wenigstens fand, während ich dies schrieb, so viele an mir selber, als ich kaum durch den ganzen Rest meines Lebens werde auszutilgen imstande sein.

Leben und Haushalt dreier Wiener Studenten

Wir heben diese drei besonders heraus, nicht als wollten wir von ihnen etwas ganz Besonderes sagen, was von keinem andern gilt, oder gar ihre Lebensgeschichte erzählen, sondern vielmehr darum, weil sie gerade die ganze Gattung darstellen und wir der Meinung sind, in einem Buche über Wien dürfe der Wiener Student und sein akademisches, wie auch häusliches Leben gar nicht fehlen.

Sie waren Landsleute und erst in die höheren Studien auf die Wiener Universität gekommen, nachdem sie die Weltweisheit (Philosophie) auf einem Landlyzeum des gründlichsten erlernt hatten. Wir wollen es versuchen, ihre Ankunft und ihr akademisches Leben zu schildern, weil der echte Student Wiens gerade nur durch solche Ankömmlinge repräsentiert wird, indem ein solcher in Wien, abgetrennt von Familie und Verwandtschaft, rein und allein Student sein muß, der abstrakte Student, sich durchschlagend durch alle Fährden und Abenteuerlichkeiten seines poetischen Standes, bis er endlich absolviert ist und Philister wird, schmählich entkleidet von aller Glorie und allem Schwunge seines vorigen Standes. Der Eingeborne hingegen, wie er auch Studentengenie besitze, vermag sich doch nie zur wahren Studentheit zu schwingen, weil ihm doch immer die Farbe seiner Familie und Verwandtschaft anklebt und weil er außer dem Studenten auch ein Sohn ist, ein Vetter, ein Neffe, ein Wiener, ein lieber Mensch – indes der echte Musensohn, gleich einem abstrakten Begriffe, nur er selber ist, ein Ding, das jenseits aller andern Menschheit liegt, die alle unterschiedliches zu tun hat, er aber zehn ganze Monate nichts, als daß er Student ist und dann eine Prüfung macht, daß er Glied einer unsichtbaren Republik ist; er ist kein Bürger dieser Welt, außer wenn er Schulden hat; er ist kein Landsmann, kein Eingesessener, kein Stand, kein Familienglied, nicht einmal ein Liebhaber, weil er immer wechselt; sondern er ist nur ein Quartaner, ein Quintaner, Jurist, Philosoph, und in den Ferien eine Zugschwalbe, ja manche treiben diesen Zynismus der Abstraktion so weit, daß sie auch keine Studenten sind, sondern gar nichts mehr, so daß ihnen alle Tage das Unglück begegnen kann, wie einst einem lustigen Vetter von mir. Der Vetter zog nämlich eines Nachmittags Handschuhe an und ging auf die Universität. Unten in den kühlen Hallen derselben fragte er einen wildfremden, gesetzten, ältlichen Mann, wo denn der anatomische Saal sei. Der Mann aber fragte seinerseits wieder, was er in dem Saale wolle. »Meine anatomische Jahresprüfung machen.« Der gesetzte Mann lächelte seltsam und sagte: »Kommen Sie mit mir, ich will Ihnen den Saal zeigen, denn ich bin der Anatomieprofessor und prüfe eben dort.« Der lustige Vetter riß seinen Hut vom Haupte, und es wäre ihm in dem Saale schändlich ergangen, wenn er nicht zufällig vorher sehr viel Anatomie hineinstudiert hätte.

Glückselige Studentenzeit! Wenn du nur das ganze Leben dauern könntest – aber da vergeht sie, wie der Rauch auf den Bergen, und der kahle Broterwerb steht da. Einige sind freilich so glücklich, daß das akademische Moos fingerdick auf ihnen wächst, aber auch diese müssen endlich vorüber, wenn es nicht etwa mit einem von ihnen das Schicksal so gut meint und so weit treibt, daß es ihm einmal mit eins einen Schlagbaum vor den Verstand wirft, was die Leute überschnappen nennen, so daß er von nun an nicht mehr hinauszugehen vermag ins Philistertum, dem wir andern doch unerbittlich entgegengereift sind, und daß er sofort das Schauspiel eines ewigen Studenten darbietet. So sehe ich noch immer einen in den Universitätshallen auf und nieder gehen, den ich schon in meiner Knabenzeit ebenso gesehen hatte, emsig auf und ab schreitend, mit braunem Rocke, wie damals, dünnen Leibes, vorgebeugten Rückens, voll Bartstoppeln, ein schwarzes, kleines, schmutziges Büchlein mit eingelegtem Finger tragend, einen Klassiker, den er zuweilen aufschlägt und dicht vor die Augen hält. Gealtert ist der bemooste Bursche seit meiner Zeit gar sehr, weil ich auch alt geworden bin, und sein Auge ist noch unsteter als damals, aber er geht noch immer herum unter den Pfeilern, gerade so wie seine blutjunge Mitschülerschaft um ihn, die da in den Jahren kommt und geht – nur er, wie ein ewiger Jude unter der Studentenwelt, besteht, ja er ist sogar der einzige Student, der auch während der Ferien in den Universitätshallen herumwandelt, mutterseelenallein, so daß seine Schritte unheimlich in den weiten Gewölben hallen müßten, wenn nicht seine Fußbekleidung immer in einem solchen Stande wäre, daß man seine Tritte nie hören kann.

Vor fünf Jahren verkaufte er Federkiele, jetzt aber studiert er bloß wieder. Glückselige Studentenzeit, wie gut ist es, daß auch du vorübergehst, wie alles andere an dem flüchtigen Menschen.

Laßt uns nun von dieser Abschweifung und Sachdefinition wieder auf unsere drei Freunde zurückkommen und ihre akademische Biographie aufnehmen, wie folgt.

Auf jenem Landlyzeum aber gingen furchtbare Sagen über Wien und das Leben daselbst. Wenn man nicht mit unerhörten Geldern dahinkomme, so müsse man in einem dumpfen Loche wohnen und sich in einem schmutzigen Speisehause aushungern, und die Unschuld wird gleich am ersten Tage verführt.

Dieser Aussicht zum Trotze wagten es unsere drei Schälke dennoch, obwohl sie hinlänglich wenig Geld besaßen und von ihrer Unschuld auch nicht wußten, wie feuerfest sie sei, da sie bisher noch niemand in Versuchung geführt, außer ältere Kollegen zu einigem Trinken und verbotenem Tabakrauchen. Sie wagten es aus dem Grunde, weil es vor ihnen auch manche gewagt hatten und unversehens Herren und Staatsdiener geworden sind.

Ihr Plan aber war dieser: Anlangend das Geld, so hungert zwar niemanden so oft und so umfassend, als junge Studenten; aber niemand auch erträgt Entbehrungen so lustig, als die Jugend, und niemand ißt so sehr alles, als der Student! – anlangend also das Geld, so beschlossen sie selbes sehr zu schonen und anlangend die Unschuld, so war ihnen dafür nicht bange, weil sie riesenhaft gute Vorsätze hatten und überdies zur Sicherheit den Vertrag eingingen, daß einer über den andern wachen sollte und ihm jedes Mißfällige sogleich in den Bart sagen, der allen dreien zu wachsen anhob.

Zu diesem Ziel und Ende wollten sie auch zusammen wohnen, sehr wohlfeil speisen, vielleicht gar selbst kochen, in der Zeit aber sich um Gelegenheit zum Unterrichtgeben umtun, daß sie sich eine glänzende Studentenlage gründen möchten.

Freilich ging auf jenem Landlyzeum auch die Sage von der traurigen Ungesundheit der zusammengepfropften Residenzstadt – aber mit der riesenfesten Gesundheit der Jugend und mit einem Magen im Leibe, daß er Sohlenleder und Korkstöpsel verdauen könnte, glaubt man an derlei Warnungen nicht; für die Jugend gibt es keinen ungesunden Ort, und im Gefühle des innigsten Lebens sind ihr Krankheit und Tod platte Unmöglichkeiten – und es ist auch so; – wenn nicht ein Leviathan von einem Miasma kommt, so verwindet es der Klotz von einem Körper, und es gedeiht ihm, während die andern daran mühselig hinsterben. Überdem hatten sie gegen alle Warnungen und Schreckensbilder noch einen heimlichen Grund und Trost im Herzen, nämlich den, der der Menschheit so oft beispringt: »Wer weiß, ob es wahr ist.«

Sie hatten es also gewagt.

An einem sehr schönen Oktobernachmittage (damals als unsere drei Freunde gen Wien fuhren, waren die großen Ferien noch im September und Oktober) – an diesem sehr schönen Oktobertage stiegen sie in Nußdorf aus und sahen sich sogleich nach dem dicken Luftbrodem um, der immer über der Stadt brüte und Krankheiten aushecke – allein sie fanden ihn nicht, sondern rechts waren schöne grüne Berge und links schöne grüne Auen, und aus diesen ragte ein sonnenbeglänzter, grauer feinzackiger Turm empor – der Turm von Sankt Stephan; schmucke Spaziergänger gingen an ihnen vorüber; Wägen fuhren die Kreuz und Quer mit schönen weißen Nummern auf dem Kasten, schöne Herren und Damen saßen darinnen, und an den Gesichtern der Kutscher schien nicht das geringste Anzeichen von hiesiger ungesunder Luft bemerkbar, so ganz besonders gut sahen sie aus.

Allen dreien war es so gewiß unsäglich und seltsam, so wie es uns allen ist, wenn wir uns einem merkwürdigen und einflußreichen Flecke der guten alten Mutter Erde nähern und dort die Entscheidung unserer ganzen Zukunft erwarten. Nur das, was gerade das Natürlichste war, schien ihnen das Unbegreiflichste, nämlich, daß es hier gar nicht anders aussehe, als auf jedem andern Platze der Erde. Daß sie an der großen, merkwürdigen, weltberühmten Hauptstadt Wien standen, schien ihnen gar nicht glaublich, denn da rinnt ja das bekannte Donauwasser, wie in Linz, und Bäume und Auen stehen dabei, wie sie sie schon tausendmal sahen, und auch die Leute schauen so aus, als hätten sie mit jedem von ihnen schon geredet. Auf Unerwartetes war jeder gefaßt, das Bekannte brachte sie nun außer Fassung. Das Seltsamste aber war noch, daß man von der ganzen Stadt nichts als den grauen Turm sah und ein paar Häuser, so unscheinbar, als wäre es eben nur ein Meierhof. »Den Koffer, meine Herrn«, tönte des Nauführers Stimme neben ihnen, »können Sie sich morgen am Schanzel abholen, jetzt aber mit dem Gesellschaftswagen in die Stadt fahren, oder auch zu Fuße gehen, wenn es beliebt; denn es ist kaum eine halbe Stunde bis zur Linie.« Freilich wußte keiner das Schanzel, aber deswegen hatten sie keine Sorge, sondern begaben sich auf die Straße, welche nach dem grauen Turme zuzuführen schien.

Aber der Leser weiß ja noch gar keinen Namen.

Der Kandidat der Rechtsgelehrsamkeit, *Franz Xaver Pfeiffer,* schritt voran und hinter ihm, starke Studentenstöcke in der Faust tragend, die angehenden Heilkünstler *Urban Schmidt* und *Heinrich Quirin.* Sie gehörten alle drei jener storchichten Sorte an, die lauter Füße hat, ausgenommen noch zwei täppige Hände, die sie stets ungeschickt herumwarfen – man verüble es ihnen nicht, wir waren ja alle so in unserm gesegneten siebzehnten und achtzehnten Jahre. Nur der Pfeiffer trug bereits breite Schultern und einen Ansatz zu einem felsenmächtigen Brustkasten, den er keck der Luft entgegen und bei der Nußdorfer Linie hineinschob – die zwei andern folgten – und nun waren sie wirklich und leibhaftig in der großen Kaiserstadt, von der sie ihr Leben lang so viel gehört und in der Geographie eine ganz klein gedruckte Seite auswendig gelernt hatten – sie waren nun wirklich da. Die einigen unansehnlichen Häuser, die sie bei ihrem Herannahen gesehen hatten, entwickelten sich nun zu einer langen Gasse, in die sie immer tiefer hineingerieten, aber auch hier war es ja nicht anders, als seien sie in Wels oder Braunau oder sonst in einer bekannten Stadt, ordentlich heimisch, nur die Häuser etwas größer und statt dessen, daß man in Wels durch jegliche Gasse schnell auf den Marktplatz gelangt, setzte sich hier die Gasse immer fort, gleichsam als setze sich die Stadt immer an sich selber an, wie jenes närrische Teppichpaar in der Stadt Hirschau, das man dem römischen Kaiser, als er einmal das Rathaus besuchte, dergestalt unterbreitete, daß, als er auf dem vorderen schritt, man den hintern wegnahm und wieder flugs vorne anlegte, wobei sie sich sehr sputen mußten, was denn freilich zur Folge hatte, daß sie einmal zu früh anrissen und den Kaiser ganz und gar niederwarfen. Es soll Friedrich der Rotbart gewesen sein. – Als aber unsere drei Freunde immer weiter fortschritten, dehnten sich freilich die Häuser zu immer ansehnlicherer Größe empor und gewannen an Glanz, daß die Ähnlichkeit mit Wels und mit Braunau stets geringer wurde, auch das Gedränge und Getriebe wuchs überraschend, allein auch ihr Mut; so daß Urban (seines zärtlichen Wesens halber nannten sie ihn stets bei dem Taufnamen) beinahe so keck gewesen wäre, vor einem Generale den Hut zu ziehen, wenn er nur gewußt hätte, warum denn derselbe hinten auf dem Wagen stehe. Der Pfeiffer las alle Inschriften und machte bereits Späße darüber. Quirin war eigentlich seines Herzens der größte Schelm und Schalk unter ihnen, allein er hatte so eine Art und gesetztes Wesen, daß man ihm den Spitzbuben nicht ansah, daher er auch heute so gesittet und mit städtischen Manieren einherging. Der ehrliche Pfeiffer, obwohl der Tüchtigste unter ihnen und daher auch bei allen Unternehmungen der Führer, wurde doch am öftesten von ihm gehänselt, während der stille Urban immer Verschlagenheit genug besaß, auf seine Lockungen nicht einzugehen, indes Pfeiffer alsogleich biederherzig aufsaß, sooft es der andere wollte, aber er lachte immer selbst mit, oder puffte den Quirin ein klein wenig ab, während Urban sich immer entsetzlich in seinem Innern abzürnte, sooft er in eine Falle gegangen; denn er fühlte sich untergeordnet, während Pfeiffer gar wohl wußte, daß er selber es eigentlich sei, der die Firma des Hauses aufrecht erhalte.

Deswegen fragte ihn auch keiner von den zwei andern, was er denn im Schilde führe, als sie ihn wie einen Goliath immer rüstiger in die Wildnis der Stadt hineinschreiten sahen, sondern sie folgten ihm und dachten, er werde es schon wissen – aber im Grunde wußte er es doch nicht, sondern es schwebte ihm dunkel der Gedanke vor, man müsse vorerst das Terrain rekognoszieren, dann werde sich schon ein Plan ergeben. Ohne zu fragen, gingen sie daher durch allerlei Gassen in der Richtung, in der sie gekommen waren, immer fort. Häuser rechts und links, schön und mächtig und immer schöner und mächtiger, je weiter sie kamen – Menschen in Hülle und Fülle, alle vornehmer gekleidet, so daß sich Urban schon seines Rockschnittes zu schämen anhob, und Wagen rollten hin und her, glänzend poliert und mehr an Zahl in dieser einzigen Gasse, als sie sonst ihr ganzes Leben lang gesehen hatten. Hin und wieder an den Haustüren hingen Zettel, »Wohnungen zu *verlassen*«, stand immer darauf, statt zu *vermieten,* was Pfeiffer zuerst nicht begreifen wollte, aber als es ihm endlich einging, so dachte er in seinem Herzen: Wo wird nun in diesem Ozean von Häusern der Zettel sein, der, wie eine Taube mit dem Ölblatt im Schnabel, uns die Arche anzeigen wird, in die uns einzufahren bestimmt ist – wo wird er sein? – – Siehe da ist ja nun mit einem Male der Plan, auf dessen Eingebung er ja gehofft hatte. – Sofort wandte er sich nun zu den zweien, die nachschlenderten und an den Häusern hinangafften, und sagte zu ihnen, daß er vorschlage, sich durch alle diese Gassen bis zur eigentlichen Stadt durchzuhauen, dort die Universität zu erfragen und von da aus gerade der zunächst gelegenen Vorstadt zuzugehen, um dort, womöglich heute noch, ein Stube zu mieten, in der sie sich dann morgen sogleich einrichten könnten. Die Bill ging durch, und nach Verlauf von einer halben Stunde und nach vielfältigen Fragen standen die drei seltsamen Gesellen auf dem Universitätsplatze und starrten das massive Gebäude an, von dem ihnen Heil und Segen ausgehen sollte und das mit seinen Frontsäulen und dem ruhigen Plätschern der zwei Brunnen ernst herniedersah auf die drei neuen exotischen, bestaubten und abenteuerlichen Burschen. Das sah Urbanus gleich ein, wie er sich und die zwei andern hier stehen sah, daß eine gänzliche Umgestaltung mit ihnen vorgehen müsse, wenn sie sich nur einigermaßen der Kultur und Zivilisation annähern wollen, die in dieser Stadt herrschen; denn wie elend standen sie da in ihren schleppenden, hängenden, überlangen Röcken gegen die Eleganz und Pfiffigkeit, mit welcher jedem der Vorübergehenden seine Kleider saßen, als wäre er ein Genie. Auch in Quirins Herzen mochte etwas Ähnliches vorgehen, denn sein Angesicht sprach sichtlich Verlegenheit aus, wenn er merkte, wie sie alle drei von den gelegentlich Vorübergehenden neugierig angeschaut und gemustert wurden – aber mit Pfeiffer wird da wohl schwer etwas anzufangen sein, denn er stand da, ohne die geringste Ahnung der Gefühle seiner Freunde, und sein unendlich grüner Rock hing ihm am Körper wie eine Standarte hernieder – und dieser war sein schönster; denn im Koffer hatte er nur mehr einen von Loden, der zwar nicht lang, aber so zottig war wie das goldne Vlies. Noch ein anderer Gedanke drückte dem Urban ängstlich auf die Seele: ob ihm dieses mächtige Gebäude ein Tabor oder eine Schädelstätte werden würde; denn er dachte beklemmt an die vielen dünnen ersten Klassen, die er im Ränzlein trug und die er sich doch oft mühsam auf dem Lyzeum erworben hatte, aber auch hierin war Pfeiffer unangreifbar, denn er vermaß sich, ganze Heuwägen hineinzustudieren, wenn er sich nur einmal recht niedersetze, und das rechte Niedersitzen nahm er sich sehr ernstlich vor, also war keine Furcht. Nach gebührlich langem Anschauen des Äußern des Gebäudes gingen sie auch beim Haupttor hinein und gelangten in eine geräumige Halle mit Pfeilern versehen, welche als Sammel- und Spazierplatz dient, aber da die langen Ferien noch nicht zu Ende gegangen, so waren die Hallen leer und verödet, nur eine einzige fremdartige Erscheinung war da, ein alter Mann, der auf einer der hölzernen Wandbänke saß und in der Kühle ausruhte. Mit Vorahnungen gingen sie halb schüchtern, halb linkisch herum und betrachteten verdutzt die hohen, dunkelbraunen, verschlossenen Türflügel, die zu verschiedenen Sälen führen mochten und die zwei Treppen, die breit und vornehm einander gegenüber in die höheren Stockwerke emporleiteten, allein sie stiegen nicht hinauf, sondern traten wieder auf den lichten Platz hinaus, um an das Geschäft der Wohnungsschau zu gehen. Die Sonne stand schon ziemlich tief, denn die Universitätskirche und die zwei Türme warfen bereits ganze Massen von Schatten auf die Gebäude und durch die zwei Gassen zu beiden Seiten der Universität gingen schon abendlich-rote Lichtströme nieder; deshalb schritten sie ungesäumt von dannen und zwar, ohne zu fragen, geradeaus.

Ihr Stern führte sie zum Stubentore und dann über zwei Brücken durch eine Allee hoher Pappeln in eine freundliche Vorstadt, auf derem ersten Hause der Name *Landstraße* stand, und sie beschlossen sogleich in dieser heitern Stadt eine Wohnung zu suchen.

»Eilf Zimmer mit Vorzimmer, Küche, Boden und Keller« – »Zimmer und Kabinett« – »Vier Zimmer mit der Aussicht auf die Gasse nebst Zugehör auf Georgi zu verlassen« – »Wohnung mit neun Stuck« – »ein Keller auf hundert Eimer Wein« – »möbliertes Monatzimmer, drei Herren werden nicht genommen« – also weiter – Wohnungen, Magazin, Gewölbe, Keller, möblierte und unmöblierte Monatzimmer – alles genug, rechts und links in der Gasse, nur keine Stube für sie, außer sie hätten recht viel Geld, und obwohl sie die lange Straße fast bis zur St. Markuslinie, die gegen Ungarn führt, abgegangen, so fanden sie doch nichts und schlugen, da es bereits Nacht zu werden begann und kein Zettel mehr lesbar war, den Rückweg ein. Ermüdet bis zum Tode, melancholisch und betrübt durch das fortbrausende Getöse, an allen Gliedern zerschlagen, wie die Knappen Rolands, langten sie endlich, von ihren Kreuzzügen zurückkehrend, im Gasthofe zum Roten Hahn an und verlangten ein Nachtquartier. »Nr. 43 auf die Gasse«; und als nach langem Warten Nr. 43 aufgesperrt wurde, eine große, stattliche Stube, und sie sich dort ein wenig von allerlei Reiseanhängseln befreit hatten, ihre Röcke gebürstet, ihr Haar geordnet, so gingen sie hinunter in die Gastzimmer, wo es wieder unerhört vornehm und schön war, so daß sie sich an den bescheidensten Platz setzen wollten, wenn nicht schon Pfeiffer, der früher als die zwei andern mit seiner Toilette fertig geworden war, in seinem grünen Flausrock am lichtesten und schönsten Tische vor einem großen Glase Bier gesessen wäre; auch brachte man ihm, bevor die andern ebensolche Biere bestellt hatten, einen Rostbraten, so mächtig, daß er fast allseitig zum Teller hinabhing. Urbanus und Quirin sahen kaum die heutige tatsächliche Aufhebung des erst vor kurzem so feierlich gegebenen Armengesetzes, als sie von dem Dufte des Bratens gänzlich verblendet und abtrünnig gemacht, alsogleich ihre Einwilligung dadurch nachtrugen, daß sie auch ebenso duftende und ebenso große Rostbraten bestellten und sich an des essenden Pfeiffers Seite niederließen. Wieviel Semmeln sie schon vor Erscheinen des Bratens gegessen haben, weiß man nicht mehr, aber das ist gewiß, daß sie endlich dachten: »Ei, was soll denn schon der erste Abend in Wien ein muffiger, elender Knausebart sein«, und daß sie sich mit diesem Grunde den Gewissensvorwürfen zu entwinden suchten, während Pfeiffer schon rasch im Essen vorwärtsschritt und keine Spur von Gram in seinem Angesicht zeigte – was er aus Kraft tat, taten die andern aus Schwäche – ist doch auf der ganzen Gotteserde nichts so süß für ermüdete, todhungrige Jugend, als ein tüchtiges Abendessen und dann ein Spaß – aber so ist die Hinfälligkeit menschlicher Dinge und Reiche – das Armengesetz geriet endlich in solchen Verfall, daß sie sämtlich Wein zu trinken anhoben und schon mutig und gesprächig dasaßen, als sich die Zimmer mit den schönsten, glänzendsten Gästen zu füllen begannen, die da ihren täglichen Wein und ihr tägliches Gespräch zu sich zu nehmen gewohnt waren, und daß sich Quirin bereits das Herz nahm, einen dicken Herrn mit schimmerndem Gesichte und feinem Rocke anzureden, während Pfeiffer längst schon mit seinem Nachbar im eifrigen Gespräch war und ihm offen erzählte, was es mit ihnen sei, und daß sie eigentlich im Grunde drei lustige arme Teufel seien, die nur heute den ersten Abend in Wien feierten; worüber sich Urbanus in der tiefsten Seele schämte, weil er eben nachrechnete, wie lange es noch dauern möge, bis er auch so schön gekleidet und so angesehen, wie alle diese Herren, werde dasitzen können und in Ehren sein Gläschen Wein trinken – – ja, damit ich alles sage, so weit war es mit ihnen an jenem Abende gekommen, daß sie noch am Tische saßen, Gesundheit tranken, mit den Gläsern anstießen und kein Lächeln und Gähnen der Kellner achteten, da bereits kein einziger Gast mehr in den Zimmern war. So wie sie die ersten gewesen, so waren sie nun auch die letzten. Endlich gingen sie auch schlafen, und auf dem Wege nach Nr. 43 mochte es schon manchem von ihnen dunkel aufdämmern, wie sehr es ihn morgen reuen werde, daß er heute die Stadt Wien und sämtliche zukünftige Professoren so oft habe leben lassen – aber zur Reife konnte ein solcher Philistergedanke doch heute nicht gelangen, und so verplauderten und scherzten und lachten sie noch eines, bis sie einer nach dem anderen entschliefen und eine selige, ruhige erste Nacht in den Mauern Wiens hatten.

Als sie am andern Tage erwachten und Quirin den dichten Lockenkopf aus den Kissen hob, wollte es ihm freilich in Kopf und Stube wüst dünken, und da Pfeiffer das Fenster öffnete, um auf den Platz vor dem Hause hinabzusehen, so sah er unten nichts als Nebel und Weintrauben und Marktweiber – er tat ein paar Züge der frischen, feuchten Herbstmorgenluft und schloß den Fensterflügel wieder zu.

Da sah er nun, wie die Stube im grauen Morgenlichte all den wüsten Anblick der Unordnung und Verwirrung darbot, den nur immer drei übernachtende, reisende Junggesellen zu machen imstande sind. Die zwei andern waren in der vollen Arbeit des Anziehens begriffen. Urban stand vor dem Spiegel und wühlte in den Haaren, um ihnen doch einigen Schwung und Anstand zu geben, wie er es gestern fast bei allen gesehen, die ihm begegnet waren; Quirin blies den gestrigen Staub von seinen Stiefeln und fuhr pfeifend in dieselben hinein, während Pfeiffer folgenden Vorschlag tat: er selber wolle ausgehen und nicht eher rasten, bis er eine Wohnung für alle drei gefunden hätte; Quirin solle das sogenannte Schanzel auskundschaften und für ihre gemeinschaftliche fahrende Habe Obsorge tragen; Urbanus aber müsse sich auf die Universität begeben und dort Zeit und Ort erforschen, wo jeder von ihnen sich in seine betreffenden Fächer könne einschreiben lassen, und wenn sich jeder seines Amtes entledigt, so wollten sie wieder beim Hahn zusammenkommen und das Weitere besorgen. Man nahm den Vorschlag einhellig an, und da sie endlich mit der Toilette fertig waren (freilich trugen sie dem Wirte einige Bettfedern auf ihren Röcken davon) und als sie mit Schmerzen ihr gestriges Abendmahl bezahlt hatten, so standen sie trübselig im feuchten Morgennebel unter dem Torwege und trennten sich, damit jeder seinem Geschäfte nachkäme. Urban und Quirin gingen miteinander der Stadt zu, Pfeiffer aber blieb ganz allein auf der Gasse stehen und sah ihnen so lange nach, bis ihre Gestalten im Nebel und Getriebe der andern Menschen verschwanden, dann aber schüttelte er sich die Haare aus dem Gesichte, schlug mit dem Stocke auf das Pflaster und schoß in die erste Seitengasse hinein.

Da die Chronik, aus der wir diese Geschichte nehmen, nichts über die Irrfahrten meldet, die jeder von ihnen an diesem Vormittage tat, so können wir den Faden unserer Erzählung erst wieder da aufnehmen, wo sie zusammenkommen, nämlich ungefähr um 1 Uhr nachmittags in der Gaststube des Gasthauses zum Roten Hahn. Aber auch da können wir nichts weiter berichten, als daß Quirin und Urban schon längst dasaßen und warteten, bis Pfeiffer mit erleuchtendem Antlitze daherrannte und erklärte, er habe für sie einen wahren Palast um ein Spottgeld gemietet, und daß sie dann aßen und daß fast wieder das Armengesetz in Verfall geraten ist, daß auch die andern in ihren Forschungen glücklich gewesen und daß sie beschlossen, alsogleich in ihr neues Tuskulum einzufahren. Es lag dasselbe und liegt heutzutage noch in einer Seitengasse der Vorstadt Landstraße, jetzt ist es sehr verbaut, damals aber lag es einer Masse von Gärten im Schoße und war vom Schicksale prädestiniert zu einer Studentenwirtschaft; denn seinem früheren

Charakter nach war es eigentlich ein Fürstenpalais gewesen; es hatte aber seinen Herrn gewechselt und stand nun wie eine verwitwete Ritterburg da; die Säle des ersten Stockes waren groß und unheimlich; in den vielen einzelnen Gast- und Bedientenzimmern des zweiten Stockes war längst das Lachen und Scherzen verstummt, und in den Wagenschupfen und Stallungen der Seitenflügel begannen mantelgroße Spinnweben zu wachsen – bis wieder, wie auf einem umgewandelten Planeten, neue Bewohner kamen, und zwar in die Prachtzimmer dieser oder jener vornehme Reisende, oder einer, der den Sommer in reiner Gartenluft zubringen wollte, in die Einzelzimmer des zweiten Stockes aber ein ganzes Volk von Studenten und Junggesellen, worunter auch unsere drei abenteuernden Freunde waren, – auch die Stallungen und Schupfen wurden wieder lebendig, ja blühender, ruhiger und mannigfaltiger als je; denn außerdem, daß wieder Pferde und Wagen kamen, die da untergebracht wurden, erschienen auch noch Kühe, die da residierten und ihre Milch in die Nachbarbezirke spendeten; dann eine Reitschule – eine Ziegenfamilie und mehrere Hühner, selbst die niedern Vetter der Kutschen fanden sich ein und besetzten die geeigneten Plätze, vom schweren Leiterwagen an bis zum zweirädrigen Karren und dem einrädrigen Schubkarren. Hinten an das Haus stieß ein großer Garten, aber in welchem Zustande war er! Die ehemaligen Sandwege hatten große Spalten und Risse; hölzerne Stifte mit Blechtäfelchen und den schönsten Namen exotischer Pflanzen standen da, aber mitten im Grase, auch geschah es, daß wohl im Sommer oft mitten unter dem frechwuchernden Löwenzahn mit der rotgelben Farbe eine edle Tulpe der vergangenen Zeit emporsproßte, oder eine verkommene Hyazinthe, – die Platane war noch da, die Traxinus pendula, der Schneeballenstrauch, dann jene mit den großen, schlanken, weißen Glockenblüten, nebst allen Gattungen lustig treibenden Hollunders und allen deutschen, in dieser wilden Freiheit köstlich treibenden Bäumen. – Daß das alles ohne Gärtner wachsen mußte, begreift sich. Gegen rückwärts stieß an diesen Gartenwald ein zweiter Garten, jetzt von einer Doppelzeile schöner Häuser besetzt, damals ein wahres Wirrsal von Gesträuchen und Unkraut, und mitten daraus stieg ein Tempel empor, dessen Marmorsäulen schon so gewaschen und verschunden waren, daß hier und da bereits das Holz heraussah; der Fußboden bestand aus Marmor, Ziegeln und Brennesseln. Alle Käfer und Falter summten und flatterten in diesem Eldorado, und alles, was Federn und eine Kehle hat, sang und pfiff in den Wipfeln; denn jenseits der Gartenmauer lagen weithin wieder weitere Gärten. Die Benutzung dieses Gartens, d.h. das Spazierengehen und Studieren in demselben (wohl auch das Herumtummeln und Liegen im Grase) hatte Pfeiffer nebst der dreifenstrigen Stube von der Besitzerin dieses Zauberschlosses erhandelt – und um 4 Uhr desselben Nachmittags fuhr ein Schubkarren mit einem Koffer, zwei Hutschachteln und einem leinernen Packe, in dem allerlei verschlossenes Studierzeug war, den schlecht gepflasterten Hofraum des Palastes einher, und die drei Landstudenten schritten hoffnungsvoll daneben.

Freilich wäre es jetzt unsere Pflicht, zu sagen, wie sie sich auf ihrer Stube eingerichtet haben, aber sie richteten sich gar nicht ein; denn sie bewunderten die Aussicht und die Schönheit der andern Häuser und vergaßen ihre Stube, so daß sie selbst ohne Licht schlafen gehen mußten. Pfeiffer legte seinen Rock auf den langen gepolsterten Sessel, Urban den seinen auf den Rohrsessel und Quirin den seinigen auf den eichenen; Tabak geraucht haben sie aber diese Nacht noch sehr. Als sie die folgenden Tage etwas bekannter in der Umgegend geworden, wurde es freilich anders, und sie trugen so zu Neste, daß selbes wohnlicher wurde. Es darf frei gesagt werden, daß Pfeiffer den Quirin zwang, zwei blecherne Leuchter, eine Papierschere und einen blinden Spiegel von dem ausgekundschafteten Tandelmarkte bei hellem Tage nach Hause zu tragen; aber fast schäme ich mich, zu bekennen, daß er selber schon am zweiten Tage in der Abenddämmerung unter seinem grünen Rocke einen unerhört großen Nachttopf nach Hause trug, der dann nachts (echt republikanisch, daß keiner zu weit habe) mitten ins Zimmer gestellt und mit einer steifgebundenen Flötenschule zugedeckt wurde. Den

Besen bestritt Urban, aber er gab einem Jungen neun Kreuzer, daß er ihn in die Wohnung brachte und fastete dafür abends. Da die Hausfrau bloß ihre Zimmer vermietete, ohne sich weiter zu kümmern, und da im ganzen Palaste kein dienendes Wesen existierte (der aus andern Zeiten übriggebliebene, rotnasige, hagere Portier war unverheiratet), so beschloß unser Triumvirat, sein eigener Diener zu werden, und zwar so: die Geschäfte wurden eingeteilt in die staubigen und flüssigen. Letztere zerfielen wieder in die reinen und unreinen. Die staubigen bestanden bloß im Auskehren und im Bergen des Kehrichts in irgendeinem unverfänglichen Winkel der Stiegen oder Gänge. Die reinen flüssigen betrafen das Holen des Wassers von dem Pumpbrunnen des Hofes. Es stand dem Beteiligten frei, abends kein Wasser zu holen, wenn auch nicht ein Tropfen zu Hause war, aber des andern Tags früh mußte es zum Waschen da sein, und wenn einer bei der Nacht Durst hatte, so waren die Rechte so streng, daß der Verpflichtete bei ärgstem Sturm in Finsternis, bei Frost und Zähneklappern unten zu stehen und zu schöpfen hatte. Die unreinen flüssigen Geschäfte – sie wurden sehr gefürchtet, weil man so leicht gesehen werden konnte – bestanden im Wegtragen eines gewissen Gefäßes. Diese drei Geschäfte als solche, die das Allgemeine betrafen, wurden zum ersten Male verlost, dann gingen sie der Reihe nach herum. Die einzelnen, als da sind: aufbetten, die Kleider bürsten usw., besorgt jeder für sich, und da stand es ihm wieder echt republikanisch frei, so viel Staub auf dem Rocke und den Stiefeln zu lassen, als er wollte, und das Bett so weit zu vernachlässigen, als er nur noch zu seinem Gebrauche tauglich finden mochte, was freilich nicht viel sagen will, da es in späterer Zeit, als einmal wackere Kameradschaft und Kommerz in Aufnahme kam, oft geschah, daß, wenn schon zwei auf jedem Sessel saßen oder ritten, der Koffer von dreien besetzt war und die auf der roten Steinplatte des gemeinsamen Schubladenkastens keinen mehr zu sich hinaufließen, die andern sechs oder zehn in den Betten saßen, oder lagen, derer gar nicht zu gedenken, die auf dem Fensterbrette hingen und mit den Stiefelabsätzen die Mauer zerstampften und färbten. Von dem Tabakrauchen, dem Lachen, dem Witze und dem Singen bei solcher Gelegenheit will ich gar nicht einmal reden. Die Ämter konnten übertragen werden, wenn sich einer dazu verstand, ein dem andern lästiges gegen ein Äquivalent zu übernehmen. Schön war die erste Zeit; denn wie es einst in der alten römischen Zeit war, daß ein Diktator jetzt hinter dem Pfluge ging, jetzt aber die Feinde schlug, so geschah es auch hier, daß Pfeiffer auskehrte und dann hinging und ein glänzendes Examen bestand; aber da, wie ebenfalls in den alten heidnischen Republiken, die Ämter nicht besoldet waren, so ging es endlich wie damals: als nämlich die Einfachheit der Sitten nach und nach verloren ging, ja schon einiger Wohlstand und Luxus einriß, so fing Urban an, die unreinflüssigen Geschäfte immer zu verhandeln und beim Auskehren eine Schürze umzunehmen, ja später gar die Fenster zu verhängen, während Pfeiffer alles noch in der alten Einfalt und in der klassischen Naivität der Vorzeit verrichtete – ja endlich setzte es die Fraktion Quirin und Urban durch, daß eine rüstige Hausmeisterin der Nachbarschaft gedungen wurde, den Staat zu reinigen, wie einst ein Pisistratos und Cäsar kam – und die schöne Zeit war dahin, selbst feines Tuch kam ins Haus, selbst Fracke – ja so weit kam es, daß selbst Pfeiffer so tief sank und so schwach war, daß, als es immer mehr und mehr Sommer wurde und die Hitze zunahm und Sommermode erschien und einmal ein Freund auf Besuch kam, ihn derselbe dabei überraschte, wie er eben seinen treuen, alten, lodenen Rock abschor und abschnitt, wobei er ihn kläglich wie einen Pudel zerschund, und daß er, da er beim Abschneiden das Lineal zu Rate zog statt des Zirkels, das Elend erzielte, daß er vorne mit den Zipfeln trübselig herabhing, hinten aber mit einem Kreisausschnitt lächerlich emporgaffte. – – Selbst Liebe riß endlich in dem zerrütteten Gemeinwesen ein. – – –

Doch wohin gerate ich? Diese Zeiten liegen eigentlich ferne, während mir doch obliegt, den Beginn ihrer Wirtschaft und ihres Akademielebens zu schildern. Also, da sie in dem alten Palast eingezogen waren und die weite Stube mit ihren Gerätschaften bevölkerten, aber freilich nicht ausfüllten, da bereits das Heimweh sich zu mildern begann, schlug endlich die Stunde des ersten Kollegiums. Man war förmlich und richtig eingeschrieben worden und begab sich nun zusammen auf die Universität – aber wie war das stille, ernste Gebäude, welches sie vor ein paar Wochen, als noch Ferien waren, mit beklemmenden Vorgefühlen betreten hatten – wie war es verwandelt! Einen wimmelnden Ameisenhaufen trafen sie heute an. Schon unter dem Schwibbogen, der von der Wollzeile auf den Universitätsplatz führt, standen Gruppen bärtiger und unbärtiger Leute, sämtlich als Musensöhne erkennbar, und lasen die ungeheuren angeklebten Zettel, auf denen Kost, Wohnung, Unterricht, Theater, Meerschaum, verlorne Gelder, Lehrbücher, verlaufene Hunde, Bälle und Konzerte angeschlagen waren; die nicht lasen, neckten sich oder rauchten gar Zigarren. Der Gang rechts an dem Schwibbogen wimmelte schwarz und grau von denen, die die Philosophie bezogen und sich eben Pfeifen und Röcke und die wichtige Miene angeschafft hatten, – weiterhin auf dem Platze standen oder wandelten ganze Partien solcher, die in die höheren Fächer rückten, und da unsere Freunde die Hallen betraten, schlug erst das rechte Brausen über ihnen zusammen, als wären sie in den Bauch eines ungeheuren Resonanzkastens gekommen; dicht und schwarz drängte sich die Menge durcheinander, das Schallen von tausend Fußtritten, das Gewirre der Stimmen, das Klappern der Stöcke, das Rufen, das Lachen, alles wie ein Chaos, wälzte sich durch die Räume; die Saaltüren standen offen, es strömte aus ihnen aus und ein und trieb sich auf den Stiegen auf und nieder; der alte Studiosus bewegte sich leicht in seinem Elemente und ließ es den Neuling fühlen, daß er hier zu Hause sei und poltern dürfe, während der andere verdutzt und schüchtern auftrat und glotzte; ein Professor schreitet hie und da durch die Menge, und die Hüte flogen von den Häuptern in der Gegend, wo er ging – die fröhlichen Gesichter, die zuversichtlichen Mienen, die leichte Haltung, die dem Großstädter eigen ist, die prächtigen Kleider, die grimmigen Bärte – das alles machte einen solchen Eindruck, daß selbst Pfeiffer kleinlaut zu werden anfing, und er wollte sich in der Tat recht dumm vorkommen unter all diesen, die da so rasch auftraten und gewiß das Glänzendste leisten werden. Nur durch den festen Vorsatz, *ungeheuer* studieren zu wollen, um nicht zurückzubleiben, konnte er seiner gedrückten Stimmung ein wenig aufhelfen – wie hätte es ihm auch ahnen können, daß er nach kaum anderthalb Jahren auch so dastehen werde, eine Zigarre im Munde und selber den ungeheuersten Bart, und daß er aus den Pandekten disputieren werde, ja, daß er sogar keck aus dem Barte heraussagen werde, es sei gar nicht so außerordentlich viel mit Justinians Sachen, und sie seien eitle Kasuistik – jetzt stand er einstweilen im grünen Flause da wie ein Specht und schaute verwundert unter der Stirne hervor. Endlich leerten sich gemach die Hallen, und die Säle füllten sich. Da gab es nun darinnen ein Rufen, ein Grüßen, ein Steigen über die Bänke, ein Zusammenschlagen der Stöcke, ein Suchen der Plätze, daß jeder den ihm tauglichsten erhalte, welcher freilich nicht immer der vorderste war – ja, es gibt eine Art Weltbürger, die sich aus freier Wahl um die hintersten umtun, weil sie dort am besten ihren kosmopolitischen Ideen und Taten nachhängen können, als da sind: Tarock spielen, schlafen, Romane lesen, gar nicht da sein usw. Alle unsre drei Freunde gerieten unter diese kosmopolitischen Klubs, nicht aus Fraktionsgeist, sondern aus purer Bescheidenheit –, leider müssen wir aber berichten, daß sie sich nicht ganz rein von diesem Geiste erhalten konnten und sich nachgerade recht wohl auf jenen Grenzgebieten fühlten.

Endlich legte sich der Tumult nach und nach; ein bedeutend großer Saal saß voll Menschen, die Türflügel taten sich auf und – Stille überall –, denn der Professor war hereingetreten. Da wir jedoch nicht des Professors Biographie, sondern die der Studenten schreiben, ein ruhiger, horchender Mensch aber ein schlechter Gegenstand für einen Schriftsteller ist, so werden wir nicht nur diese, sondern alle künftigen Vorlesungen unbeschrieben vorübergehen lassen, nur das erwähnen wir, daß unsere drei Freunde wacker aufhorchten und gewissenhaft nachschrieben.

Die erste Vorlesung war vorüber, Pfeiffer ging durch den großen

Universitätssaal des ersten Stockes, dessen mächtig große Türflügel geöffnet waren, um das allzu große Gedränge auf den Treppen zu lichten, und nachdem er die Großartigkeit des Baues und die schwere altertümliche Malerei bewundert hatte, trat er die breite Mitteltreppe hinab, wieder in die untern Hallen und staunte, sie ebenso belebt zu finden wie zu Anfang der Vorlesungen, aber er wußte damals nicht, daß, da zu allen Stunden aus allen Fächern Vorlesungen sind, die Atria der Gelehrsamkeit stets von Kommenden und Gehenden bevölkert sind, derer gar nicht zu gedenken, die sich lieber in den Hallen herumtreiben als dasitzen und horchen – ja, daß jenes Fluten von Menschen sich trotz der so großen Bevölkerung der Stadt sogar in die ferneren Umgebungen der Universität ergieße und dort merkbar werde. Aber wie beim ersten Anblick dieses Gewirre niederdrückend und melancholisch auf ihn gewirkt hatte, so fing es allgemach an, einen belebenden und erhebenden Eindruck auf ihn zu machen, namentlich da es so kräftigend auf jedes Herz wirkt, lauter junge, frische, strebende und meistens schöne Männer zu sehen, lauter heitere Gesichter, glänzende Augen und all das lustige Funkeln und Flackern des eigentlich beginnenden Lebens, und das Ganze noch gehoben durch die Tatsache, daß, obwohl Wien ordentlich wimmelt von schönen Mädchen, es im Durchschnitte doch noch viel mehr schöne Männer als Damen gibt.

Mitten im Schwärme stand Quirin, und da ein sonniger, seltsam warmer Herbsttag war, so gingen sie miteinander zum ersten Male in den Prater.

Und immer mehr und immer mehr streifte die Stadt und die Akademie ihr anfangs befremdliches Wesen ab, und ehe noch der lustige, weiße Winter über die Dächer wirbelte, war schon in Haus und Akademiewesen unserer Freunde ein gut Teil jenes Studentenwitzes und Leichtsinnes eingekehrt, der dieses Leben so köstlich macht und so unvergeßlich. Der schnöde schmale Gesichtskreis ihres Landlebens erweiterte sich; ungekannte reizende Genüsse stellten sich ein – jenes bezaubernde grüne Tuch, dem kein Studentenherz widerstehen kann, das Billard – durch Kot und Sturm wurde in ein fernes Vorstadt-Kaffeehaus gewatet, weil sie dort die Honoratioren waren, was ihnen sonst nirgends gelang – das Anschaffen eines schönen Meerschaumkopfes – Besuchen und Erwerben von Freunden – und leider auch Unruhe und Lachen im Kollegio und die unwiderstehliche Sucht – (eine Krankheit, die nie ausgerottet werden wird, solang es Professoren und Studenten gibt) – die Sucht, diesem oder jenem ihrer Herren Professoren, und oft dem geliebtesten und geehrtesten, hier und dort eines anzuhängen, wodurch er lächerlich wird, der arme. Um von vielen nur eines anzuführen, so war es den ganzen Winter hindurch ein stehender Witz, daß ein der Türe zunächst Sitzender täglich den obern Riegel des einen, immer geschlossenen Türflügels lüftete, wodurch es geschah, daß, wenn der gute alte Herr hereinging und die Tür zumachte, dieselbe mit dem losen Flügel klapperte, worauf er ruhig und ernst den obern Riegel zuschob, aber regelmäßig hiebei den Mantel von der Schulter zu gleiten bekam, welchen dann der Spaßvogel ehrerbietig auffing, worauf ebenso regelmäßig von Seite des Professors ein tiefes, sonores: »Ich danke Ihnen, mein Freund«, und von Seite des Auditoriums ein unterdrücktes Kichern erfolgte. Leider ist auch das menschliche Geschlecht so schwach und der Bosheit verfallen, daß es gerade da am liebsten und über Lappalien lacht, wo es am wenigsten lachen sollte wegen Ernst und Heiligkeit des Ortes. Es gehe das geringste Komische, was im Wirtshause keinem Menschen auffällt, z. B. in der Kirche vor, sogleich ringt die ganze Gemeinde mit dem Teufel der Lachlust, und so ist es gerade in den ernstesten Kollegien. Freilich geschah dem Pfeiffer etwas dieser Art, was ihm selbst mancherlei Verlegenheiten zugezogen hat. Weiß Gott, welcher Dämon gerade den übermütigen Grafen Braun *neben* und den langen, dünnen, fadenscheinigen Studiosus Springer *vor* Pfeiffer zu sitzen gebracht hat, aber gewiß ist es, daß der Graf eines Tages im Kollegio Weichseln aß, und daß er, während er durch eine Papiertüte die Kerne in Springers Rocktasche gleiten ließ, die Stengel künstlich und mühsam in die lange, lockere Rückennaht des Springerischen Rockes einsteckte, wodurch der Besitzer dann leider wie ein schmächtiger, herabgekommener Eber voransaß, mit der dünnen, palisadenartigen Reihe der Rückenborsten, die sich wie ein Fächer ernsthaft sträubten, sobald er sich niederbückte, um einen bedeutungsvollen Satz nachzuschreiben (denn er war ein sehr fleißiger Student), die sich aber sogleich wieder ruhig neigten und wagrecht wegstanden, wenn er sich der Länge nach aufrichtete und horchte – da schoß nun jener Teufel in das Pfeifferische Nervensystem und zwang ihn, ungebändigt zu lachen – freilich knebelte er mit Riesenanstrengung seine Stimme im Schlunde, daß sie nicht losplatzte, aber in seinem Gesichte wurde desto mehr alles in tausend Lineamenten sichtbar und veranlaßte den dozierenden Professor zur ruhigen Frage, was denn ihm, dem Fünften in der achten Bank, so lachenswert erscheine – – aber Pfeiffer, weil er weder den Grafen Braun ins Unglück stürzen noch auch den redlichen Springer lächerlich machen wollte (welches ehrenwerte Gefühl alle Gentlemen der Umgebung teilten), schwieg hartnäckig, was die Drohung zur Folge hatte, daß, falls er sich wieder solcherlei zuschulden kommen lasse, er sofort auswandern und, entfernt dem menschlichen Verkehre, sich in der letzten Bank niederlassen müsse. Ins Auge aber war er seit der Braun-Spingerischen Frage schon einmal gefaßt und wurde alle Augenblicke um seine Ansicht gefragt und sonst angelassen, und bei der Semestralprüfung wäre er fast gehunzt worden, hätte er sich nicht durch die schönsten Antworten das glorreichste Lächeln und Wohlwollen des alten Herrn erworben, der die Hand schwenkte und ihn mit der Vorzugsklasse entließ.

Das häusliche Leben dehnte sich wie das öffentliche aus. Kaum waren die Erdäpfel zu Hause, die Quirin auf dem Schanzel entdeckt hatte, als er nach dem Koffer geforscht, und die er als sehr taugliches Winternahrungsmittel angeschlagen hatte, kaum war der alte Taubenschlag vom Boden herabtransportiert, um für den Winter das trefflichste Heizmittel abzugeben, und kaum hatten sie sich recht in ihrer Stube eingepuppt, um das zurückgezogenste Leben zu führen, so begannen sie auch schon, ein sehr *nicht* zurückgezogenes zu führen. Der zweite Stock ihres Palastes nämlich verwandelte sich in einen Wespenstock von Studenten, die wie Adler von allen Weltgegenden herbeigeflogen kamen, um in der alten Burg zu horsten; in wenig Tagen entspann sich unwillkürlich ein Bekanntwerden, Gespräch und Umgang, und bald entdeckte es sich, daß die Stube unsrer Freunde die größte der alten Burg und mithin die tauglichste zu einem Versammlungssaale und Gesellschaftszimmer sei, und obwohl jeden Abend mit einem hölzernen Kruge und einem Klöppel im Gange geläutet wurde, daß jeder sich rüsten könne, wer heute Lust und Neigung hätte, ins Brauhaus zum Neuling zu gehen, so geschah es doch öfters, daß man an regnerischen und sonstigen Tagen abends sich bei Pfeiffer versammelte, die schönsten Lieder heulte und von dem Gasthause gegenüber Bier kommen und auf den Tisch stellen ließ – ja, da sich die Zivilliste des Triumvirats bedeutend besserte, erfand man die niedlichsten Flaggen, die, zum Fenster hinausgehängt, vom Kellner gegenüber verstanden wurden, der dann das vertragsmäßige Bier, Würste und solche Utensilien brachte und dafür zu Anfang jeden Monats eine zu große Rechnung vorwies. Jeder trieb eine Kunst. Pfeiffer malte in Öl, aber man wußte nicht, zu welcher Rasse seine Menschenfiguren gehörten – Quirin raufte abends mit einem Bassettel oder schnob Flöte, und Urban war kunstreich in Pappe. Dazu wurden Knochen und Totenköpfe jeder Gattung ins Haus geschleppt, um daran zu studieren, und Pfeiffer bedeckte Kasten und Tisch mit Landkarten und statistischen Tabellen. Ein Pudel war im Stocke, aber man wußte endlich nicht mehr, wem er gehöre, weil er allen aufwartete und apportierte und wie ein mißtrauischer Tyrann jede Nacht in einem andern Zimmer schlief. Tarockkarten, Schachbrette wurden angeschafft, gegen Frühling auch von dem Stocke ein Piano in gemeinschaftliche Miete genommen und in das Gesellschaftszimmer gestellt. Ein schlanker Techniker sang Schubertsche Lieder, die eben damals herauskamen; ein Mediziner hieb die Begleitung, die andern trommelten auf Tisch und Kasten und streuten Tabakasche auf den Fußboden. Im Sommer wurde im Garten studiert, gebalgt, gefochten, gerungen, im Schatten geschlafen, geboxt – ja, Pfeiffer und sein Zimmernachbar beschworen einmal im Übermut in dem verfallenden Tempel nachts den Teufel, aber er kam nicht. An allen Enden und Orten standen die Flegeljahre in Blüte – Glück und Freude keimten allerwärts, – ewige Freundschaften wurden geschlossen, ja, Liebesahnung schaute bereits herein; denn man wußte eine Zeit, wo sich Quirin den unsichtbaren Bart immer wichste, und wo Pfeiffer sich die Haare mit einer Papierschere brennen ließ – man weiß gar nicht, wie weit sich noch alles gesteigert hätte, wenn nicht zwei Dinge gewesen wären, die dem Dithyrambus ein Ende gemacht haben. – Erstens wurde man leider von Tag zu Tag vernünftiger und kälter. Urban ließ sich zuerst einen sehr schönen blauen Frack machen und verbrannte drei Bände der herrlichsten Vaterlands- und Liebeslieder, die er in Geister- und Weihestunden verfertigt hatte – zweitens vergingen ja die Studienjahre von selber, und man wird leider etwas im Reiche der Menschheit, aber schon früher hatte das Geschick den Bund getrennt. Es trat nämlich eines kalten Wintertages, da Pfeiffer im dritten Jahre war, ein reicher Graf mit seiner Gemahlin ein, da Pfeiffer eben Knödel kochte, und trugen ihm die Erziehung ihres Söhnleins auf, weil er ihnen empfohlen worden sei – Pfeiffer stand hochrot in der Schürze vor ihnen und sagte stammelnd zu – und des dritten Tages war er schon auf seinem parkettierten Zimmer des gräflichen Hauses und gedachte schmerzlich der verwitterten Burg.

Aber auch die Zeit der andern ging endlich vorüber und alles wurde zerstreut. Viele von ihnen haben jetzt Kinder und Kahlköpfe, einige Geld, einige keines, und Pfeiffer ist Verwalter auf einer großen Herrschaft seines Grafen und hat bereits fünf Buben mit bester Aussicht auf deren noch einige – er korrespondiert mit Quirin, dem geehrten Arzte zu ****, und sie besuchen sich öfter und lieben sich noch immer. Ihre Frauen wurden Freundinnen und teilen sich Kochrezepte und Romane mit. Urban ist ein Stutzer geworden.

Die Wiener Stadtpost

Zu den charakteristischen Erscheinungen unsrer Stadt gehört ohne Zweifel auch die sogenannte kleine Post oder die Stadtpost. Es mochte um das Jahr der Cholera herum gewesen sein, als ich nach längerer Abwesenheit wieder nach Wien zurückkam, und noch ehe ich durch ein paar Gassen gelangte, fielen mir schon die originellen Fuhrwerke auf, die ich sonst nie gesehen. Der nett angestrichene Wagen mit dem Namen einer Vorstadt und einer Nummer auf seiner Rückseite, der gelbblecherne Armring des Fahrenden, sein gewissermaßen amtlicher Hut und entsprechende Haltung überzeugten mich sogleich, daß ich da eine neue Einrichtung des Staates vor mir habe, allein Ziel und Zweck derselben konnte ich nur ungefähr erraten; wie erfreut war ich aber, als man mir alles auseinandersetzte, denn die Einrichtung hat einem dringenden Bedürfnisse abgeholfen. Die Stadtpost, wie schon ihr Name sagt, hat die Aufgabe, den brieflichen Verkehr in der Stadt selber zu vermitteln, aber nicht bloß auf das eigentliche Wien, sondern auch in die nächste Umgebung erstreckt sich ihr Wirkungskreis. Es war wirklich dringend nötig, daß diese Einrichtung ins Leben trat, denn der frühere Zustand führte viel Unbequemlichkeit mit sich. Wenn ich nach Paris oder Madrid eine Nachricht zu senden hatte, brauchte ich nur niederzusitzen, dieselbe zu Papier zu bringen und dieses auf die Post zu geben; hatte ich aber schnell einem Freunde in der einen oder andern Vorstadt etwas zu berichten, so mußte ich aufbrechen und selber einen Weg von einer Stunde und darüber zurücklegen, um ihn zu suchen, und dann geschah es, daß er nicht zu Hause war oder, wenn er es war, daß ich bei ihm blieb und den Tag verschlenderte. Wollte man nicht selber gehen, so mußte man entweder den eigenen Diener, falls man einen hatte, senden oder erst herumirren und sich irgendwo einen Boten auflesen. Jetzt aber ist man in der Lage, täglich zweimal in alle Teile der Stadt, der Vorstädte und der nächsten Umgebung mittels Post Briefe zu senden und von da zurück zu erhalten. Das ganze zur Hauptpost Wien gehörige Terrain ist nämlich in Bezirke eingeteilt, und in jedem dieser Bezirke ist ein Briefsammlungskasten, in welchen die nächste Umgebung ihre Briefe, auch solche, die für weitere Entfernungen bestimmt sind, zu weiterer Beförderung abgibt. Zu jedem solchen Kasten gehört auch ein Fuhrwerk [...]. Dieser vierrädrige Karren, gewöhnlich mit einem Pferde bespannt, erscheint täglich wenigstens zweimal vor seinem Bezirkssammlungskasten und nimmt dort, was an Briefschaften und kleineren Paketen vorhanden ist, auf und fördert es auf die Hauptpost. Dort werden die Sachen sortiert, die für die Ferne bestimmten der ordentlichen Post übergeben, die für die Nähe gehörenden eben den betreffenden Briefträgern eingehändigt, um den Parteien zugestellt zu werden. Auf diese Weise kann man nicht nur durch die ganze Stadt der Kreuz und Quer nach korrespondieren, sondern auch, wenn man eben in der Vorstadt wohnt, mit größter Bequemlichkeit Briefe in alle Welt senden, denn sowohl in der Stadt als auch in den Vorstädten sind obbesagte Sammlungskästen in solchen Distanzen angebracht, daß man immer einen in der Nachbarschaft hat und zur Briefaufgabe nicht wieder eine Reise machen muß, wie es früher der Fall war. Referent dieses hatte bei seiner ersten Ankunft in Wien aus Unkenntnis der Verhältnisse das Unglück, in einem entfernten Vorstadtteile zu wohnen; – da er nun von Hause aus ein schlechter Korrespondent ist, so wurde er nun ein noch schlechterer, denn wenn er sich auch einmal einen Anlauf nahm und den längsten Brief, der ihm möglich war, zustande brachte, so blieb ihm doch derselbe wieder als ein totes Kapital liegen, weil er (der Referent, nicht der Brief) einen Frack hätte anziehen und den eine halbe Meile langen Weg in die Stadt hätte zurücklegen müssen; wer nun die Gabe hat, zu wissen, wie wohl, wie zu Hause man in einem Schlafrocke ist, der wird auch begreifen, daß der Referent den Schlafrock nicht aus- und den

Frack nicht anzog, und daher der Brief nicht fortkam. – Da der Referent nun auch noch an Vergeßlichkeiten leidet, so geschah es, daß, wenn er am zweiten, dritten, siebenten Tag nachher in der Stadt war, der Brief richtig im Schreibpulte zu Hause Quarantäne hielt und endlich ganz verjährte, so daß er honetterweise gar nicht mehr fortgeschickt werden konnte. Ich habe auf diese Art mehrere Briefe, mit denen ich anderen eine unsägliche Freude machen wollte, wieder selber ersessen, und da ich nie ein Autodafé der Briefe halte, so werden sie wahrscheinlich noch in meinem Besitze sein und gleichsam als alte Jungfern unter den anderen im Kasten liegen, die ich empfangen, und die also ihre Bestimmung erfüllt hatten. Gewiß ist es auch anderen so ergangen, und es werden wahrscheinlich heutzutage bloß aus der Ursache mehr Briefe geschrieben, weil das Losbekommen derselben so ungemein erleichtert ist.

Da der Fährmann der täglichen Korrespondenzen seine Tätigkeit darin beschränkt sieht, daß er jetzt von der Josephstadt auf die Post und dann von der Post in die Josephstadt fährt und morgen dasselbe tut und übermorgen wieder dasselbe, so hat sich auch in seinem ganzen Wesen etwas Stereotypes ausgeprägt, und in der Regel ist er ein gelassener, gleicher und eintöniger Mann, der, wie Charon einst die Schatten, so nun die Korrespondenzen stadtaus, stadtein führt, ohne sich darum zu kümmern, was für unaussprechliche Liebesklagen und Liebesfreuden er in seinem Kasten haben mag, was für Vorwürfe von Gläubigern und verlassenen Schönen, was für Jubel eines Jünglings, der endlich das erste zarte Blatt von angebeteter Hand oder das langersehnte Geld von dem Onkel erhalten hat, oder was für ein Durcheinander von Geschäften, Anfragen, Bestellungen, Bitten, Sehnsuchten, Forderungen, Meinungen usw. usw. im Bauche seines Kastens sich rühren mag, so daß ein Ameisenhaufen dagegen ein totgebornes Kind ist, – er ist gleichgültig dagegen; wie ein Mann, der übergeschnappt ist, gelassen fortgeht und nichts davon weiß, welch ein Tanz nun in seinem Kopfe los ist – so führt er seinen Kram zur Post und leert ihn dort aus und fährt dann wieder ebenso ruhig in seine Vorstadt zurück, worin er glücklicher ist als der eben angeführte übergeschnappte Mann; denn dieser kann freilich seinen Tanz nicht aus dem Kopfe ausleeren und als gescheiter Mann von dannen gehen. Es ist erstaunlich, was er von Tag zu Tag führt, welche Masse von Gedanken, Gefühlen da unter dem Siegel gebunden liegen und gegen den los werden, der sie entsiegelt; es wäre in der Tat zum Wahnsinnigwerden, wenn so jeder Brief reden könnte und plötzlich sein Anliegen mündlich vorzutragen anhöbe, – aber dieser Gedanke ist selber halb närrisch, und der Brieffuhrmann denkt ihn gewiß nicht, denn eigentlich ist es doch nur soundso viel Pfund beschriebenes Papier, was er führt, nebst den Pfunden Siegellack und Oblaten, welche mitgegeben sind. – In welche Wut und in welches Entzücken die geraten werden, die das Siegel erbrechen und sich das herauslesen werden, was der andre hingeschrieben hat, das geht ihn gar nichts an; er führt das Schießpulver zwischen den Stadtparteien hin und her, und es kümmert ihn gar nichts, wie sie sich damit in die Gesichter schießen werden, und wenn er fünf Metzen Liebesbriefe führt, in denen lauter Flammen stehen, so führt er sie doch so sorglos dahin, als wenn es Schafkäse wären, und endlich, nachdem er sein Tagewerk vollendet, und wenn es Abend geworden, und wenn er manchem in dieser Stadt einen Brief beigebracht hat, über den derselbe aus der Haut zu fahren vermeint, so spannt er gelassen sein Pferd aus, welches ihn an Gleichmut und Mechanismus noch übertrifft, und während der Gaul seinen abendlichen Hafer frißt, sitzt dessen Herr wahrscheinlich in der Kneipe bei einem Glase Wein und seiner Pfeife und verplaudert seine Zeit, bis endlich die tiefe Nacht kommt und sowohl er als auch die, denen er heute Verdruß und Freude ins Haus spediert hat, im tiefen Schlafe begraben sind. Des andern Tages beginnt er sein Geschäft von vorne, um es ebenso wieder zu enden, und so geht es alle Tage fort, die Gott vom Himmel gibt. Zu gewissen Tageszeiten kann man im Hofe der Briefpost mehrere dieser Wagen stehen sehen, die auf ihre Expedition warten; dann aber fahren sie auseinander, dem Orte ihrer Bestimmung entgegen.

Was die innere Organisation, gleichsam das Statistische und Technische dieser Fuhrwerke und des ganzen Briefverteilungswesens anlangt, wieviel dafür gezahlt wird, zu welchen Stunden man die Billets empfängt, welche Pakete befördert werden, wie viele solche Sammlungskästen in ganz Wien sind, davon enthalten wir uns billig, da wir unserm Leser nur ein heiteres Stündchen, nicht aber statistische Kenntnisse von Wien beibringen wollen und er sich überdies zu seiner Notdurft in jedem Kalender über diese Sachen unterrichten kann.

Der Tandelmarkt

Der Schreiber dieser Zeilen gesteht, daß er ein großer Verehrer von Altertümern ist, gleichsam von Worten, die eine längst vorübergegangene Zeit an die unsere redet oder vielmehr: die Worte lasen wir in irgendeiner Geschichte, und die Altertümer sind die sinnlich eindringenden Erläuterungen dazu, das Gewand, das der Urgroßvater ausgezogen und niedergelegt hat, als er auf immer fortging, welches Gewand nun rührend und naiv Bruchstücke von der Geschichte dieses Urgroßvaters erzählt. Diese meine Liebe zu Altertümern erstreckt sich aber auch auf ganz unnützes, mittelalterliches Zeugs und auf jeden verschollenen Trödel, dessen Sprache wir gar nicht mehr verstehen, und der sich nur mehr als übrig gebliebener Plunder fortfristet; – ich habe solche Dinge lieb, und mir tut es weh, wenn ich sie zerstören sehe, oder wenn gar ein Haus abgebrochen wird, in dem ich mir oft zu wohnen gewünscht hatte, weil so viele Ecken und Erker und Stiegen und Gänge darin und daran waren, welches alles aber jetzt zerschlagen und zerworfen wird, weil, wie die Leute sagen, der alte unnütze Kasten weg muß, damit ein ordentliches, vernünftiges Haus an die Stelle kommen kann; – ein ordentliches, vernünftiges Haus aber heißen sie ein großes, gerades, viereckiges Ding mit vielen Fenstern, das erst recht einem Kasten ähnlich sieht und in seiner Prosa nicht den geringsten Reiz zu Gefühlen einflößt außer denen der Bequemlichkeit. Für Altertümer dieser Art ist daher eine Residenz sehr gefährlich, weil da ein eigenes Treiben und Fortschreiten in Geschmacks- und Modesachen herrscht, und wenn ich noch hie und da ein schwarzes, vielgiebliges, hochgestrecktes Haus sehe, so fürchte ich schon, daß, wenn ich morgen vorübergehe, Gerüste dastehen und tausend Menschen daran sind, das Haus und seine Nachbarn abzutragen, um ein glänzendes, weißes, gerades, viereckiges, reizloses Zinsgebäude hinzustellen. Da nun dies täglich und stündlich geschieht, so sieht Wien wie eine Stadt von gestern aus, nicht wie eine aus der Zeit der alten Römer, so wie seine Damen auch stets wie neu gekleidet einhergehen, da sie die alten Stücke immer weggeben und neue nachschaffen, gerade wie die Baumeister mit den Häusern verfahren, während man in kleinen abgelegenen Landstädten sehr oft noch neben den uralten Mauern uralte Kleider wandeln sieht. Es wird eben, so wie ich dieses schreibe, auf dem sogenannten lichten Steg ein kleines, unbequem gelegenes altes Haus abgebrochen und mit Recht; denn es ist dringend nötig, daß die Straße dort breiter werde; aber immer, wenn ich dieser Tage her vorbeiging, dachte ich: »Mein Gott, wo wird nun der liebe, hübsche steinerne Engel hinkommen, der aus einer Nische sah und seine Flügel so fromm und nett faltete, als wollte er sich wie eine Phaläne einhüllen; – wo wird er hinkommen?« Aber die Leute brechen lustig weiter, und der Engel, der am Ende gar nicht von Stein ist, liegt vielleicht auch schon irgendwo zerbrochen umher. Nur die Namen als Denkmale der Vergangenheit bleiben, aber auch die nicht immer. So ist noch das Lugeck, jetzt ein kleiner Platz in der Stadt, einst eine Warte in der Stadtmauer gegen das gefährliche Ungarn hin, dann der Rote Turm, der Graben, die Freiung, Maria am Gestade, die Fischerstiege, die Wollzeile und andere; viele aber sind auch geändert; so z.B. steht an der Stelle des alten romantischen Katzensteiges jetzt die prächtige Seitenstettergasse; wo es früher im Elend hieß, liest man jetzt Zeughausgasse; andre, wie z.B. das Paternostergäßchen, verschwinden ganz und gar. Daß bei einer solchen Bewandtnis der Sache all die kleineren beweglichen Altertumsdinge sich nicht erhalten können, begreift sich, denn wenn es den niet- und nagelfesten nicht anders ergeht, als daß sie zerstört und zerrissen werden – was haben die zu erwarten, die in aller Welt herumkollern und ewig die Hände ihrer Eigentümer wechseln?

Freilich, die etwa historischen, künstlerischen, antiquarischen Wert haben, wandern in Sammlungen, aber das ist sozusagen dieselbe Sache gar nicht mehr; denn erstens sind in solchen Sammlungen meist nur Dinge, die uns von dem vergangenen Staatsleben erzählen, aber gerade von dem nichts, was uns das Unmittelbarste und Herzigste ist, von dem alltäglichen Alltagsleben unsrer Voreltern, von dem gerade der Plunder und Trödel deutlicher redet als das wichtigste Geschichtsstück, das am Ende doch wieder nur das Schluß- und Endestück des Trödels ist und, aus seinem Zusammenhange gerissen, verstummt; – zweitens reden ja die Sachen am rührendsten zu uns von dem Orte ihres einstigen Gebrauches aus und im Zusammenhange ihrer Umgebung; werden sie nun von da herausgerissen und in einen fremden Saal zusammengedrängt, so verlieren sie meist ihre Muttersprache, und es ist, als hätte man die Worte einer Büchersammlung durcheinandergewürfelt und noch dazu das Ganze in einem Lande aufgestellt, wo man die Sprache dieser Bücher gar nicht mehr spricht. Darum blicken mich Harnische, Speere, Becher, Koller, Fahnen, Urnen, Gemälde, Schnitzwerke, Stickereien und dergleichen so fremd und widerspenstig an, wenn sie in Fächern eines Antikensaales dicht nebeneinanderstehen, wie sie im Leben und in ihrer Zeit nie waren: aber ganz anders und traulich schauen sie von dem Platze ihrer einstigen Bestimmung zu uns nieder, z. B. wenn wir in dem Kreuzgange einer Abtei wandeln und die Bilder der Äbte da hängen, im strengen, ernsten Stile gemalt und von Alter schwarz und düster geworden, oder die Steinbilder in Säulengängen oder auf Kirchhöfen; die alten Geräte und Meßgewänder in der Sakristei, die Waffen- und Prunkstücke in der Burg und endlich die Geschirre und Stoffe und Truhen im Hause des Bürgers.

Ich kannte einmal einen Mann – damals hielt ich ihn für einen großen Narren, jetzt aber wäre ich selber so, wenn ich in seiner Lage wäre – dieser Mann hatte ein Haus auf dem Lande, welches von seinen Vorfahren durch Jahrhunderte hindurch nicht bewohnt worden war; es strotzte daher von abenteuerlichen Sachen und Altertümern. Der Mann ließ nun das Haus, wie es war, kein Nagel durfte verrückt, kein Pfosten angestrichen, kein Fensterrahmen modernisiert werden, von Schreinen, Bettgestellen, Getäfel usw. durfte erst vollends nichts angerührt oder verunglimpft werden, nur wurde alles Schadhafte ausgebessert und das Haus in wohnlichen Zustand versetzt, weil der Mann gesonnen war, es sein Lebtag zu bewohnen. Nur hatte er die Ansicht – und dies war es, was ich für Narrheit hielt – er hatte die Ansicht, daß man die Ausbesserungen nicht etwa im Geiste und Stile des bereits Vorhandenen machen müsse, wie ich und die andern Vernünftigen getan hätten, sondern wo etwa ein Fensterflügel fehlte, setzte er neben den alten einen ganz modernen hin; der altertümliche, invalide Sorgenstuhl bekam einen Fuß heutiger Art; wo das Wandgetäfel fehlte, ließ er die nackte Mauer durchblicken, nur ward das Stück betüncht und nach jetziger Weise bemalt. Da nun überall etwas fehlte, so geriet ihm das Haus zu einem gräßlichen Kontraste, der jeden lachen machte, der hineintrat; – aber er durfte nur einige Zeit darinnen wohnen, dann begann schon die Wirkung sich allmählich zu zeigen; gerade der Kontrast hob uns das Urväterliche heraus, und da nirgends nachgeholfen war, so erwies sich das Alte als echt und wirkte als solches. In diesem Hause nun saß der Mann, umringt mit Dingen seiner Urgroßväter und täglich gebrauchend, was sie vor drei- bis vierhundert Jahren gebraucht hatten, und was damals sehr schön und sehr neu war. Ich war noch ein kleiner Student, als ich den Mann besuchte; damals lachte ich ihn aus; seine grauen Haare waren selber schon eine Antike, und die blitzenden schwarzen Augen standen geradeso dazu wie die neuen Ausbesserungen zu dem alten Hause; – jetzt ist er schon längstens tot; sein Vetter, der das Haus erbte, hatte mehr Geschmack. Es ist jetzt ein blankes, luftiges Landhaus, und die Familie besucht es jeden dritten und vierten Sommer auf einige Wochen – ich aber denke recht oft des alten verstorbenen Mannes und seines Trödels. – Ich habe kein Haus, in dem so ahnherrliche Dinge sind, ich bin auch kein Altertumsforscher, aber das ewige Herumkriechen in alten Burgen, in öden Kirchen und aufgehobenen Klöstern impfte mir eine kindische Neigung zu alten Sachen ein und eine ordentliche Liebe zu dem verstorbenen Manne, der das altertümliche Haus bewohnt hatte, und so weit geht die Sache, daß, als ich den Titel dieses Aufsatzes niedergeschrieben hatte – der Leser mag mich immerhin auslachen – ich mit einer Art Ehrfurcht zu der Arbeit ging; denn ich gehöre zu den fleißigen Besuchern des Tandelmarktes, der nicht nur selber ein Stück Altertum ist, sondern auch die kostbarsten Trödelstücke in sich bewahrt, so daß ich schon öfters mit guter Ausbeute nach Hause kam.

Der Leser folge mir nun nach dieser Einleitung, die ihn auf den Standpunkt setzen sollte, den Tandelmarkt recht vom Grund aus würdigen zu können, in diesen selber – wer weiß, wie lange er noch stehen wird, diese Ruine aus der guten treuherzigen, bürgerlichen Zeit unsrer Vorväter. So wie die Hetze abgekommen ist und das Turnen, so wird man auch eines Tages die ganze leichte, schwarze, bretterne Stadt abbrechen, daß nichts mehr von der vergangenen Herrlichkeit da ist als der große, leere Platz. Auf diesem wird man dann junge Pappeln pflanzen, daß einst eine recht schöne Allee daraus werde.

Ich habe den Lesern schon früher an einem andern Orte gesagt, daß um die eigentliche Stadt Wien herum, wie um jede Festung, ein freier Platz, Glacis, laufe, damit bei Belagerungen die schweren Kugeln darauf spielen können; aber wie ein ergrauter Kriegsheld seine Waffen nur mehr als Schmuck und Ehrenzeichen trägt, so trägt heutzutage Wien seinen Harnisch und Schild, mit denen es zu seiner Zeit die Türken so wacker zurücktrieb, auch nur mehr zur Erinnerung und zur Zierde. Darum hat das Glacis eine ganz andre Bedeutung bekommen; zum Teile ist es noch, was es war, ein geräumiger Exerzierplatz der hiesigen Garnison, die andern Teile aber sind so mit Alleen besetzt, daß es wie der anmutigste Spaziergang, ja, stellenweise wie der dichteste Park aussieht. Jenseits des Glacis steht der Wald der Vorstädte um die eigentliche Stadt herum, und es wäre schade, wenn einmal eine zukünftige Zeit auf den Einfall kommen sollte, diesen freien Raum zu verbauen; denn er ist als Spaziergang unschätzbar und als Luftreservoir für die große Stadt wahrhaft eine Wohltat. Auf diesem Glacis an dem rechten Ufer des

Wienflusses steht nun auch, wovon wir in diesem Aufsatze handeln wollen, der Tandelmarkt. Es ist dies eine Sammlung uralter hölzerner Hütten, die förmlich wie eine Stadt in Gassen geteilt und numeriert sind und all das enthalten, was man von einem Tandelmarkt verlangt. Da nun wenige Städte, namentlich Residenzen, eine Anstalt dieser Art oder vielmehr diesen Überrest einer vergangenen Zeit aufzuweisen haben werden, und da sich gerade hier ein guter Teil der originellen Bevölkerung Wiens treibt und schiebt, so haben wir der Sache in unserm Buche einen eigenen Raum gegeben.

Tandeln, Tandler, Tandlerin sagt man in der gemeinen Wiener Sprache statt Trödeln, Trödler, Trödlerin, und man versteht unter dem Geschäfte ein Handeltreiben mit aller und jeder Gattung von Plunder, altem und neuem Zeugs, und es wäre schwer, ja, es wäre eine Herkulesaufgabe, in eine allgemeine Formel zu bringen, was alles Gegenstand des Tandels sei und sein könne, von dem kostbaren Perlenschmuck und der goldenen Zylinderuhr an bis zu dem einzelnen verrosteten Schuhnagel herab, von dem Zobel- und Hermelinpelze bis zu dem vertretenen Stallpantoffel, von Silber, Borten und Seidengeflechten bis zu dem alten weggeworfenen Riemwerk und Leder. Alle Stände, alle Alter und Geschlechter, alle Zeiten sind hier vertreten.

Es sind auch in der Stadt und in den Vorstädten einzelne Trödlergewölbe, und man erkennt sie von weitem an den herausgehängten Bildern, Uhren, Meerschaumpfeifen, Gewehren, Kleidungsstücken usw., aber der eigentliche Sammelplatz, gleichsam der poetische Klub aller alten, verschollenen und verblichenen Dinge ist und bleibt der Tandelmarkt. Jeder, der da weiß, wie ihm als kleinem Knaben wohl war, wenn etwa die Truhe der Großmutter aufgemacht wurde und nun ein Haufen alten Zeugs hervorkam: der steife, seidene, großblumige Brautrock, die schwarze Haube, von der die Seitenflügel eulenartig wegstanden, der messingspangene Himmelschlüssel, die hochstöcklichen Schuhe, der Fächer, die Pelzstutzen, der Muff, dann zehn, zwanzig kleine Trühelchen und Büchslein und Fläschlein und andres, was kein Mensch mehr kennt – jeder, der das weiß, wird gerne durch die Gassen dieses Marktes gehen, wo derlei Sachen gleich in Massen aufgehäuft sind. Wie die Pferde, wenn sie ausgedient haben, nach und nach herunterkommen, von dem edlen, kriegerischen Reitpferde erst zum Kutschenpferde, dann zum Fiakerrosse, dann zum Zugrosse an Mist- und Ziegelwägen, wo es eines Tages elend verkommt: so haben die Sachen endlich als letztes Ziel den Tandelmarkt, wo sie zum weiteren Vertriebe ausgestellt prangen, und Dinge, die im Leben himmelweit auseinanderstanden, wie z. B. jenes Gold aus den Tressen des Marschallrockes und diese Zigeunerweste mit den unzähligen gelben, hochgipfligen Knöpfen, liegen hier friedlich und ebenbürtig beisammen. Freilich sind nicht lauter alte Sachen da, und es kam mir oft des Begriffes eines Tandelmarktes unwürdig vor, daß auch ganz neue Kleider, Bettdecken, eiserne Öfen und dergleichen herumhängen und -stehen, aber die Sache ist einmal so, und wie jedes Menschliche, so entartete auch diese Anstalt. – Ich sah, so viel möglich, von diesen unzuständigen neuen Dingen ab und hielt mich an die alten. Und wenn man so die zugedeckten dunkeln engen Gänge voll Menschen und Kleider und Kram entlang geht, so entschädigt einen wohl hie und da eine echte, rechte Tandelhütte, die schon außen, wo nur ein Nagel an den Brettern Platz hat, und dann erst recht von innen mit Trödel bespickt und belastet ist. Auf den alten befransten Sesseln liegt ein Schwall namenloser Dinge; auf den Brettern des Fußbodens bauscht sich ein Haufen, mitten drin der Eigentümer oder noch besser die Eigentümerin, selber in derlei Sachen gehüllt und von dem ewigen Anblick ihrer Ware ein Gesicht bekommend, als sei es auch schon Trödel geworden, und hinten, wo es dunkel wird, ist dir, als müßte gar erst das Zeugs kein Ende nehmen – eine solche Hütte war meine Sache, und ich stöberte und suchte in den Dingen herum, dachte mich in ihre Geschichte hinein und ging oft mit einem unschätzbaren erhandelten Preisstücke von dannen, welches die Meinen zu Hause in die größte Verlegenheit brachte, was damit anzufangen sei.

Aber ehe ich mich in einzelne Sachen und ihre Geschichte einlasse, halte ich es für Pflicht, unsern auswärtigen Lesern einen Begriff im allgemeinen zu geben.

Auf dem Glacis, wie wir schon sagten, am Wienflusse von der Karlskirche abwärts bis gegen den Heumarkt zu, stehen dicht aneinandergedrängt mehrere Hundert hölzerner Hütten, fast den aufgeschlagenen hölzernen Buden eines Marktes ähnlich, da ihr Zweck Warenauslage ist, aber doch wieder anders und fast an Wohnhäuschen erinnernd, da sie nicht so wandelbar wie Marktbuden sind, sondern so lange an Ort und Stelle zu bleiben haben, bis sie vor Schwärze und Alter morsch werden und brechen, wo dann an die Stelle der alten eine neue Hütte gebaut wird, bis man etwa einmal die ganze Sache als eine veraltete Barbarei ganz eingehen läßt. Die Hütten stehen fast aneinander und bilden mit ihren offenen Vorderseiten förmliche Gassen, in denen sich das kauflustige Publikum treibt; diese Gassen sind häufig selber wieder eingedeckt, so daß man auf diesem Markte wie in einer ungeheuren Bienenwabe voll Gerumpel und Menschen herumschliefen kann. Jede Hütte hat eine Nummer und fast jede ein gemaltes Schild heraushängen, wovon sie den Namen: »zum Jäger«, »zur Rose«, »zum grünen Baum« usw. führt. Das Ganze bildet ein langes Viereck von schwarzen wettergepeitschten Dächern, vor denen dir, wenn du sie von weitem überschaust, bange wird, daß einmal ein Feuer darunter komme und in diesem luftigen gedörrten Geraffel schrecklich wirtschafte. An schönen und besuchten Tagen ist das Ganze von ferne wie ein leibhafter Ameishaufen zu schauen, der sich über und über rühret und regt.

So ist der Schauplatz – und nun, welche Waren, welche Käufer und Verkäufer sind da? Das ist leichter gefragt als beantwortet. Wenn du ein Wiener bist, und es fehlt dir was immer in deiner Haushaltung und an deinem Körper, es sei so klein und unbedeutend, als es immer wolle, es sei so fremdartig und allen menschlichen Begriffen ferneliegend, als nur immer denkbar; gehe hin auf den Tandelmarkt, und du bekommst es. Freilich sind viele Hütten sortiert, wo man nur *bestimmte* Waren ausbietet; namentlich gilt dies von Kleidern, Lappen und Eisenwaren, aber dafür sind auch andre und diese, glaube ich, sind die echtesten, wo alles und jedes zu haben ist.

Allein wir wollen hier etwas ins einzelne gehen.

Der ganzen südlichen Fronte des Vierecks entlang, da wo die Fahrstraße vorbeiführt, ist die ausschließliche Niederlage des alten Eisens. Was seit Kains und Enochs Zeiten her an Eisen und groben Metallwaren verfertigt worden ist, das, glaube ich, hat hier seine Vertreter: Ketten jeder Art und Größe, verrostet und neu, liegen wie Schlangennester an den Hütteneingängen herum, daneben das Geschlecht der Öfen, der plumpe viereckige, der gefällige runde und der in lauter zierlichen Säulen emporstrebende, dann sind die Tragherde, Kochöfen, die Zangen, Hauen, Haken, Klammern, die Schaufeln, Sägen, Bohrer, die Feilböcke, all das kleinere Volk der Lichtputzen, Scheren, Beschläge, dann sind die Torsos, die Fragmente von einstigen Ganzen, die bloßen Eisenstücke, Aushängeschilde, Stiefel- und Krückenbeschläge und endlich die Sachen, die gar niemand mehr kennt; ich habe daselbst einmal sogar ein Römerschwert aufgefunden, ich besitze es noch, habe meine Freude daran und lasse durchaus keinen Beweis dagegen aufkommen, daß es nicht echt sei. Solange ich es dafür halte, ist es echt, ich lasse daher gar niemanden darüber reden; denn am Ende käme so ein Fant und bewiese mir, daß es von irgendeinem Komödienhause her sei, und dann wäre es aus mit der Rarität, und ich könnte das Schwert hinauswerfen, während es jetzt bei meinen andern Memorabilitäten und Kuriositäten hängt. Alle Arten und Spielarten von Leuchtern und Kannen und Tassen und anderm Zeugs besetzen das Innere dieser Hütten.

Außer den Metallwaren haben nur noch die Kleider so ausschließliche Hütten, nur daß diese nicht so einen einzigen bestimmten Platz einnehmen, sondern mehr unter den andern zerstreut sind, doch dürfte die Nordseite in dieser Hinsicht am meisten gesegnet sein. Da sind Hütten mit lauter Stiefeln, von dem neuesten und glänzendsten bis zu dem, der das Anziehen scheuen muß, damit er nicht auseinandergehe, daneben, wie Delinquenten, hängen die Röcke, gebürstet, gepreßt und herausgeputzt, die Kappen und Mützen gaffen und glotzen auf den Bänken, die Bettdecken sind aufgeschichtet, Frauenröcke und Schürzen sträuben sich, und die Wäsche ist mit den schönsten rotseidenen Bändchen umwickelt. Dazwischen geht es lustig und lebhaft zu: dort probiert einer einen Stiefel und flucht und seufzt dazu, hier kann ein andrer aus dem probierten nicht mehr heraus, und der Tandlerbube muß ihm denselben herabreiten – hier wird um einen Frack gehandelt, dort packt einer ein Bündel aus und bietet es zum Verkauf und erschrickt über die geringschätzigen Mienen, welche er an den zusammengelaufenen Käufern bemerkt – dazwischen geht und schreit der Würstelbub, der seine brennheiße Ware ausbietet – dann wird etwas gestohlen, und es erhebt sich ein Lärm und ein Verfolgen, worin die Weiberzungen am lautesten und tätigsten sind – dann kömmt das Speiseweib und bringt den Zettel, was alles heute zu Mittag zu haben sei, und sie preiset die Sachen und fragt angelegentlich, was sie bringen solle. Die meisten dieser Kleidertrödler sind ihrem Gewerbe nach Schneider, manche haben zu Hause oder beschäftigen anderwärts viele Arbeiter, und da werden auch ganz neue Sachen angefertigt, d. h. manche sind wohl ganz neu, andre werden aus alten ganz neu verfertigt – ich habe oft gedacht, woher denn diese vielen neuen Dinge kommen, indem ich den Widerspruch entdeckte, daß der Tandler alle Sachen, die er einkauft, für alt und wenig wert erklärt, alle aber, die er verkauft, für ganz neu und sehr kostbar. Da, nicht in Betracht der Sachen an sich, sondern in Betracht der Börse der Kaufenden diese Waren doch sehr wohlfeil sind und am Ende doch so lange halten müssen als ursprünglich beim Kleidermacher bestellte, so haben diese Hütten ein verhältnismäßig sehr zahlreiches Publikum, und nicht nur von der Stadt, sondern der ganze dürftigere Teil des umliegenden Landes besorgt seine Garderobe vom Tandelmarkt, wobei er freilich den Vorteil hat, daß er nicht erst lange warten darf, daß er sich nicht zu ärgern braucht, daß der Schneider nicht Wort hält und einen den ganzen schönen Sonntagvormittag her warten läßt, oder daß etwas verschnitten ist. Freilich mit dem Anpassen sieht es auch hier sonderbar aus, aber der Käufer hat die Wahl, er kann das Ding stehen lassen, wenn es ihm nicht gefällt – komisch genug ist es, wenn irgendein redlicher Landmann seinem Buben hier ein »Stück Gewand« kauft, es ihm nun anprobiert, den ganzen Buben auf und ab und hin und her zerrt und ihn endlich, weil er auf das Wachsen rechnet, wie eine Scheuche einballiert, davonführt. Im Frühjahre werden die Mäntel wohlfeil eingekauft und im Spätherbste teuer verkauft. Bei Prunkkleidern, Theatergarderobe und bei Uniformen verstorbener Junggesellen lassen sich gute Geschäfte machen. Es soll sich vor vielen, vielen Jahren eine seltsame Geschichte ergeben haben. Ich will sie erzählen, natürlich ohne ihre Wahrheit verbürgen zu können. Es starb ein hoher Militär. In seinem Testamente war einer Summe gedacht, die er an irgendeinem Orte anliegen hatte; allein da man nichts Urkundliches vorfand und deshalb an jenem Orte anfragte, erhielt man die Auskunft, daß der Verstorbene die besagte Summe einige Tage vor seinem Tode erhoben, wie vorliegende Urkunde ausweise – allein die Summe fand sich nicht vor. Man warf Verdacht auf seinen Kammerdiener, der Mann war in Verzweiflung, man suchte alle Fächer, alle Winkel, alle Taschen aus – alles vergebens: da erinnerte sich der Kammerdiener in seiner Angst, daß sein Herr gerade an dem Tage, als er erkrankte, in demselben Uniformrocke herumgefahren sei, in dem er begraben worden, und daß er auch in demselben Uniformrocke in dem Bankierhause abgestiegen sei, wo man jetzt um das Geld angefragt habe – etwa sei es in der Tasche desselben Rockes. Einige Mitglieder der Familie erinnerten sich wirklich, daß der Verstorbene an jenem Tage den besagten Uniformrock angehabt habe. Da die Summe nun sehr bedeutend war, so beschloß man, um Öffnung des Grabes einzuschreiten; allein da nun dies bewilligt und geschehen war, fand man den Verstorbenen nackt im Sarge. Der Totengräber erwies sich in der sofort eingeleiteten Untersuchung als unschuldig. Ob man die

W. Böhm gez.

Stahlstich C. Mahlknecht direx.

Der Ladendiener.

W. B. *Fiaker.* C. M.

DAMEN
CAFE
KAS 36
BUTER 54
RINDSCH
AUSZUG
Mundmehl
Schweinschm
Hier bekommt m
des Tages dreimal
frisches Gebäck
54
34

Greisler.

Ausspielerinn.

W. B. C. M.

Kohlnbauern.

W.B.
C.M.

Landparthie.

Praterharfenist.

Milchweib.

W.B C.M

Wiener Streichmacher.

Wäscherin.

Beinelstierer.

Die Briefpost.

Tandler.

Die Knödelköchin

Zeiselkutscher.

Böhmische Köchin

W.B. C.M.

Schneider.

Hausmeister.

Lerchenfelder - Buben.

W. B. C. M.

Bierhausgast.

Obstlerin!

Die Bratelbraterin.

Die Pudelschererin

Der Holzhacker.

Täter endlich entdeckte oder nicht, weiß ich nicht; aber das ist gewiß, daß der in Frage stehende Uniformrock auf dem Tandelmarkt verkauft worden war, wo er auch von den untersuchenden Behörden mittelst des Kammerdieners entdeckt und erkannt wurde – und siehe! in der Brusttasche desselben steckte, in Papier gewickelt, die abhanden gekommene Summe, wegen welcher die ganze Sache eingeleitet worden war.

Da täglich viele hundert Käufe und Verkäufe auf dem Tandelmarkte gemacht werden, und da namentlich alte Kleider, Luxusstücke und dergleichen dort abgesetzt werden, so ist er schon öfter die Veranlassung zur Entdeckung von Diebstählen und andern Verbrechen geworden; denn da nach Erhebung des Tatbestandes sogleich an alle Trödler die Beschreibungen der Gegenstände abgehen, so kann es geschehen, daß, wenn der Schuldige mit der Sache ankömmt, um sie vorteilhaft anzubringen, er samt derselben zurückgehalten und ausgeliefert wird.

Außer den zwei Gattungen von Hütten, nämlich den Eisen- und Kleiderhütten, sind keine mehr, welche so exklusiv wären, um einen einzigen Artikel zu verschleißen, wenn man etwa die östliche Seite ausnimmt, wo mehrere Hütten sind, in denen ausschließlich Bettsachen verkauft werden, von dem fadenscheinigen Strohsacke an bis zum blütenweißen, schwellenden Flaumenkissen. In allen andern Buden sind die Waren mehr oder weniger gemischt, und je mehr alt und neu, vornehm und gering, ganz und gebrochen, staubig und rein durcheinandergemischt ist, desto mehr, glaube ich, verdient die Hütte den Namen einer Tandler- oder Trödlerhütte. Freilich wäre für einen humoristischen Pinsel eines jener alten unübertrefflichen Holländer eine solche Hütte ein besserer Gegenstand als für meine schwache Feder, aber ich will es dennoch versuchen, mit dieser schwachen Feder ein Schattenbild einer solchen Hütte zu zeichnen: Sie ist vorne ihrer ganzen Länge nach offen, und dennoch ist es schwer, in sie hineinzugehen; denn zu beiden Seiten ihrer Querwände laufen Hindernisse gegen den Eintritt vor. *Rechts* steht ein Ding – einen Stuhl würde ich es nennen, wenn ich es sehen könnte, aber vielleicht ist es auch etwas anderes, kurz, es ist überdeckt mit einem Stilleben von Lumpen und Kram; Tuchenden schlingen sich um Abschnitzel, oder was die hundert zusammengerollten Dingerchen sind, das Unterfutter eines Spritzleders drängt sich vor und hängt gegen die Erde; ein spanisches Rohr lehnt daran, zusammengerollte Bettdecken liegen obenauf, ein Lichtschirm strebt empor, und auf ihm reiten Halsbinden; unter einem Kessel quillt ein fast neuer frischgrüner Teppich hervor, der sich auf die Erde fallen läßt; auf seiner Schleppe brütet ein Mantelsack und das Felleisen eines Handwerksgesellen, beide im Dienst ergraut; hinten schaut noch ein Degengefäß hervor – all dieses liegt und lehnt auf dem Stuhle, wenn es einer ist; denn, wie gesagt, es ist eine Erhöhung über dem Boden, die mit einem Trödelberge beladen ist, der selber wieder an die Sachen streift, die hängen, nämlich an der Außenwand, wie z. B. eine Wärmpfanne und eine Gitarre an *einem* Nagel, an dem daneben ein Bündel Ausklopfstäbe, Fächer- und Sonnenschirmgerippe, dann Pfeifenröhre, Bratspieße und ein Gewehrkolben, ein eisernes Fenstergitter lehnt an den äußersten Grenzen, beinahe im Rücken der Hütte. Links wehren ähnliche Verhaue den Eintritt, oder sie sind eigentlich Festungswerke, nämlich es stehen Reisekoffer übereinander, beladen mit allem möglichen ledernen Reiseding, oder auch nicht zur Reise, wenn's nur von Leder ist; daneben steht noch ein kurzes Bänkchen, welches mit Büchern belegt ist, mit einigen Dosen, alten Notenpapieren, Maultrommeln und Lithographien – und wenn du etwa die Bücher untersuchen willst, so schrecke dich nicht an dem Streicheln, das du an deiner Wange empfindest; es sind nichts als die Röcke und Mäntel und Westen und Damenkleider, die da herabhängen und den Berg unter sich beschatten. Neben ihnen ist noch ein Extrabrett beigenagelt, auf dem Ölgemälde hängen, die Licht brauchen oder einen guten Rahmen haben; die andern lehnen an den Koffern tiefer gegen das Innere oder gar auf der Erde, wo ich einmal den alten Vater Laudon neben zwei Kurierstiefeln auf dem Kopfe stehen sah. Zwischen den Bildern auf dem Extrabrette und unterhalb ihnen hängen Tabakpfeifen, auch Beutel, manchmal ein Klarinett, ein Barometerbrett, eine Windbüchse, ja einmal sah ich ein von oben bis unten aufgesprungenes Fagott so ernsthaft dalehnen, als wäre es durchaus noch zu gebrauchen. So wichtig ist das *Äußere* solcher Hütten, daß, wenn die gegenüberstehende ihre Hinterwand herwendet, gewöhnlich der Besitzer der andern auch noch an dieser ein Bänkchen anbringt, auf dem eine Sammlung Uhren und Glasstürze, Kaffeemaschinen, Tassen nebst Papieren und Büchern stehen; darunter stehen Stiefel und Schuhe, ja zuweilen sind als Servitut, die der Hinternachbar ersitzen will, Nägel in die fremde Hütte geschlagen, und es hängen Pistolen, leichte Flinten und Augengläser daran, während schwere Scheibengewehre und Bolzbüchsen daneben lehnen. Die Sackuhren als schon leichter zu entwendende Gegenstände sind meist mehr in der Nähe des Verkäufers. Während auf diese Weise schon das *Äußere* einer echten Trödelbude so ausgestattet ist, sollte man vermuten, mit welchem Reichtum und welcher Mannigfaltigkeit erst das *Innere* bedacht sein müsse, aber derjenige, welcher diesen Schluß macht, irrt sich meistens bei Menschen und bei Tandelhütten – ich will nur von den letztern sprechen. Da des Tandlers Zweck offenbar der ist, zu verkaufen, und da so viele Nebenbuhler in seiner härtesten Nähe denselben Zweck haben, so muß er seine verkaufbaren Dinge so legen, daß sie dem Lustwandler, der sie etwa not hätte, am leichtesten in die Augen fallen, d. h. er muß sie so sehr als möglich am Rande seines Gebietes anbringen, wo eben der Strom der Besuchenden vorbei streicht, und da er aber *alle* seine Dinge zum Verkaufe hat, so muß er mit allen gegen außen drängen; daher die meisten dieser Buden gegen innen verhältnismäßig leer aussehen, aber im Grunde sind sie es doch nicht, sondern der Trödler oder die Trödlerin räumt alle Dinge, von denen sie eben jetzt nicht erwartet, daß sie einen Käufer finden werden, zurück in das Innere ihrer Behausung; auch andre, die nicht gerade ein gangbarer Artikel sind (und gerade sind dies oft die besten und antiksten Kuriositäten) befinden sich in seiner Nähe; aber auch nicht selten geschieht es, das auch der ärgste, ausgedienteste Plunder hinten liegt und sich hinter die Bänke und Fächer zurückzieht, wo er mit dem uralten Staube sich verbrüdert. In der meist etwas dunklen Tiefe der Bude sitzt der Tandler oder die Tandlerin, entweder mit Ordnen beschäftigt oder das erkorne Handwerk treibend oder nach Kunden spähend oder mit den Nachbarn und den Nachbarinnen scherzend und plaudernd, und in der Tat, es findet sich bei diesem Schlage von Menschen eine eigene Gattung von Witz, der nicht selten recht jovial und wienerisch, manchmal sogar sprühend ist. Die Bilder und Gleichnisse sind von ihrer Umgebung genommen und meist sehr treffend. Unvergleichlich sind sie im Einkaufen ihrer Artikel, und sie müssen es sein, da sie nicht anders als wieder wohlfeil verkaufen können. Ich selber stand einmal dabei, als ein hageres, blasses Weib mit einigen Zinntellern kam, die sie schüchtern aus einem Fetzenbündel herauszog und zum Verkaufe anbot. Der Mann der Bude sah wie zufällig hin und fragte um den Preis; er wurde genannt; der Mann sagte, diese Sachen könne er überhaupt nicht gebrauchen, er rate ihr, nach Hause zu gehen und die Dinge aufzubewahren – es war erstaunlich, mit welcher Trostlosigkeit das Weib dastand; nie habe ich das Bild getäuschter Hoffnung deutlicher gesehen – der Budenmann kramte auf dem Boden herum, ordnete seine Artikel und fing endlich aus einer Goldborte die Fäden zu zupfen an – das Weib stand noch immer da und regte sich nicht; endlich, da sie sehr zögernd fortzugehen sich wendete, sagte er ihr, daß er höchstens aus Rücksicht soundso viel geben könnte, dann aber dürfte sie gewiß sein, daß die Teller so lange da liegen bleiben werden, bis sein Urenkel ein alter Mann sei – der Preis aber war ein Fünftel der Summe, die sie anfangs gefordert hatte, und die mir ohnedem sehr bescheiden geschienen. »So geh' die Frau herein«, rief er wieder, als sie noch immer halb zu gehen, halb zu bleiben zauderte – dieser Ruf schien sie plötzlich zu bestimmen, auch deuchte es mir, daß sie froh war, auf diese Weise den Blicken der Umgebung zu entgehen. Endlich kam sie wieder aus der Hütte zum Vorschein, aber ohne die Teller, und sie ging schnell durch die Reihen davon. In der Absicht, zu dem Blutgelde der abgepreßten Ware noch eine Kleinigkeit hinzuzufügen, ging ich ihr nach; denn ich bildete mir fast ein, nur die allerbitterste Not habe sie zu dem Verkaufe der Zinnteller bewegen können, die etwa noch ein altes Hausstück von Voreltern her sein mochten; denn wäre sie bloß leichtsinnig, so wären die Zinnteller gewiß schon längst nicht mehr in ihrem Besitze, da sie schon vor langer Zeit aus aller Mode und allem Gebrauch gekommen waren und meist nur als tote Küchenstücke herumliegen mögen. Als ich sie erreicht hatte, fragte ich sie, ob sie die Teller verkauft hätte. »Ja«. »Nun, hat der Mann mehr gegeben, als er anbot?« »Ach nein«, antwortete sie, »aber es ist ein kurioser Handelsmann; er kaufte mir die Teller ab um den Preis, den er selber bestimmt hatte. Als aber der ganze Handel aus war, gab er mir gerade so viel darauf, als ich anfangs gefordert hatte, und sagte: ›Sieht die Frau, den Markt kann ich nicht verteuern, und Zinn ist eine Lumpenware, aber da schenke ich der Frau das andre, es ist ein pures Almosen, weil jetzt die Zinszeit erscheint. – So in Gottes Namen! Wenn morgen die Frau wieder mit Zinn kömmt, so kaufe ich der Frau keines ab und schenke der Frau nichts.« Diese Worte hat er gesagt, und das Geld hat er mir gegeben.‹ Ich gab der Frau nun die beabsichtigte Münze und verließ sie. Fast hätte ich nun selbst die Zinnteller gekauft, an die sich ein so edler Zug eines so unscheinbaren Menschen knüpfte; aber der Mann forderte einen so hohen Preis, als ich angelegentlich um Zinnteller fragte, daß ich schamrot von dannen zog, ohne ihm nur irgendein Angebot daraufzulegen.

Es ist wahr, im Studium der Charaktere der Verkäufer mögen derlei Einkäufer gewiß sehr vieles weiter sein als alle die, die nur unter diesen Buden nach altertümlichen Seltsamkeiten herumforschen. In welchen Masken mag der Leichtsinn, die Liederlichkeit, die Verschwendung und auch wieder die Not und die Armut zu diesen hölzernen Gebäuden und ihren Bewohnern kommen, um ihr letztes oder ihr bestes Scherflein feilzubieten! Wie oft mag auch der Wuchergeist anklopfen, um ihnen Ware anzutragen, an der er selber wieder Gewinn ziehen will! Wenn da eine Art kalter Technik und ruhiger Pfiffigkeit in sie kömmt, so ist es gewiß nicht zu verwundern, und mein Zinnkäufer mag am Ende doch noch ein so engherziger Trödler gewesen sein, als es nur immer einen auf Erden geben mag.

Zuweilen aber werden auch seltsame Käufe gemacht, bei denen der Trödler wieder der verlierende Teil ist, weil es doch geschehen kann, daß ihm Gegenstände in die Hände kommen, über deren Wert und Wesenheit er keine Ahnung hat. So geschah es z.B. vor fünf oder sechs Jahren, daß eine Frau, die öfter alte Fußteppiche und dergleichen auf dem Tandelmarkte zu kaufen pflegte, auch wieder einmal dort war und mehrere größere und kleinere Stücke grauen Seidenzeugs, einiges Messinggeschirr und gemalte Soldaten für ihre Kinder kaufte. Da aber der Trödler sagte, er gebe das Messinggeschirr nicht ohne die sechs Bilder in Goldrahmen, die dabei lagen, weil er alles zusammen einlizitiert habe, und da die Frau das Geschirr besonders gern gehabt hätte, die Bilder aber auch nur zwei Gulden kosteten, so nahm sie dieselben, indem sie meinte, so viel müsse sie ja wieder für die Rahmen bekommen, wenn sie dieselben putzen und verkaufen ließe. Aus dem Seidenzeuge wurden die schönsten Puppenkleider gemacht, das gescheuerte Messing prangte und funkelte in der Küche, mit den Soldaten hatten die Knaben die größte Freude, die sechs Bilder aber lagen in der Plunderkammer. Erst ein Jahr nach dem Einkaufe, da einmal die ganze Wohnung frisch ausgemalt und gereinigt wurde, dachte man an die Bilder, und die Mutter und die älteste Tochter begannen aus Unkenntnis der Sache die Goldrahmen, die geschwärzt und mit Fliegenkot über und über beschmutzt waren, zu waschen und erzielten auch glücklich, daß das Gold verschwand und stellenweise eine rote Grundierung oder gar das bloße Holz zum Vorschein kam; man lachte einander aus, und die Bilder – die erst recht schwarz und dunkel waren, so daß kaum hie und da ein roter oder blauer Lappen zu erkennen war, wurden nicht einmal einer Waschung würdig gehalten und wären beinahe gänzlich weggeworfen worden, wenn nicht zufällig der Vergolder dazu gekommen wäre, der die neuen schweren Spiegelrahmen brachte und der Frau riet, die Bilder doch untersuchen zu lassen. Sie willigte ein, und er verschaffte ihr einen jungen Mann, der das Geschäft übernehmen wollte. Es ging anfangs bei dem ersten behutsamen Waschen dichter, brauner Ruß und fast Küchenpech von den Bildern, worauf sie sich sämtlich als alte niederländische Genrestücke auswiesen von mittelmäßigem Werte, nur daß zwei von ihnen deutliche Spuren späterer Reparaturen und öfteren Übermalens aufwiesen, und da man nun mit Weingeist und Terpentin und andern Mitteln vorsichtig diese jüngeren Retuschen behandelte, so kamen unter ihnen die geistreichsten Striche und Lichtsetzer zum Vorschein, und endlich, da man die Urbilder mit größter Sorgfalt bloßgelegt hatte, so zeigten sich zwei der allerschönsten, kaum sichtbar beschädigten Tenier. Der Frau wurden hundert Dukaten für die beiden Bilder geboten, allein sie hatte eine solche Freude an ihnen und an dem seltenen Zufalle, daß sie dieselben in neue, prachtvolle Rahmen setzen und im Prunkzimmer aufhängen ließ, wo sie noch zu dieser Zeit makellos hängen und die Freude und Bewunderung der Kunstkenner erregen.

Wie oft sich nun solche Zufälle auf dem Tandelmarkt ereignen, kann ich denen, die etwa Neigung zu solchen Käufen haben, nicht sagen; wenigstens ich, der ich seit der Zeit jedes nur im mindesten verdächtige Bild, das mir in den Wurf kam, kaufte, habe bisher nichts anderes erstanden als elende Scharteken, und je mehr Ruß auf einem Bilde war, ein desto greulicheres Familienporträt kam zum Vorscheine, wenn ich es wusch. Auch mit dem Rahmen hatte ich wenig Glück außer mit einem, der von Semilor war, sich daher reinigen ließ und jetzt einem guten Bilde zur Zierde dient, das in meinem Zimmer hängt.

Außer den Bilderspekulanten, deren Zahl ich durch diese meine Erzählung wahrscheinlich vermehrt habe, existiert schon seit längerer Zeit eine Rasse, die den Tandelmarkt wie eine andere Leipziger Messe befährt. Es sind das die Bücherspekulanten, die darauf ausgehen, ob sie unter den schon von Urahnen her liegenden

Büchern nicht etwa eine seltene Ausgabe, ein Kuriosum oder dergleichen ergattern können. Man sieht sie da oft stundenlang an einem Bücherbrette stehen und die daraufliegenden Stücke einzeln durchsuchen, ja, wenn nur mehr Fragmente vorhanden sind, werden die Reste von Blättern befragt und erforscht. Kommen irgendwo zwei dieser Bücherhamster zusammen, so sieht man, wie jeder dem andern zuvorzukommen sucht in Ergreifung von solchen Stücken, die etwa mit einem Schweinsledereinbande hervorblicken, oder in Folio sind, oder klein, beschmutzt und von Pergament. Die Geduld dieser Leute ist von keiner übertroffen, höchstens steht ihr die eines Anglers gleich; wenn sich nur einmal die Sage verbreitet, es habe einer ein Exemplar dieser oder jener seltsamen Edition aufgetrieben, so stärkt sie dieses wieder zu siebenjähriger Ausdauer, wo sie nichts finden als die vier Haimonskinder, Basedows Elementarbuch, Sophiens Reise von Memel nach Sachsen oder gar neue Taschenbücher und Albums, die solchen Klassikern ein Greuel sind. Es fällt mir bei dieser Geschichte immer ein verstorbener Onkel von mir ein, der fast auf dem Punkte war, das Angeln aufzugeben, als ihm der Himmel das Unglück geschehen ließ, daß er einen Aal fing, was die Folge hatte, daß der selige Onkel noch siebenzehn Jahre angeln ging und von dem Aal erzählte, bis er sich nasse Füße und das Podagra zuzog, das ihn hinter den Ofen bannte.

Ich wünschte in diesem Aufsatze noch zu erwähnen, daß der Tandelmarkt auch der Stapelplatz jener Tüchersorten aller Arten und Farben ist, welche Sorten nur in sehr kleinen Stücken verschleißt werden (der Pöbel nennt sie Flecke), und welche Sorten durch eine industriöse Klasse hingeliefert werden, die diese Formate erst geschickt erzeugen: aber ich fürchte, man mache mir den Vorwurf, ich stichle auf die Sünde eines ganzen Standes, an deren Dasein ich doch eigentlich gar nicht glaube. Wer weiß, wo die Flecke des Tandelmarktes her sind, die freilich existieren – oder können es nicht ganz legitime Flecke sein, ganz notwendige Flecke? Apodiktische, würde der Philosoph sagen.

Bevor ich schließe, bin ich eigentlich noch schuldig, in zwei Worten zu sagen, warum denn ich den Tandelmarkt besuche und hier sogar beschreibe.

Beschrieben wird er, weil er in dieses Buch gehört; daß ihn aber gerade meine schwache Feder beschreibt, ja mit Vorliebe beschreibt, und daß ich ihn schon früher, ehe noch an eine Beschreibung gedacht wurde, besucht habe, daran ist eigentlich das schöne Geschlecht schuld. Mit seiner ungeheuren Vorliebe für Flitter und Schmetterlingartigkeit, mit dem wesenlosen Tande, womit es sich behängt, hat es mir vermöge des Widerspruchgeistes, der mich beseelt, eine ordentliche Zuneigung und Liebe für antike, verschollene und allen Begriffen heutiger Schönheit Trotz bietende Sachen eingepflanzt, so daß ich mich in meinem Arbeitszimmer mit allerlei soliden, uralten Dingen umgab, die den nötigen Gegensatz bilden zu dem Falter- und Spinnenwebengeiste, der da draußen herumflattert – freilich wenn alle Mode wieder in diesem Stile wäre, würde es mir vielleicht noch unerträglicher und langweiliger werden, ich weiß es nicht – kurz, ich liebe die alten Sachen und freue mich immer schon im voraus, wenn ich z. B. eine ganz alte und seltsame Pfeife aufgetrieben, was das Abendkränzchen im Gasthaus sagen werde, wenn ich damit angezogen käme. – Einen Narren heißen sie mich – mag sein, ich beneide den nicht, der keine Narrheit hat. Die jetzige Rokokonarrheit kömmt der meinigen ziemlich nahe; da meine aber noch rokokoer ist, so hoffe ich damit schon zu halten bis zu meines Lebens Ende, und dann mögen unsre Enkel und Urenkel zusehen, wie sie mit der ihrigen zurechtkommen. Bis dahin besuche ich noch zuweilen den Tandelmarkt und erziele doch von Zeit zu Zeit ein Stück in meine Raritätensammlung, das mich auf Wochen hin stärkt.

Die Karwoche in Wien

Es ist eine eigentümlich wehmütig sanfte Erinnerung, wenn ich nur den Namen dieser Woche nennen höre; ein Stück meiner Heimat und Kindheit, ein liebes, reines, feierliches Stück derselben kömmt mit dem Namen zurück. Selbst die Jahreszeit, in welche dieses Fest fällt, wirkt mit, um den Eindruck hervorzubringen, den es macht. Auf den Feldern, die meinen Geburtsort umgaben, war der Schnee bereits weg, aber sie lagen noch naß und schwarz vor der Sonne; die Luft war schon mild und blau, aber die Bäume standen noch mit dem schwarzen, laublosen Gitter in derselben; die Wiesen begannen sachte zu grünen, und an dem Bache und an den Wasserfäden der Wiesengräben liefen bereits dunklere grüne Säume mit der Knospe oder gar schon der Blüte der Butterblume, welche Blume bei uns zu Hause den schönen Namen Osterblume führt – die ganze Frühlingssehnsucht, in allen Wesen, besonders aber in Kinderherzen lebendig, schlug bereits in heller Lohe auf: da kam noch die Karwoche dazu, diese Woche voll religiöser Feier und Gefühle, voll Mysterien und Geheimnisse, die mit zauberhafter Gewalt auf die jungen Herzen wirken. – Schon am Palmsonntage begann sie in unserer Kirche mit einem Walde aller möglichen Zweige, die Kätzchen tragen, welche Kätzchen man dort Palmen nennt, wahrscheinlich, weil man durch die Zweige jene Palmen repräsentiert, die einst dem einziehenden Heilande gestreut wurden – die Landleute der umliegenden Dörfer hatten den Wald in die Kirche gebracht, und fast jeder Mann hielt einen Palmenstamm empor, den er schlank und zierlich aus trockenem Fichtenholze geschnitzt hatte, und an dessen Spitze sich ein dichter Busch von Palmen, d. h. von jenen Kätzchenzweigen ausbreitete, untermischt mit dem dunkeln Grün der Tannen, die dem Ganzen eine düstere, ernste Feier gaben, namentlich, wenn der sanfte blaue Weihrauch der Kirche durch ihre Zweige quoll und über den Wipfeln die ruhigen Orgeltöne hinschwammen.

Dann kam der Montag, und die Vorbereitungen begannen zu dem traurigfeierlichen Feste. Die Altäre waren von oben bis unten mit Schwarz behängt; statt der wehenden Fahnen der Zünfte standen die nackten Stangen empor; ein emsiges Hämmern und Sägen hörte man des Nachmittags aus der Kirche – ein Gerüste erhob sich – ungewöhnliche feierliche Kirchengebräuche geschahen in den Vormittagen, dann hörte jedes Glockenläuten, selbst das Schlagen der Uhren auf, was auf mein Kinderherz den Eindruck der tiefsten Trauer machte, in der Kirche aber stand das schwarze Grab mit seinen flimmernden Lampen von düsterem Rot und Grün und Blau, und die andächtige Menge kniete davor, in tiefer, lautloser Stille betend, und in tiefer, lautloser Stille knieten auch die zwei Kirchendiener als Wächter bei dem heiligen Grabe – so groß ist die Macht der dem Menschen angebornen Religionsweihe, daß mir als Kind, wenn ich in jenen Tagen nur kaum erst die Schwelle der Kirche betreten hatte, schon die Schauer der Ehrfurcht ins Herz kamen, und daß ich mit tiefster Andacht und Zerknirschung vor dem heiligen Grabe kniete, das, obwohl von Menschenhänden gemacht, nun nicht mehr Holz und Leinwand war, sondern das bedeutete, was vor zweitausend Jahren als das Geheimnis der Erlösung geschah und seither in der Seele der Menschen fortwirkte. Dann lösete sich gemach die Trauer: als Vorbote kamen schon Samstags vormittag die Glocken, ihr Ton war so erfreuend und noch Erfreulicheres kündend. Abends war das Fest der Auferstehung. Sonnenhell war es in der Kirche von hundert funkelnden Kerzen; erhabene Musik rauschte und die Menschen waren geputzt, um jenes Ereignis zu feiern, das als das größte Wunder, als der Grund des Glaubens anerkannt wurde, die Auferstehung. So freudenreich ist dies Ereignis, daß bei uns die fromme Sage geht, die Sonne gehe am Ostersonntage nicht wie gewöhnlich auf, sondern hüpfe dreimal freudig empor. Jeden Ostersonntag wollte ich das Wunder ansehen, aber jedesmal verschlief ich es – und als ich so groß gewachsen war, daß ich es nicht mehr verschlief, da glaubte ich es nicht mehr. Des andern Tages beim Hochamte leuchteten alle Altäre, hingen die Zunftfahnen in schwerer Seide herab, wallte der Weihrauch, ertönte die Musik, und am Altare klangen die feierlichen Hymnen, und freudig ging ich aus der Kirche, daß die Trauer so zum Jubel geworden, aber auch traurig, daß die schöne Woche vorüber ist und nun eine Reihe gewöhnlicher Tage folge.

Was ich auch seitdem geirrt und gesucht, wie ich gestrebt, was ich errungen und verloren, wie ich glücklich und unglücklich war, was sich auch immer geändert: jenes tiefe, religiöse Gefühl für diese bedeutungsvolle Woche der Christenheit hat mich nicht verlassen, und immer ist mir die Karwoche die heiligste, feierlichste Zeit geblieben. Als ich nach Wien kam und ein Bewohner der großen Stadt wurde und die erste Karwoche erlebte, da berührte es mich freilich unangenehm, daß es hier so ganz anders sei, als es seit meiner Kindheit in meinem Herzen nachdämmerte – ich hatte nämlich den Eindruck meiner Kindheit hier verloren und den hiesigen, wenn er von allen Unwesentlichkeiten entkleidet wurde, noch nicht gewonnen. Ich konnte eben damals von den Unwesentlichkeiten nicht absehen und glaubte, das Fest werde von ihnen gestört. So meinte ich z.B., alle Buden und Kaufgewölbe müßten in jener Woche geschlossen sein, weil auch in meinem Geburtsorte jede knechtliche Arbeit in derselben ruhte; hier aber drängte sich die kirchliche Feier und die Bestrebung um den Erwerb für mein Auge zu hart aneinander. Ferner in meiner Heimatkirche kniete alles nieder vor dem Grabe oder stand andächtig davor oder saß betend in den Stühlen; hier aber erlebte ich, daß Gruppen in der Kirche herumgingen und bloß neugierig alles anschauten, daß man ein- und ausging wie in einer andern Halle, daß draußen an dem Kirchtore vorbei die Wägen rasselten, ja daß Leute bei dem einen Kirchtore herein, bei dem andern hinausgingen, ohne sich weiter aufzuhalten, daß man miteinander sprach und sich seine Meinung über die kirchliche Anordnung zuflüsterte, und daß man endlich von einer

Kirche zur andern, von einem Grabe zum andern ging, bloß um die hier übliche Gewohnheit des Gräberbesuchens mitzumachen. Es berührte mich, wie ich sagte, unangenehm – »wo ist hier die heilige, die tiefe, die stille Feier deiner Kindheit?« rief es in mir, und ich war so entrüstet, daß ich durch mehrere Jahre meines ersten hiesigen Aufenthalts in dieser Woche gar nicht ausging, um sie nicht entheiligen zu sehen. Aber wie die Gewalt der Dinge langsam, jedoch sicher wirkt, so geschah es auch, daß, als ich wieder einmal die Feier der Karwoche besuchte, dieselbe auf ganz andere Weise in meine Augen fiel als sonst. Ich hatte eben in der Zeit Hauptstadtaugen bekommen; die Einseitigkeit und die harte Unduldsamkeit des Provinz, ja eigentlich des Waldbewohners hatte sich abgestreift; ich hatte Menschen achten gelernt in dem, was sie sind, und nicht sogleich verachten in dem, was sie nicht sind, ja auch die nicht gänzlich wegzuwerfen, die *nichts* sind (gleichsam der leere Raum zwischen den Weltkörpern), wenn sie nur nicht das Gegenteil werden, nämlich Zerstörer an der sittlichen Welt – darum erkannte ich, daß der heilige Ernst der Kirchenfeier gerade in der Hauptstadt hart neben dem Bestreben der Industrie und neben dem Leichtsinne des Müßigganges bestehen müsse, ja, daß gerade dieses harte Nebeneinanderstehen etwas Tragisches habe und ein eindringliches Bild des Lebens sei, dem festen Herzen zeigend, wie hoch das, was immer und allzeit an der Menschheit das Heilige war, über dem Treiben und Genießen des Tages stehe, wenn dieser Zwiespalt auch das kindlich-weiche Gemüt beleidigt.

So steht denn auch in Wien in keiner Zeit des Jahres dieser Gegensatz schroffer da als gerade in der Karwoche. In allen Kirchen beginnt die Feier dieser heiligen Zeit, und in vielen Herzen aufrichtig und ernstlich mit – dann aber gibt es viele andere, die das Fest mitbegehen, weil es einmal so ist; sie denken eben nichts Gutes und Schlechtes, nur zuweilen sind sie gerührt – endlich kommen die, denen es Gelegenheit zu Schaugepränge wird, und die da kommen, um zu sehen und gesehen zu werden: immer aber ist es noch ein Herüberwehen jenes Geistes aus einer einstigen schöneren, tieferen, religiöseren Zeit, das die Menschen gerade in diesen Tagen gleichsam zu einer Feier im großen auf die Gassen und Plätze treibt, um sich da zu ergehen und das allgemeine Gepränge zu heben – wenngleich jener Geist nur in dem tieferen Herzen noch fühlbar ist, indes er die Massen herausführt, ohne daß sie von ihm wissen; denn bei wie vielen mag es bloß darum sein, daß sie herausgehen, weil es so Sitte ist, und bei wie vielen sind es noch schlechtere Beweggründe, die sie regieren, wie es ja bei einem Zusammensein so vieler Menschen nicht anders denklich ist.

Dem äußeren Anblick nach ist die Sache so: Wenn die Feier in den vielen Kirchen Wiens beginnt, so bemerkt man schon ein regeres Wandeln auf der Gasse, und ausgezeichnetere Anzüge als zu jeder andern Zeit, vollends aber erkennbar wird es erst dann, wenn die Gräber aufgebaut stehen und die Andacht zu denselben beginnt. Da sieht man ganze Familien, ehrbar angezogen, über die Gasse schreiten; Menschen, die das ganze Jahr nicht in die Stadt hereinkommen, verlassen ihre Wohnung in der entfernten Vorstadt, um ein oder das andere heilige Grab in der Stadt zu besuchen, zu dem sie schon von alters her eine besondere Andacht hegen; manche hohe Dame steigt vor der Kirche aus ihrem Wagen und läßt sich von ihrem Diener das schwerbeschlagene oder in Samt gebundene Gebetbuch reichen; eine Versammlung von Kutschen wartet auf ihre Herrschaften vor der Kirchtüre; Neuvermählte gehen zum ersten Male heuer ihren Gräberbesuch zu machen, manche Mütter mit ihren Töchtern, manche einsame Matrone geht aus ihrer Wohnung, um ihre Andacht zu verrichten, wobei es Sitte ist, daß man nicht etwa nur ein einziges oder zwei Gräber besuche, sondern in der Regel werden alle in der eigentlichen Stadt befindlichen nach der Reihe besucht, so daß es in jenen Tagen den Anschein gewinnt, als wenn die ganze Bevölkerung Wiens auf der Wanderung wäre, und zwar in ihrem Staate, in sonntäglichen und Feierkleidern, daher es sehr leicht seine Erklärung findet, was ich einmal aus dem Mund eines Fremden bemerken hörte, daß man gerade in der Karwoche in Wien die schönsten Kleider und die schönsten weiblichen

Angesichte zu sehen bekomme. Daß von dem bloßen Müßiggange, von der Putzsucht und Leichtfertigkeit diese Zeit auch benützt wird, um ihren Götzen Opfer zu bringen, ist wohl begreiflich; daher zu gewissen Stunden ein ganzer Strom von geputzten Menschen durch die Gassen geht, ja daß die ganze äußere Erscheinung in den Straßen zuletzt in ein bloßes Spazierengehen ausartet. So ist es z. B. gerade am Karfreitage und Karsamstage gegen die Abenddämmerung Sitte, daß man im höchsten Putze über den Kohlmarkt, Graben und Stephansplatz spazieren geht, von welcher Sitte auch so reichlich Gebrauch gemacht wird, daß buchstäblich Mensch an Mensch nebeneinandergeht, und daß auch die, die sonst immer zu Wagen sind, hier zu Fuße erscheinen und ein breiter, glänzender Strom von Menschen über die ganze Straße ausgegossen ist, selten von einem fahrenden Wagen gestört, da eben in jener Zeit fast alles geht, ungleich dem ersten Mai, wo wieder alles fährt. Trotz der augenfälligen Sucht, hier den größten Kleiderprunk zur Ansicht zu bringen, bemerkt selbst das an Harmonie und Schönheit gewöhnte Auge keinen Verstoß gegen den eigentlichen Charakter der Zeit; denn insbesonders das weibliche Geschlecht unsrer Hauptstadt hat einen eigentümlichen Takt, hier, wenn auch seine schönsten, doch solche Kleider zu wählen, die dem Ernste, der Ruhe und der Feier der Zeit nicht nur keinen Eintrag tun, sondern sogar dieselbe emporheben. Einzelne Grisetten oder Närrinnen, die durch Übertreibung wirken wollen, können dem Charakter des Ganzen schon darum keinen Abbruch tun, weil sie in der Masse doch verschwinden, wenn sie auch im Augenblicke des Vorüberwandelns mißfällig erscheinen mögen. Diese feierliche Abendpromenade dauert gewöhnlich bis in die Nacht hinein, wo es nach dem Anzünden der Laternen nach und nach aufhört und dem gewöhnlichen Treiben des Tages Platz macht.

Tritt man im Laufe der drei letzten Tage der heiligen Woche in das Innere einer Kirche, so haben fast alle dasselbe Ansehen. Sankt Stephan hat seine Riesenglieder in Trauer gehüllt; ein düsteres Dunkel herrscht durch die großen Räume; einer der Seitenaltäre ist zu dem schönen, einfachen Grabe des Heilandes eingerichtet, und eine andächtige Menge kniet dicht gedrängt davor. Wie der Tod alle gleichmacht, so auch die Begeisterung und die Religion. Neben der Fürstin, hinter welcher der reichgekleidete Diener steht, harrend, daß er ihr beim Hinausgehen Platz mache, knieet die Bettelfrau, und manches Mal mag es sich wohl zutragen, daß die Fürstin ebenso inbrünstig um Abwendung ihres Wehes zu dem Grabe des Heilandes beten mag als die Bettelfrau um Abwendung des ihrigen. In den Stühlen sitzen die andächtigen Gruppen herum; bei den Fenstern spinnen die Frühlingssonnenstrahlen herein, und eine solche Stille ist in der weiten, dämmerigen Kirche, daß man die Fußtritte der Gehenden und Kommenden hört und das Flüstern der bloß Neugierigen vernehmlich wird – nur draußen geht das dumpf hereintönende Brausen und Arbeiten des Tages fort, und wenn man aus dem Tore der Kirche hinaustritt, so schlagen einem Licht und Lärm entgegen und werden augenblicklich als ein harter Gegensatz gefühlt zu der schwermütig schönen Poesie, die in dem ernsten, großen Baue liegt, den die einfältige und fromme Kraft unserer Voreltern aufgetürmet hat. Und in der Tat, ich weiß nicht, ist es die Gewalt der Andacht in dieser heiligen Zeit oder wirkt die Erhabenheit des Baues mit: wenn man so die Mienen der Heraustretenden ansieht, so haben sie etwas Feierliches, und selbst das Gesichtchen des Bürgermädchens, das vielleicht nicht bald irgendwo so schön und lachlustig angetroffen werden dürfte als in Wien, selbst dieses Gesichtchen, der treue, aber schönere Abdruck der ältern, neben ihr gehenden Mutter, sieht sehr ernsthaft und gesammelt aus und läßt demütig die Augenlider sinken über den einzigen Schalk, den sie sonst vielleicht nicht völlig zu verbergen imstande wäre – und in Wahrheit, wenn man die Herausgehenden an mehreren Kirchen beobachtet, so bilde ich mir ein, jederzeit bei Sankt Stephan den größten Ernst und die größte Feierlichkeit auf den Angesichtern gesehen zu haben, so daß wohl die Erhabenheit und Wunderbarkeit des Kunstwerkes mit seiner Gewalt auf die Herzen wirken mochte, wenn sie es selber auch nicht immer wissen.

Wie bei Sankt Stephan ist es mehr oder minder auch in den andern Kirchen, je nachdem ihr Raum es gestattet. Bei Sankt Peter ist ein schönes, fast heiteres Grab, und vorzüglich schön und herzerhebend sind dort die sogenannten Lamentationen – bei Maria am Gestade ist eine große Lichtermasse und eine Fülle der schönsten Blumen – und so hat jede Kirche der Stadt und die unzähligen der Vorstädte ihre eigentümliche Grabesfeier, und wenn man bedenkt, daß ein großer Teil der Wiener Bevölkerung die Meinung hat, die Andacht habe einen desto größern Wert, bei je mehr Gräbern sie verrichtet wird, so kann man sich eine Vorstellung machen von dem Menschengedränge in den Straßen. Es ist dies die einzige Zeit des Jahres, wo die Kirchengänger vor der übrigen Volksmenge auffallend werden und der Stadt ein feierliches, gottesdienstliches Gepränge geben.

Am belebtesten ist der Samstag abends, vielleicht der belebteste Tag des ganzen Jahres in Wien. Die Auferstehung wird in den mehr als hundert Kirchen, in jeder mit der ihr möglich größten Pracht gefeiert, und da dies nicht überall zu gleicher Stunde geschieht, so beginnt bereits um 2 oder 3 Uhr nachmittags das Gedränge auf den Straßen; es ist *buchstäblich* ein Gedränge, durch das es stellenweise schwer wird, durchdringen zu können; reitende Polizei und Militär muß aufgestellt sein, um Ordnung zu handhaben und über Sicherheit zu wachen, namentlich geht gegen 4 Uhr der drängende und glänzende Zug den Kohlmarkt entlang, der k. k. Hofburg entgegen, wo die Auferstehung durch eine feierliche Prozession auf dem Burghofe gefeiert wird, der die Glieder der Allerhöchsten Familie, dann die hohen Würdenträger und Militärs in glänzendsten Umformen beiwohnen, und die das Schönste und Feierlichste ist, was man an diesem Tage sehen kann. Da aber des sonst zu großen Volksandranges wegen der Burghof durch Militär abgesperrt ist, so sucht jeder, der nur irgendeinen Bekannten in der k. k. Burg hat, ein Plätzchen an einem der Fenster zu gewinnen, die den Burgplatz umgeben, damit er die Feier sehen könne, und die, welche keinen Freund oder Bekannten haben, bestreben sich dennoch, durch einen oder den andern Eingang hineinzukommen und irgendwo ein Zuschauerplätzchen zu gewinnen. Da aber alle Tore und Pförtchen durch Wache besetzt sind, so stauet sich vor ihnen die Strömung auf, insbesondere da es doch der einen oder andern Gruppe gelingt, durch Unterhandlung und List oder ein klein bißchen Gewalt einzudringen, was die Hoffnung der übrigen wieder anspornt, stehen zu bleiben und auszudauern, da sie gar wohl wissen, daß der österreichische Soldat viel zu gutherzig ist, als daß er gar arg mit dem Kolben seine Landsleute stoßen sollte, vorzüglich, da es sich hier gar nicht um das Heil des Landes handelt und es einerlei ist, ob noch ihrer zwanzig mehr drinnen sind oder nicht – und wenn sie auch nichts mehr sehen können, so stehen sie dann doch ruhig und sicher in dem dunklen Gange und hören die Gesänge des Umganges hinein. Diejenigen, welche durchaus nicht eindringen können, begnügen sich mit der Lust, die in ihren Uniformen Auffahrenden zu beobachten und zu bewundern, welche der Prozession beizuwohnen haben. So ist in jenen zwei Stunden die Hofburg dicht von einem Schwarme von Menschen belagert, aber von geputzten, friedlichen, schaulustigen Menschen. Wenn nun die Feier vorüber und der freie Durchgang wieder geöffnet ist, so versiegt und verrinnet die Menge in die anstoßenden Gassen.

Gehen wir nun auf den Platz von Sankt Stephan.

Eine den Platz erfüllende Masse von Volk steht auch hier um die Kirche, das schwarze Gebäude steigt wie ein Gebirge aus der bunten Menge empor, und die tiefen Klänge der großen Glocke fallen von dem Turme nieder, sowie von allen andern Kirchen der Stadt und der Vorstädte ein zusammenklingendes Läuten über die Häuser hinwallt. Das Riesentor ist geöffnet (das Haupttor, welches nur bei besonders feierlichen Gelegenheiten aufgetan wird). So viel tausend Menschen außerhalb, teils aus Andacht, teil aus Gewohnheit, teils aus Neugierde stehen mögen, so viele sind darinnen, wie sie nur immer der große Raum des Gebäudes zu fassen imstande ist. Die Bürgergarde ist im mittleren Schiffe aufgestellt; die Stadtbehörden erscheinen; ein wahres Heer von Lichtern wird angezündet, und dennoch (und gerade dies gibt einen Begriff von der ungeheuren Größe des Bauwerkes), und dennoch vermag dieses Licht nicht in alle Räume zu dringen; denn hoch oben in den Spitzbögen wohnt die Dämmerung und die Finsternis, was, da man die Verzierungen und steinernen Ornamente nicht mehr sehen kann, dem Dome erst recht das Ansehen der Unendlichkeit gibt. Nun ertönen die Klänge der Riesenorgel (die ebenfalls, wenn ich nicht irre, nur dreimal des Jahres gespielt wird) und der Prozessionszug beginnt, von der hohen Geistlichkeit, von den Staatsbehörden und den Bürgergarden begleitet. Es ist eine wahrhaft erhabene Feier in diesem Gebäude bei dieser Gewalt der Töne, die von dem Chore und von dem Turme fließen, und bei dieser Entwicklung und Entfaltung kirchlicher Pracht. Auch empfinden es die meisten Menschen; denn zu keiner Zeit, den Mitternachtgottesdienst am Christabend etwa ausgenommen, ist die Kirche so gedrängt voll als am Auferstehungsfeste, und selbst auf die Stühle steigen die Entfernteren, um die Feier sehen zu können.

Wenn der letzte Klang vom Turme Sankt Stephans gefallen ist, die Menschen aus den Toren der Kirche herausströmen und auch all die andern Türme der Stadt schweigen, dann beginnt ein anderes, von dem früheren sehr verschiedenes Schauspiel. Da nämlich der Ostersonntag ein sogenannter gesperrter Tag ist, d.h. ein solcher, an dem selbst die gewöhnlichsten Lebensbedürfnisse nicht verkauft werden dürfen, so öffnen sich nun, nachdem man die Laternen angezündet hat, alle möglichen Buden, worin Lebens- und Luxusgegenstände für den folgenden Tag zu haben sind, und da der Wiener gerne gut ißt und an großen Festtagen womöglich gerne am besten ißt, so fängt nun ein Laufen und Rennen nach Versorgung für den folgenden Tag an, und die heimkehrenden Kirchgänger begegnen den forteilenden Mägden und Frauen, die da große Körbe an dem Arme tragen, um noch einen schönen und vortrefflichen Braten für morgen zu erjagen. Der Grünmarkt ist mit tausend Lichtern bewegt, Kirchenleute und Einkäufer sind durcheinandergemischt, an den Fleischer- und Räucherbuden herrscht

Geschrei und Gedränge, in den Viktualien- und Bäckerläden ist alles glänzend ausgestellt, daß man Ostereier und Osterflecken kaufe. Der Hausvater geht nach Hause und bespricht sich mit den Seinen, wie es dort und da und wieder wo anders sehr schön gewesen sei, der Junggeselle, der Pflastertreter, der Durstige wandern ermüdet in ein Gasthaus, erquicken sich und erzählen, was sie heute gesehen und erlebt – und steht erst eine recht schöne Nacht am Himmel, so daß Aussicht zu Promenaden und Ausflügen auf den morgigen Ostersonntag vorhanden ist, so ist ganz Wien selig und vergnügt, und der Karsamstag ist der schönste gewesen, der sich nur immer im Reiche der Möglichkeit erleben läßt.

Warenauslagen und Ankündigungen

Es ist eine ganz einfache Tatsache des Verstandes, daß derjenige, der etwas kaufen, tauschen, erhandeln will, wissen muß, *wo* er zu kaufen, zu tauschen, zu erhandeln habe, und daß hingegen der andere, der zu verkaufen, zu vertauschen, zu verhandeln hat, sagen müsse, daß und was er zu verschleißen wünsche, oder daß er die Sachen selber zur Ansicht auslege; jedoch nicht so ganz einfach scheint es, daß diese Auslagen und Ankündigungen nicht nur den Zweck haben, daß *der* kaufe, der will, sondern vielmehr und eigentlich den, daß *der* kaufe, der *nicht* will. – Die Sache scheint sonderbar – aber ich will vom Anfange an beginnen.

Der erste Geschäftsmann, der einen Artikel durch Ankündigung und erlaubte Herausstreichung geschickt an Mann brachte, war die Schlange im Paradiese, und Eva ist das Vorbild und die Patronin aller folgenden nichtkaufenwollenden Käuferinnen geworden, deren Zeile seit den etlichen Jahrtausenden ziemlich lange geworden ist und sich in unsern Tagen rasch verlängert. Da damals das Warengewölbe und Obstlager eigentlich der Baum selber war, so kann man nicht sagen, daß die Schlange eine Warenauslage gehabt habe; also ist wohl die *Ankündigung* die erste Form des Geschäftsbetriebes gewesen. Wie es später geworden, kann ich nicht sagen, und wenn ich es auch könnte, so täte ich es nicht, da ich den Leser doch nicht durch das ganze alte und neue Testament bis zu den Wiener Warenauslagen und Ankündigungen führen kann; aber das ist gewiß, daß schon in den allerältesten Zeiten Waren angepriesen sein mußten, wie ja der Narrte Marktschreier hinlänglich dartut – wahrscheinlich war er damals ein Ehrenmann und rief nur amtsmäßig aus, was alles auf diesem oder jenem Platze zu haben. Kauflust ist ohnedem ein altes Erbübel des menschlichen Geschlechtes;

daher ist es kein Wunder, daß man bald auch darauf verfiel, diese Kauflust noch mehr dadurch zu locken, daß man die Waren, die unsere Leidenschaft und Begierde reizen, in natura herumbreitete und mitten darunter saß. Und wenn Witterung und Umstände den Verkäufer nötigten, in ein Gemach oder Gewölbe mit seinem Trödel zurückzukriechen, so half er sich doch dadurch, daß er wenigstens ein großes Schild vor seine Bude heraushing, auf dem er die verkäuflichen Gegenstände auf das lockendste konterfeien und symbolisieren ließ. So entstanden die Wappen und Herolde des Krämerstandes: die Aushängeschilde und Firmen. Ja, gewisse Handwerke und Krämereien bekamen ganz feststehende Wahrzeichen und Sinnbilder, wie ich mich denn recht gut entsinne, daß auf dem großen Bäckerhause meines Geburtsortes zwei grimmige rote Löwen eine riesenhafte Breze in den Klauen hielten, und daß dasselbe Bild größer oder kleiner bei den Bäckern unzähliger Orte zu sehen war; auch Kerzen und Seife hält gern der König der vierfüßigen Tiere in den Tatzen. – So ist der Türke oder wenigstens sein Kopf der stete Wächter und Portier eines Tabakladens, und jeder Reisende weiß, welche Kette von goldenen, silbernen, schwarzen, weißen Adlern er auf den Schildmauern der Wirtshäuser angetroffen, der grünen Tannenreiser und des geschnitzten Bierzeigers gar nicht zu gedenken, die an keiner Kneipe fehlen dürfen. Das Ding ging endlich so weit, daß selbst Privathäuser, wie es z.B. in Wien der Fall ist, gar nicht bestehen zu können glaubten, wenn sie nicht so eine Art Schild und Embleme führten, die oft wunderlich genug sind, wie es z.B. in einer Vorstadt Wiens irgendwo »zum Flusse Jordan« heißt oder gar »zur Unmöglichkeit«. Auch schöne Kästchen ließen die Kaufherren endlich machen, wo sie unter Glas und Rahmen einige lockende Sachen aufhängen, um den Vorübergehenden nur einen schwachen Begriff von den Herrlichkeiten zu geben, die erst drinnen zu haben seien. Dieses Aufmalen und Auslegen der Waren war den Kaufleuten vor Erfindung der Buchdruckerkunst um so weniger zu verargen, da sie ja damals nicht durch die Presse der halben Welt sagen konnten, welche vortreffliche und unentbehrliche Sachen bei ihnen bereit liegen. Als aber die Buchdruckerei endlich erfunden war, da konnten sie es freilich sagen, aber sie behielten die Auslagen und Aushängschilder dennoch bei und benutzten nebenher die Buchdruckerpresse zur Anpreisung ihrer Waren, was freilich anfangs sehr schwer war, als man nur erst Bibeln und Folianten druckte, aber gegen unsre Zeit her unendlich leicht wurde, da die schreienden Marktschreier und Anzeiger nach und nach abkamen, dafür aber die stummen in Schwung gerieten, nämlich die Zeitungen, die auf gutem Löschpapier alles in die Welt tragen, was geschieht, und auch das, was nicht geschieht, und die weit schneller und ausgebreiteter reisen als jeder Geschäftskommis und überall lesen lassen, was dort und da, bei dem und dem in größter Trefflichkeit zu haben sei. Man sollte fast glauben, daß nun Löwen, Adler, Kamele, Laufer, fliegende Rössel, goldene Ochsen usw. überflüssig wären und die Auslagekästchen ganz verschwinden würden, da ja die Zeitung alles sagt und bis in die innersten und geheimsten Kabinette bringt; aber die Erfahrung lehrt, daß namentlich die Auslagekästen immer mehr und mehr werden, so daß an gewissen Plätzen Wiens buchstäblich streckenlang kein einziges Mauerstückchen des Erdgeschosses zu sehen ist, sondern lauter aneinandergereihte, prächtige, hohe Gläserkästen, in denen das Ausgesuchteste funkelt und lockt. – Die Sache scheint mir daher zu kommen: der redliche Verkäufer weiß recht gut, daß, wenn er seine außerordentlichen und erlesenen Artikel in den Zeitungen bescheiden anzeige, das hartnäckige Publikum doch noch immer glauben könne, er schneide auf; deshalb geht er hin und läßt die Sache gelassen selber reden: er tut sie nämlich in einen unerhört schönen Glasschrank, stellt diesen vor seine Bude heraus und denkt: »Jetzt seht.«

Freilich muß ich als ein aufrichtiger Schriftsteller eingestehen, daß auch hier allerdings eine Art Aufschneiderei möglich ist, die aber ebensogut im Schönheits- und Harmoniesinne ihren Grund haben mag als in etwas anderm und jedenfalls dem Verkäufer nicht zur Last fallen kann, da der Käufer die Sache ja sieht und es sich selber zuschreiben muß, wenn er so unvernünftig ist, von außerwesentlichen Nebendingen, die die Pracht der Erscheinung darstellen helfen, nicht absehen zu können.

Jede einsichtsvolle und erfahrene Jungfrau von 17 Jahren soll ja doch um des Himmels willen wissen, wenn sie ein Stück Mousseline de laine kauft, daß sie nicht den schimmernden Glaskasten und die hundert Ellen andern Zeugs, die ringsherum lagen, mit nach Hause nehmen kann: – aber leider ist die Erziehung in diesem Stücke so sehr vernachlässigt, daß sie es nicht weiß, und wenn sie nun den Stoff zu Hause auf ihrem Nähtische liegen sieht, daß sie betrübt meint, sie habe einen wahren Lappen erstanden, der kaum wert ist, daß man ihn zu einem Kleide zerschneide. Freilich umgeben von den gehörigen hebenden Farben, in dem vornehmen Kasten, unter spiegelndem Glase hatte das Ding ganz anders ausgesehen – aber das sollte sie ja wissen, und diese Nebendinge sollte sie sich wegdenken können, ehe sie nach dem Lappen hascht; denn von dem Verkäufer kann sie doch nicht erwarten, daß er seine Dinge in greulicher Unordnung und Widerspenstigkeit in den Auslageschrein sperre und ihr dadurch die Meinung beibringen, sie seien noch viel schlechter und ganz und gar elend, namentlich da sie bedenken sollte, daß ein Mensch, der täglich Dinge unter Glase zu ordnen hat, die dann tausend Augen sehen, doch auch sein Ehrgefühl hat und die Dinge so legen und stellen muß, daß sie seinem Geschmacke Ehre machen, und daß er doch um Gottes willen nicht hinter seinem Nachbar zurückbleiben kann, der durch alle möglichen Auslage- und Aufputzkünste seiner Bude lockt.

Die ganze Sache mit diesen Ankündigungen und Auslagen beruht auf einer wunderlichen Eigenschaft des menschlichen Geschlechts, und dies führt uns wieder auf den zu erweisenden Punkt zurück, daß durch sie nämlich gerade die Nichtwollenden kaufen sollen. – Über diese wunderliche Eigenschaft habe ich viel nachgedacht, um ihren Grund herauszubringen, aber vergeblich; diese Eigenschaft ist nämlich jene durch alle Stände und Alter herrschende Kauflust, oder wie ich sie nennen soll, jene Lust und Sucht, um einige runde unbedeutende Metalldinge oder gar um ein klein

Stück Papier ein großes, schönes, unbekanntes, vielleicht unsäglich brauchbares oder sehr schmückendes Gut zu erzielen. In der Kindheit, wo uns die Güter und ihre Anwendung auf unser Ich am unbekanntesten sind, ist auch jene Kauflust am größten. Jeder von uns erinnert sich, wenn er als Knabe einige Münzstücke in der Tasche verspürte, daß sie ihn ordentlich brannten, und daß er ungeheuer viel dafür kaufen wollte und dann mit etlichen schlechten Birnen und Nüssen nach Hause geschickt kam. Nach den Kindern kommen gleich die Weiber. Ihnen sind Ankündigungen und Auslagen höchst gefährlich, vorzüglich, wenn sie unbekannte Formen oder neue, womöglich ausländische Namen bringen, weil ihre Phantasie da gleich zu arbeiten beginnt, wie mag die Sache aussehen, wie mag sie stehen, schmecken usw. Versuchen möchte ich es doch, es kann nicht so hoch kommen usw., und da sie von Geschäften weniger abgezogen werden als Männer, so haben sie Zeit, das verzogene Kind »*Einbildungskraft*« immer noch mehr zu verziehen, und da ihnen die Natur für ihren Körper, der als erster Wohnort des Menschengeschlechtes freilich wichtig genug ist, eine ungleich größere Sorgsamkeit eingepflanzt hat als uns für den unsrigen, den wir höchstens in einer Kanzlei krumm sitzen: so geschieht es ihnen auch gar leicht und schnell, daß sie neuangekündete oder -angeschaute Güter sogleich zu sich in Beziehung setzen und vor Begierde brennen, zu erfahren, wie sich's machen würde; daher sie dann Waffelkuchen, Asphalt, wohlfeile Perkails, Haarwuchspomade usw. schnell versuchen müssen, nachdem sie's kaum in der Zeitung gelesen. Kinder lassen sich weniger durch Worte, aber mehr durch das Glänzen der Sachen bestechen. Weil das schöne und zarte Geschlecht nun einmal diesen Hang hat und ihm auch mehr nachgehen kann, so erlangt sein angebornes Schicklichkeitsgefühl einen bestimmten sicheren Takt, daß sie doch nicht leicht sehr weit fehlgehen und Widersinniges ins Haus schaffen; jedoch wir Männer, die wir von diesem Adamsübel ebenfalls nicht frei sind, dasselbe aber nicht so üben und zügeln lernen wie die Frauen – wenn wir einmal von dem Kaufteufel angepackt werden, dann treiben wir es gewiß recht plump und ungeschickt und verfallen auf das Entfernteste und Heilloseste. So erinnere ich mich noch recht gut, wie mein Vater, der mit uns in einer schönen, kornreichen Ebene wohnte, eines Tages von einer Gebirgsreise einen ganzen Bündel Steigeisen brachte, die er dort in einer Versteigerung glücklich erstanden hatte. Sie lagen lange im Hause und wurden nicht gebraucht, außer daß sich einmal mein Bruder an einer Spitze derselben bald ein Auge ausgeschlagen hätte, dann kamen sie auf den Boden, und dort, glaube ich, liegen sie noch.

Durch das Wort »Versteigerung« verschlage ich mich auf eine kleine Abschweifung von meiner Sache, nämlich auf die Bemerkung, daß bei keiner andern Gelegenheit so sehr die unvorhergesehensten und tollesten Einkäufe gemacht werden als bei Lizitationen. – Keiner meiner Bekannten, wenn er überhaupt einmal die Gelegenheit hatte, kann sich rühmen, von einer Versteigerung weggekommen zu sein, ohne daß ihm ein Kauf widerfahren wäre, von dem ihm früher nichts geträumt hatte – so wie z. B. erst neulich bei einer solchen Versteigerung mein sehr ehrwürdiger Freund, der Pfarrer von ***, eine Heerpauke und einen Sturmhut gekauft hat. Die Ursache dieser Erscheinung mag darin liegen, daß einem die feilgebotenen Gegenstände immer nur in lockender Ferne gezeigt werden, dann weil man durch das Mitbieten angefeuert und durch das Überbieten zum Widerspruch herausgefordert wird, d. h. zu neuem Überbieten. Die Tante eines meiner Bekannten, ein ewig gehendes Predigtmaul und ein stetes Besserwissensbureau, darf in keine Lizitation gelassen werden; sie erstände das sämtliche Warenlager.

Auf diesen Kauf- und Erwerbtrieb der Menschen, glaube ich, sind nun die Warenauslagen und Ankündigungen berechnet. Wenn ein Mann, der sein gehöriges Geld hat, vom Lande hereinkommt und nur den Stephansplatz, Stock im Eisen, Graben, Kohlmarkt entlang geht und all die glänzenden, lockenden Gläserkästen ansieht, wie sie ohne Unterbrechung endlos fortlaufen – der Mann ist verloren, er muß etwas kaufen, vorzüglich, wenn er etwa eine Frau und Töchter zu Hause hat, an die er denkt. Aber nicht bloß dieser, sondern auch der geborne Wiener, der von Kindheit an doch an solche Anfechtungen gewöhnt ist, wird zu Einkäufen verleitet, wenn er auf eine neue oder besonders wohl angeordnete oder glänzende Auslage stößt, hineinblickt und nun Dinge sieht, die alles übertreffen, was er bisher in dieser Art gesehen hat. Wirklich hat sich aber auch in letzterer Zeit der Geschmack und Luxus an Warenauslagen ungemein gesteigert, und Schilder und Auslagekästen, die man noch vor wenig Jahren als überaus geschmackvoll und prächtig bewunderte, stehen nun beinahe dürftig und armselig da, und jede neue Anstalt dieser Art übertrifft immer wieder die bestehenden an Glanz und Großartigkeit. Dabei steigert sich auch Kunst und Aufwand in Herstellung der Aufschriften und der Aushängeschilder, und es ist gar nicht selten, auf letzteren wirklich vortreffliche Gemälde anzutreffen, ja selbst bei Läden von sogenannten Greißlern geschah es schon, daß alles Volk stehenblieb, weil Käse und Besen, Essigfässer und Eier, Seife und Wichse und Stroh und Bastbündel und dergleichen wirklich täuschend und meisterhaft daraufgemalt waren. Aber nicht bloß die Fassung und die Kästen sind elegant und prächtig, sondern in der Anordnung der darin befindlichen Waren tut sich ein wahrhaft verführerischer Geschmack kund; ich sage *verführerisch;* denn sie verstehen die Sachen so nebeneinander zu stellen und zu legen, daß es wie zufällig und malerisch leicht aussieht, daß aber doch das eine dem andern zur Folie dient und es hebt. Dies ist besonders bei denen der Fall, die mit Stoffen handeln, wo die Farben und Zeichnungen so gelagert sind, daß sie sich gegenseitig beherrschen und geltend machen, so daß jedes Stück mit eigentümlichem Feuer und Glanze hervorblickt; – daher gebe ich meinen schönen Leserinnen den Rat: sobald ihnen ein Kleiderstoff in einer Auslage ganz besonders gefällt und sie ihn zu kaufen gesonnen sind, sollen sie immer früher überdenken, ob sie zu Hause einen Anzug oder andre Nebenstücke von der Farbe der jenen Stoff umgebenden Artikel haben oder nicht. Ist ersteres der Fall, dann dürfen sie getrost kaufen, sie werden ein Ding nach Hause bekommen, das trefflich steht, nämlich eben zu jenen Farben. Ist aber letzteres, dann ist es rein zufällig, ob das Gekaufte neben dem zu Hause Befindlichen dieselbe Kraft und dasselbe Feuer bewährt, wie es neben seinen Nachbarn im Auslagekasten tat.

Wie weit es noch in der Steigerung der Pracht der Auslagen gehen wird, ist nicht abzusehen, da jede neue alle alten überbieten muß; denn die Leute sind so gewöhnt, daß man ihnen alles so unmittelbar vor die Augen lege, gleichsam auf den Händen vortrage, ja daß man sie blende und verführe – daß sie nichts kaufen, wo dies nicht der Fall ist. Es habe einer die beste und die erlesenste und wohlfeilste Ware in seinem Gewölbe, vor demselben aber eine elende Scharteke als Schild, so geht kein Mensch hinein und kauft – selbst der Schreiber dieser Zeilen gesteht aufrichtig, daß er weit lieber da hineingeht, wo es schon von außen schön aussieht, und daß er sich dort weit weniger zu handeln und etwas abzudingen getraut als in unansehnlichen, altbürgerlichen Läden, sie mögen wie solid immer sein. Freilich ist er als Ideal eines Einkäufers durchaus nicht zu empfehlen, aber die meisten Leser dieser Zeilen, denke ich, werden es auch nicht sein.

Diesem Geschmacke und dieser Pracht in Auslagen, die gegenwärtig in Wien herrscht, ist es auch zuzuschreiben, daß es an Sonn- und Feiertagen, wo es auf dem Lande und in kleineren Städten am glänzendsten und feierlichsten ist, gerade in Wien am ödesten und einförmigsten aussieht; denn abgesehen davon, daß an solchen Tagen die meiste Bevölkerung in die Umgebungen ausfliegt, so sieht man die Straßen und Plätze entlang, statt der reizenden Auslagen, nichts als die dunkelfarbigen Tore und Läden, womit sie geschlossen sind, während an Wochentagen alle Pracht und aller Luxus entfaltet wird, dessen die Kaiserstadt nur immer mächtig ist. Besonders sind einige Straßen und Plätze ganz eigens hiedurch ausgezeichnet, als da sind: der Stephansplatz, der Stock-im-Eisen-Platz, der Graben, der Kohlmarkt, die Kärntnerstraße, die Rotenturmstraße und andere. Auch in den Vorstädten schwingt es sich schon so empor wie in manchen Gassen und Plätzen der Stadt.

Wenn man so an einem heitern Vormittage jene obgenannte Plätze entlang geht, so dürfte wohl der weit herumgekommene Reisende noch gefesselt, der Eingeborne angezogen, der ferne und einsame Landbewohner verwirrt werden; denn da reihet sich ohne Zwischenraum Gewölb an Gewölb und vor jedem in schimmernden Kästen ausgelegt, was darin als Prächtigstes zu haben ist. Da ist die Schnittwarenhandlung und vor ihr wie ein wahres Farbengetümmel hinter glänzendem Spiegelglase die Stoffe aus Seide, aus Wolle, aus Baumwolle, alle die hundertnamigen Zeuge auf alle die hundertnamigen Kleider der Menschen, von dem echten Kaschmir an bis zum leichtesten und schalsten Fähnchen Baumwollenstoffes; dann ist der Spitzenhändler mit seinem spinnenfadigen, luftweichen Zeugs; dann die Blechwarenhandlung mit allen erdenklichen bekannten und unbekannten Gefäßen und Leuchtern und Klammern und Lampen in gelben, weißen, grünen und andern Farben – dann die Tuchauslage mit den feinsten und geschmackvollsten Mustern – die Buchhandlung mit den Kunstwerken der Typographie und des Grabstichels – der Juwelier mit seinen edlen Warenstücken. Da funkelt auf dem reichstem Bette von schwarzem, purpurrotem, violettem und auch aschgrauem Samte das verschiedenartigste Geschmeide, vom Diamantdiademe an, das eine halbe Grafschaft kostet, durch alle Gattungen von Federn und Fächern und Sternen hindurch bis zu dem Geschlechte der Ringe, die in allen Formen und Größen in den Rinnen ihrer Samtpolster stecken, mit Steinen aller Farben und Feuer besetzt; daneben liegt auf dunklem Samte in Reihen geschlungen der sanfte Schmelz der Perlen oder blitzt das weiße Feuer des Brillanten. – Dann folgt das Pfeifengewölbe: Meerschaumköpfe aller Art, sämtlich von dem tadellosesten, schwammweichsten Weiß, das sich sanft abhebt von dem feurigen Blitzen der Silberbeschläge – alle Größen und alle Schnitte prangen da, der glatte Kopf, der gotische, der mit einer, der mit zwei oder mehreren Figuren gezierte, ja selbst der, auf dem ganze Schlachten ausgeschnitten sind – unten auf Purpursamt ruhend, mit einem Glassturze bedeckt, steht das Prachtstück, ein riesengroßer Kopf, mit den edelsten Figuren besetzt, mit Silber von getriebener Arbeit beschlagen und auf dem Scheitel als Stern einen Rubin tragend. Zwischen dem zarten Weiß der Köpfe hängen die reinen, goldgelben Bernsteinstücke, von dem winzig kleinen Zigarrenmundstücke an, durch alle Sorten und Längen derselben hindurch bis zu der riesengroßen, türkischen Dute, die am Ende eines ebenfalls riesigen, gewundenen, seidenen türkischen Rohres prangt – dann folgen die Silber- und Goldgewölbe mit ihren gleißenden Stücken, dann wieder Schnittwaren, dann die Kunsthandlung mit ihren Bildern, Stichen, Lithographien usw. ... dann der Zuckerbäcker, die Bänderhändler, die Pelzwaren, dann eine blitzende Armee von Messern, dann ein Wald gemachter Blumen – und so geht es weiter, wenn du die Häuser entlang schreitest, Gasse aus, Gasse ein, nur daß es nicht in allen Gassen gleich ist, sondern in einer mehr, in der andern weniger; aber es wird wohl in ganz Wien keine einzige geben, wo nicht eine oder mehrere Auslagen sind.

Diese Auslagen sind die lockendsten Mittel des Luxus und der Eitelkeit, darum stehen auch von Stunde zu Stunde die Leute vor denselben und urteilen oder suchen sich aus oder wünschen sich wenigstens. – Mit welch traurigem Gesichte steht oft die arme Dienstmagd vor einem Berge von den farbenflammendsten Stoffen und verzweifelt fast, sich je zu diesem Eldorado schwingen zu können, um dies oder jenes Stück Seidenzeug endlich mit nach Hause führen zu können! Was Wunder nun, wenn sie alle Wege versucht und alle Minen springen läßt und endlich doch den Seidenlappen nach Hause schleppt! Vor dem Pfeifengewölbe steht der alte besonnene Raucher und die strebende, zukunftbegierige Jugend – vor der Kunsthandlung ballt sich immer eine ganze Böschung von Menschen in die Straße zurück und schaut die Bilder an, und wenn ein pfeifender Schusterjunge des Weges daherkömmt, so drängt er sich mit seiner Nase an die Mauer und stellt sich just als den allerersten vor die Bilder. So natürlich, so unschuldig die Auslagen sind, so sehr, glaube ich, reizen und verführen sie gerade die untern Klassen vorzüglich des weiblichen Geschlechtes zur Begierde nach Luxus und Hoffahrt und natürlich auch zu den Wegen dahin.

Was die Ankündigungen betrifft, so ist die Hauptniederlage derselben die Wiener Zeitung, wo hinter dem politischen und Amtsblatte die bunte Schar der Anzeigen folgt, und oft in drolliger Nachbarschaft; Da ist der Champagner grand mousseux, neue Teppich- und Möbelstoffniederlage, ganz neue Erfindung von Butterschnittmessern, tragbare Maschinherde, Brillen – aus echt englischem Maschinenzwirn verfertigte, unendlich billige Hemdknöpfe, vierfacher Königsstrickzwirn, Blutegel, Grätzer Zwieback, Ausverkauf von 9000 Ellen Tuch, Ruster, Milliseife, Mädchenerziehungsanstalt, wasserdichte Stiefel, k. k. und privilegierter Wiener Salonstiefellack usw. Ich kenne einen alten Herrn, der ganze Stöße von Zettelchen besitzt, die er alle aus seiner Wiener Zeitung schneidet, und nach denen er seine Bedürfnisse kauft und allen seinen Freunden und Bekannten anrät. Aber auch in andern Blättern bald in dieser, bald in jener Form tauchen allerlei Empfehlungen und Anpreisungen hervor, die, wenn auch nicht immer dem Eigentümer, doch ganz gewiß dem Verfasser nützlich sind. Daß bei diesen Anzeigen alles Angezeigte echt, unvergleichlich, spottwohlfeil und unentbehrlich ist, versteht sich wohl von selber; daß es aber immer noch Menschen gibt, die das alles Wort für Wort glauben, versteht sich wohl nicht von selber, ist aber demohngeachtet so. Vorzüglich sind Damen gegen neue und womöglich sehr lange und sonderbar klingende Namen schwach und müssen das Ding, sobald nur immer tunlich ist, kaufen. Außer den Zeitungen tragen die Straßenecken in riesigen Buchstaben aller Farben, vorzüglich aber rot, auf torgroßen Anklebzetteln die dem Publikum nötigen Kenntnisse zur Ansicht, und an manchen Stellen, wie z. B. außer dem Rotenturmtore, sind ganze große Mauerstücke von oben bis unten beklebt, so daß man zum erschöpfenden Lesen dieser Dinge mehrere Stunden brauchen würde. – Da ist ein Riese zu sehen, dort ein Zwerg; Reunionen, Bälle, Erheiterungen, Rekreationen, Menagerien, Eisenbahnfahrten, Gesellschaftswägen, Musiken usw. usw. ... In neuster Zeit hat sich gar eine eigene Ankündeanstalt zusamnengetan und schlägt ihre Zetteln auf großen, dunkeln Holztafeln auf, was recht schön und nett aussieht, aber doch nicht verhindert, daß nicht daneben die frühere Weise in ihrer ursprünglichen Unschuld fortbesteht, nämlich die Zettel gleich weit und breit auf die nackte Mauer zu kleben.

Auch in den Auslagekästen liegen nun bereits geschriebene oder gedruckte Zettel, die vor der Hand noch nichts als den Namen und manchmal den Preis der Sache enthalten. Wer weiß aber, was auch noch daraus werden kann, und ob wir nicht einmal auf fliegenden Blättern die ganze Biographie der Warenartikel werden lesen können. Bis dahin werde ausgelegt, angekündigt, gekauft und verkauft nach Herzenslust; der Verkäufer gewinne, der Käufer sei entzückt, so ist beiden geholfen, und niemand kann dies freundlicher wünschen als der Verfasser dieser Zeilen, der nie etwas kauft, als was ihm unendlich gefällt, und es dann immer spottwohlfeil findet. Die Seinigen zu Hause mögen dann lachen, so viel sie wollen, er ist zufrieden und wünscht allen seinen Lesern vom Herzen dasselbe.

Wiener Wetter

Wer den Titel dieses Aufsatzes liest, der wird fragen, ob denn die Wiener ein eigenes, gleichsam privilegiertes Wetter haben, oder ob es dort nicht vielmehr auch so sei wie in aller Welt.

Hierauf antworten wir: Allerdings, mein verehrter Frager, hat Wien sein eigenes Wetter. Wenn du je in unterschiedlichen großen Städten warst und gute Beobachtungsgaben mitgebracht hast, so wirst du gesehen haben, wenn es regnet oder hagelt oder ein erschrecklicher Wind geht, daß es in London ganz anders regnet als in Paris und Nanking, und daß, wie jeder Mensch beim Rasieren, Tanzen und Kegelschieben ein eigentümliches und ganz neues Gesicht macht, ebenso auch jede Stadt eine andere Miene zieht, wenn in ihr abscheuliches Wetter ist. Ein Feinschmecker von Reisen merkt schon den Unterschied in benachbarten Dörfern und klassifiziert sie darnach. – So verarbeiten auch wir die stockfinstern Nebel, den Platzregen, das Glatteis, den Staub, die Hitze, den Wind auf ganz eigentümliche, d. h. Wiener Weise – ja, ich getraue mir im Verlaufe dieser Zeilen nachzuweisen, daß wir wirklich auch an objektivem Wetter ganz andere Sorten besitzen als die Leute außer unserm Weichbilde – ja, daß es sogar bei uns wieder Unter-Unterschiede gibt, daß eigentümliche Vorstadtwetter vorhanden sind oder gar originelle Platz- und Gassenklimate. So z. B. ist die Annagasse ein wahrer Eiskeller und der Stephansplatz ein Windbalg.

Man wende mir hier nicht ein, die Sache sei lächerlich, sondern man höre mich geduldig zu Ende reden und urteile dann, wie es immer behebt, wenn man dann noch den Mut zum Urteilen hat; denn ob es noch irgendwo zwei emsigere Wetterbeobachter, Klassifizierer, Kenner und Wettersammler gibt als mich und meinen

Freund Grimbucker, lasse ich dahingestellt sein, habe aber billige Zweifel darüber.

Ehe ich zu meinem Gegenstande übergehe und ihn mit dem Ernste behandle, den er verdient, ist es nötig, daß ich den Leser in Kenntnis setze, was unsere Erkenntnisquellen der Stadtmeteorologie sind, wie wir beobachten und mit welchen Instrumenten und Schlüssen.

Ich war eigentlich seit meinen Studien her ein Grübler, obwohl zuzeiten ein lustiger Vogel und Schalk, vorzugsweise aber beschäftigte ich mich mit Sammlungen von Käfern und Altertümern, an Wettersammeln dachte ich nicht, ich meinte auch, es gäbe kein solches Ding, obwohl ich auch schon damals an gewissen Wettern meine Freude hatte, z.B. an einem schönen Glatteise mit Regen und Wind – schon damals ging ich gerne mit meinem Freunde, dem jetzigen Rentamtskontrollor Geraumer, an solche Orte, wo ein unversehener Wind um eine Ecke pfiff, und da sahen wir zu, wie er mit Regenschirmen, Hüten und Röcken wirtschaftete, wenn er sie plötzlich ergriff, und wie der Inhaber all dieser Dinge mit dem Winde raufte und nach seinen Sachen haschte, während er auf Erden keinen festen Fuß fassen konnte, und der Regen ihm in das entblößte Gesicht schlug. Oder wenn recht eine satanische Kälte war, daß einem die Augen aus dem Kopfe froren, die Wagenräder klangen, die Schornsteine rauchten und die Blechdächer funkelten: da hatte ich meine Freude daran, wenn die kleinen Beamten in ihre warmen Kanzleien liefen und sich all die Leute sputeten, die auf der Gasse keine Freude haben; mir aber machte all das schöne Eis auf dem Wasser des Belvedere und die Schlittenbahn und das Schellengeklingel Entzücken. Doch das war alles nur Jugendspielerei. Als ich später den Herrn Grimbucker kennen lernte, sah ich freilich ein, daß er das Wetterwesen in einem viel großartigeren Maßstabe betrieb. Grimbucker kann freilich auf seine Leidenschaft viel mehr verwenden als ein anderer, denn er ist ungemein reich und unabhängig. Da er Mitglied der Stadt-Meteorologie wurde, wandte er diesem Institute große Vorteile zu und hob es beträchtlich. Nicht nur wurden viel mehr Instrumente und Beobachter angeschafft und in den verschiedensten Teilen der Stadt und Vorstädte verteilt, sondern auch die wöchentlichen Versammlungen wurden in seinem Hause gehalten, und es floß viel Wein dabei. Später wurde er Präsident, und da war es, wo ich ihn kennen lernte. Erst von ihm bekam ich Einsicht in den Ernst der Sache und in die wunderbarsten Wetterarten, die bei uns herrschen. Da er Talent für diesen Zweig der Wissenschaften in mir entdeckte (und dies schloß er daraus, weil er sah, daß ich auf dem Tandelmarkte ein ständiger Gast war, in dem Gerumpel herumsuchte und allerlei alte Phantasiestücke für meine Sammlung von Seltenheiten erstand – wie viel mehr, dachte er, muß dieser an Meteorsammlungen und Wetterkatalogen Geschmack haben und an den sonderbaren Wirkungen auf das physiologische und soziale Leben, die solche Wetterraritäten hervorbringen), da er also, sage ich, Talent für dieses Fach in mir vermutete, so nahm er eines Tages einen Fiaker und fuhr mit mir auf allen Beobachtungsplätzen der ganzen Stadt Wien herum. Da waren Ehrenmitglieder, die nur das Thermometer ihres Fensters und das Barometer ihrer Wand zu beobachten und darüber Bericht zu erstatten hatten; da waren Gärten, in denen Regenmesser standen mit einem förmlich besoldeten Beobachter dabei – gegenwärtig, während ich dies schreibe, sind bereits fünfzehn solcher Regenmesser in Wien aufgestellt – dann war einer, der die Vormittags-, einer, der die Nachmittagswolken beobachtete. Dreie zählten die Sternschnuppen (jetzt wechseln achte ab); fünfe beobachteten und maßen den Wind – dann waren die Tau- und Reifglieder, die Eismesser, der Feuchtigkeitsausschuß; sechzehne arbeiten in Schnee; dann war die Elektrizitäts- und Magnetismussektion, das Bureau der Regenbögen, der Finsternissenat usw. – Der Leser sieht schon, daß der Verein ins Große und Verwickelte ging, aber das ist alles noch nicht zu Ende. Da sind die Mitglieder selbst wieder unterabgeteilt: die bloß Bericht erstattenden, dann die, so die Durchschnitte aus den Beobachtungen berechnen (selbst Gauß' Verfahren ist bei uns in Übung), dann die speziellen Katalogführer, die Eintrager in den Hauptkatalog, die Summarienzieher – auch solche Mitglieder sind, die die Nebenfächer betreiben, z. B. stete, das Wetter begleitende Wirkungen zu beobachten, wie Gesundheitsstand, Holz- und Getreidepreise, moralischen Einfluß, Fallimente, Selbstmord usw. ... Bloße Ehrenmitglieder, d. h. solche, die gar nichts zu tun hätten, als den Wein des Präsidenten zu trinken, gibt es gar nicht. Als ich für die philosophische Sektion, d. h. für die, welche Schlüsse ziehen muß, aufgenommen war, hätte ich bald einmal mein Diplom verscherzt, indem ich vorschlug, man solle auch solche Beobachter aufstellen, welche die Scherz- und Schimpfszenen sammeln, die bei schnellem Wetterwechsel und argem Wüten desselben in einer so volkreichen Stadt notwendig vorfallen müßten. – Einige jüngere Mitglieder stimmten mit mir, aber die ältern waren sämtlich dagegen; es würde uns schlecht anstehen, meinten sie, wenn die Nachwelt einst solche Annalen von uns fände, sie dürfte uns Hanswurste heißen, müßte mit Recht auch den andern Büchern mißtrauen, und von unsern jetzt so ausgebreiteten riesenhaften Bestrebungen hatte dann die Wissenschaft keinen Pfifferling – die Wissenschaft, die gerade ohnehin in der Meteorologie so arm und dürftig sei. Ich wurde überstimmt und fast, denke ich, mit Recht – ein Antrag auf Entfernung eines, dem es nicht ganz Ernst mit der Sache sein könne, ging nicht durch, da man doch sonst von meinem Eifer und meiner Brauchbarkeit Proben in Händen hatte. Aber wurmen mußte mich die Sache doch immer, und da ich von jeher einen Spaß liebe, ja, im Alter statt gesetzter nur immer närrischer werde, so konnte ich es mir nicht versagen, da ich jetzt als Vereinsmitglied die Wiener Wetter in allen Abstufungen beobachte, nebst der philosophischen Seite auch die gesellige, die anthropologische, die närrische zu beachten, und da ich in dieser Hinsicht eine ganze Menge von Beobachtungen zusammengebracht habe, die in keinem unserer Kataloge Platz greifen dürfen, so nehme ich die Gelegenheit dieser Blätter wahr, den Lesern einige derselben darzulegen, da ich vermute, daß sie daran mehr Freude haben dürften als an den dicken wissenschaftlichen Katalogen, obwohl sie Herr Grimbucker in rotes Leder einbinden ließ.

Zu meiner großen Erheiterung habe ich ein junges Vereinsmitglied gefunden, das in andern Dingen ziemlich mit mir übereinstimmt, daher wir manche Stunde bei einem Glase Wein versessen haben und von Altertümern, von Geschichte, von Kunst und Poesie, von unserm Vereine und endlich von gegenseitigen Privatbeobachtungen gesprochen haben. Der Leser hat gar keine Vorstellung, wie falsch der Satz ist: »Jede Sache hat zwei Seiten« – *hundert* hat jede. Wenn nur einer unparteiisch das Wetter und seine Wirkungen nur ein paar Jahre (statt, wie ich, dreizehn) beobachten wollte, so würde er finden, welche Quelle von neuen Tatsachen, überraschenden Ergebnissen und Vergnügen er aus der Sache zöge, und wie unendlich viele Seiten sie habe.

Jedoch zum Ziele.

Ich habe oben gesagt, daß unsere Stadt auch ein ganz eigentümliches *objektives* Wetter und Klima habe, – welches außer unserm Weichbilde sogleich aufhöre. Diesen Satz will ich nun beweisen, und unsere Verzeichnisse werden mich hierin trefflich unterstützen. Die Wärmekommission hat physikalisch dargetan, daß ein poröser Körper sich in den Sonnenstrahlen mehr erwärme als ein anderer, was sie dadurch erwies, weil sie einmal unter vielen übereinandergestellten Glasstürzen ein Ei briet, und zwar durch eitel einfache Sonnenstrahlen. Nun ist es aber klar, daß die ganze Stadt nichts Anderes ist als eine große poröse Scheibe unter dem Netze der darauf niederfallenden Sonnenstrahlen; sie muß sich daher heftig erwärmen wie ein in der Sonne liegender Sandkuchen. Allein dies ist nicht alles; auch das lehrte die obige Kommission, daß von glatten weißen Wänden die strahlende Wärme mehr reflektiert werde als von dunklen, rauhen – und wo sind denn mehr lichte, glatte Wände, die die Wärme eine der andern zuwerfen, als gerade in der Stadt? Ich darf nur an manche Stellen erinnern, wo sich dieses Backofenklima erzeugt. Wer von uns ist nicht schon an einem schönen Sommertage von der Schottenkirche längs der weißen Mauer gegen die Renngasse gegangen, wo er sich fast die Schuhsohlen geröstet und die Haare verbrannt hat? – Es ist aus dem klar, daß die Tage innerhalb der Linien heißer sein müssen als außer denselben, und jeder weiß, welch wohltuendes Lüftchen ihn anwehe, wenn er die Barrieren verläßt und die grünen Felder um sich hat. Nachts fällt Tau – das Feuchtigkeitskomitee weiß nun, daß sich derselbe sehr gerne an zarte und rauhe Körper anlege und die Luft kühle, z. B. an Schaffelle und Gras – wie wenig aber Schaffelle und Gras in einer großen Stadt ausgebreitet sind, weiß ja jeder, und er kann sich daher leicht abnehmen, wie wenig Tau und Luftabkühlung da zu haben ist. Dies wissen viele Hofräte und Grafen sehr gut, die imstande sind, eine nette Sommerwohnung auf dem Lande zu haben; denn während sie in der Stadt bei offenen Fenstern schlafen und fast vor Hitze umkommen, müssen sie die Fenster der Landwohnung abends schließen, sonst verkühlen sie sich.

Aus dem, glaube ich, geht zur Genüge und objektiv hervor, daß in unserer Stadt ein ungleich heißeres Klima ist als auf dem umliegenden Lande, und daß auf ihr ein boshafter, erhitzter Luftberg stehe, der wieder die traurigsten Folgen nach sich zieht, denn wenn nun auch schon ein feuchtes Wölklein über uns heranzieht und schon nahe daran ist, seine kühlenden Tropfen herabzuschütten, so läßt es dasselbe wieder bleiben, sobald es in jenen heißen Luftberg gerät, und verdünstet lieber – im Kleinen das nämliche, was in der Sahara im Großen geschieht – und ich glaube, wir dürften die Stadt nur so groß bauen, als die Sahara ist, und wir hätten dasselbe prächtige Wetter wie sie – jahraus, jahrein.

Wenn es wahr ist, was die Gasabteilung sagt, daß auf der ganzen Erde das Verhältnis von Stickstoff und Lebensluft dasselbe ist, und daß eine Armee von einer Million Mann die letztere nicht zu mindern vermöge, so werden wir wohl auch genug an derselben haben, obwohl in Wien wacker genug geatmet und geschnaubt wird; aber wenn es ebenfalls wahr ist, daß außer obigen zwei Grundbestandteilen der atmosphärischen Luft auch noch allerlei kohlensaures Gas und Wasserdünste und organische Stoffe und Salpetersäure beigemischt sind, so mag es bei uns an Dünsten und verdächtigen Gasen ein gutes Maß geben, des Rauches gar nicht zu gedenken, der täglich aus so vielen hunderttausend Küchenfeuern emporgeht, und wir atmen mit unserm Pflichtteil Lebensluft gewiß genug lästige Bedingungen mit ein, die eine halbe Million Organismen auf dem kleinen Flecke erzeugen helfen – und noch dazu spart man auf dem kleinen Flecke den Raum, weil er kostbar ist, und unsere Väter bauten hie und da so enge Gassen, daß es in manchen geschieht, daß, wenn ich morgens mein Fenster öffne, um frische Luft hereinzulassen, ich mir die Nachtluft aus der Schlafkammer meines Nachbars gegenüber hereinfange, der ebenfalls geöffnet hat und mir Morgen wünscht. Ich rede gar nicht von dem öden Morgenhauche der Gast- und Kaffeehäuser, dem Dampf der Stallgruben, der Gassen und finstern Winkel – diese Gemengsel sind der rötlich trübe, schöne Duft, den man über unserer Stadt stehen sieht, wenn man von ferne und von einer heitern Höhe auf sie schaut.

Warum doch die Menschen ihr einziges Nahrungsmittel, was sie ganz umsonst, ganz echt und in ungeheurer Menge haben können, selbst so geflissentlich verderben, indem sie solche Städte und Häusermassen bauen. Ich ginge augenblicks in die Berge, um dieses Nahrungsmittel recht zu genießen, wenn ich nicht leider in der Stadt bleiben müßte, um mir die andern zu erwerben. Wenn nun Atmosphäre und Luftbestandteile einen Teil des Wetters ausmachen, so sehe ich nicht ein, wer mit uns in dieser Hinsicht in Wettstreit treten und üblere Beschaffenheit und schlechteres Wetter nachweisen könnte, wenn nicht etwa Paris und London? Eine andere österreichische Stadt gewiß nicht; die Dörfer in unsern Weinbergen herum am allerwenigsten.

Ist dies nicht ein ganz eigentümliches objektives Wetter?

Aber ich gehe noch weiter. Unsere Windkammer tat erst in einer neulichen Sitzung dar, daß träge und schlaffe Luftzüge sogleich lebendiger und reißender werden, wenn man sie durch ein langes enges Rohr gehen läßt, darum man auch auf Lampen die Glasröhre aufsetzt und auf Kohlenherde den hohen Rauchfang; nun frage ich, sind unsere Gassen nicht solche Windröhre? Und wenn eine schöne, breite, gemächliche Luftmasse von Ungarn heranzieht und nun in diese Löcher gerät und vom Nachtrab hineingeschoben wird, muß sie da nicht eilig in der Gasse fortschlüpfen, sich tummeln, an alle Ecken anstoßen und den Leuten Staub und Rheumatismus in die Gesichter blasen? Daher gibt es in Wien auch gar keinen andern Tag als windige, wenigstens in einigen Gassen, es müßte denn sein, daß eines Tages die Luft in Niederösterrcich absolut mauerstill stünde – und wer weiß, ob nicht auch da, wenigstens an jener Ecke der Stephanskirche, wo der Turm steht, ein leichtes, hübsches Lüftchen zöge! Nun – gehört Wind nicht zum objektiven Wetter?

So könnte ich, wenn ich die Tatsachen unserer Annalen ausbeuten wollte, noch hundert Dinge dartun, daß wir von dem allgemeinen Landwetter immer ein ganz eigentümliches, besonderes Stück herauskriegen. Nur eines will ich noch anführen. Kein Ort unserer Nachbarschaft wird sich rühmen können, daß er ein *gemischtes* Wetter habe. – Wir erfahren dasselbe nicht selten, vorzüglich im April, wenn der Himmel voll seltsamer, zerrissner, närrischer Wolken steht und die Sonne hie und da durchbricht und Stadtteile erhellt, da sieht die Scheibe der Stadt nicht anders aus als wie ein scheckiges, blumiges Tuch, derlei die Mährinnen häufig tragen, um sich den Kopf einzumummen – ja, an solchen Tagen kann es geschehen, daß die auf der Wieden schüttenden Regen haben, die in der Jägerzeile aber in der schönsten Sonne spazieren gehen.

Ich glaube nun zur Genüge dargetan zu haben, daß wir auch an objektivem Wetter eigene Sorten haben, wenn ich noch kurz das herwerfe, daß, wenn es schneiet oder regnet, es auf dem flachen Lande ganz ruhig von einer Seite her regnet oder schneiet, bei uns aber gleich von allen, von Osten, Westen, Süden, Norden und allen Zwischengegenden der Windrose, daß es kein seltener Fall ist, daß, wenn ein Herr mit seinem Regenschirm mühsam gegen die Luft bohrt, ihm derselbe im nächsten Augenblicke umgestülpt von der Nase wegsteht wie ein Trichter.

Ich gehe nun, um wie ein Professor zu verfahren, auf den zweiten Teil meiner Abhandlung über, nämlich zu zeigen, daß wir sogar in unserer eigentümlichen Wettersorte wieder Unterabteilungen und eigene Platz- und Straßenklimate haben. Jeder weiß, daß die Alpen in ihrem nördlichen Abhange gegen die Schweiz ein rauheres Klima haben als in ihrem südlichen gegen Italien – und sind ganze Häuserreihen nicht solche Alpen? Wer von uns weiß nicht, daß die Südfronte des Erzherzog-Karlschen Palastes ein mildes Italienklima hat; die nördliche aber in der Augustinergasse feucht und kühl ist wie ein Miniaturdänemark? Gewisse Gassen zeichnen sich dadurch besonders aus. Wenn sonst überall der Schnee von den Dächern schmolz und die Ziegel schön und trocken sind und du gehst durch die Annagasse, so tropft es dir auf den Hut. In einem Winkel der Stephanskirche gegen den erzbischöflichen Palast hockt gewiß, wenn's Frühling wird, am allerlängsten eine Schneehaube und man muß ihr fast alle Jahre die Ehre antun, sie ganz allein und extra wegzuschaufeln und von hinnen zu führen, wenn man es nicht darauf ankommen lassen will, daß es dort ewig auf dem Pflaster naß ist, wenn schon anderwärts die Bäume ausschlagen. – Nach dem Regen, wenn alles trocken ist, glitscht noch jeder Fuß im Schmutze der Adlergasse aus; – man geht nie über den Minoritenplatz, ohne daß einem Schnee oder Staub entgegenbläst und an der Basteimauer eine fröstelnde Kälte ist. – Wie sehr zwei Ecken des Domes von St. Stephan, die des großen Turmes und die gerade entgegengesetzte, windig sind, ist hier unnötig zu erwähnen; mancher dort hinabgewehte Hut könnte davon Zeugnis geben, wenn darüber statistische Tabellen vorlägen. Auch ganze Vorstädte unterscheiden sich hierin: wie schön und warm z. B. duckt sich die Leopoldstadt im Winter zusammen und wie frei und windig klafft die Jägerzeile auseinander – im Sommer ist es freilich entgegengesetzt.

Jedoch wir wollen hier von dem objektiven Wetter und seinen Unterabteilungen enden, um die Geduld jener Leser nicht gar zu sehr zu ermüden, die sich um wissenschaftliches Wetter gar nicht kümmern, sondern nur dann meteorologische Betrachtungen anstellen, wenn sie durchaus naß geregnet sind oder wegen entsetzlicher Kälte unsäglich viel Holz kaufen müssen. Wir gehen daher zu jenem Teile unseres Wetters über, der allen viel näher liegt, nämlich zu dem *subjektiven.* Wir verstehen darunter jenen Charakter und Zustand unserer Stadt und Bevölkerung, der durch die verschiedenen Wetter angeregt und bedingt ist. Daß die ganze Menschheit vom Wetter und Klima wesentlich berührt und verändert wird, haben unterschiedliche Gelehrte schon in dicken Büchern dargetan, und ich würde mich nur lächerlich machen, wenn ich in diesen Blättern mit einem gründlichen Beweise nachgehinkt käme; daher werde ich nur den Sack meiner Beobachtungen auftun und gelassen dartun, welche Gesichter unsere Stadt macht, wenn dieses und jenes Wetter ist. Ich könnte auch hier wieder pedantisch sein und Unterabteilungen machen – und ich tu es auch. Zuerst wollen wir reden von den Physiognomien unserer Stadt infolge allgemeiner Wetterveränderungen, dann, um mit dem Pikanteren zu schließen, Szenen spezieller Wetterausbrüche malen.

Ich falle in den schrecklichsten Gemeinplatz und beginne mit den vier Jahreszeiten. Der Lenz, sonst der Freudenbringer der Natur, der Dekorateur des Schauplatzes, der allerseits besungene, ist für uns ausgezeichnet schal – ich rede von der Stadt, nicht von den Umgebungen – die Grünspeisen werden wohlfeiler und die Leute gehen auf das Land. Anfangs sind noch einige Basteispaziergänger, einige Schneegestöber, Aprilgüsse, dann Praterfahrten; die Bäume schlagen aus, etliche eingesperrte Nachtigallen schlagen, wenn nachts das Wagengerassel aufgehört hat, und dann, ehe man sich's versieht, ist die Stadthitze da und der Sommer, die unerträglichste, schändlichste Jahreszeit, wenn man das Unglück hat, ihn hier zubringen zu müssen; die Gärten und das Glacis schmücken sich nach und nach mit dem versengten Braun, die Gassen füllen sich mit Hitze und Staub und die Gasthausgärten mit Menschen in Hemdärmeln. Die elegante Welt ist fort, selbst der Student macht sich mit Ende Juli von hinnen, der Handwerksmann und der Handelskommis steht gelangweilt vor seiner Bude, und vorbei fährt der ewige träge Wechsel der Gesellschaftswägen oder der Omnibus der Eisenbahnen. Ein schöner Strom fließt freilich in unserer Nähe vorbei, aber zwei Hauptsommervergnügen fehlen: eine großartige Schwimmübungsgelegenheit im freien Wasser und die anderwärts so gebräuchlichen Wasserspazierfahrten – jedoch dies gehört nicht zu dem Wetter und ich komme eigentlich von meinem Thema ab. – Im Sommer also hält Wien Siesta und oft eine – bedrängte, abgemattete; denn es hat oft im Spätsommer wochenlang das satanisch schönste Wetter, und wenn du dich abends auf dein Bette hinlegst, so denke ja an kein Ausruhen, sondern an ein lindes Schmoren, bis dir etwa die Nachmitternacht ein frisches Lüftchen bei dem offengelassenen Fenster hereinschickt; aber ehe du es recht genießen kannst, geht schon wieder die Sonne auf und die glatten Mauern werfen überall die Hitze herum. In solcher Zeit sieht Wien, von fernen, frischen, grünen Hügeln aus gesehen, wie eine ungeheure gedörrte Käserinde aus. Der Herbst bringt zwar vieles wieder ins Gleiche, allein er beginnt hier ungewöhnlich spät, meistens erst mit Beginn der Fröste, weil er früher bloß den Sommer fortsetzt und oft an Hitze mit ihm wetteifert. Berühmt schön sind die Wiener Nachsommer, aber unsere Stadt hat leider wenig davon, indem er größtenteils in der Umgebung gefeiert wird; wir werden an einem andern Orte davon reden. Aber wenn endlich der Winter kommt, die Nebel über die Häusermassen hereinziehen, daß eine die andere nicht sehen kann, wenn die Krähe bis auf das Glacis hineinzieht, der Stephansturm ins öde, wochenlange Grau verschwimmt: dann beginnt die schönste Jahreszeit Wiens; die Wohnungen füllen sich, die Wägen rollen, die Gasflammen beleuchten die prachtvollen Warenauslagen für den Fasching, die Kaffeehaussessionen beginnen, die Spiel-, die Gespräch-, die Streitklubs organisieren sich, die Zechbrüder haben lange Abende, die Verleumdungsjunta fixe Tage, die Oper und das Schauspiel überfüllen sich, die Konzerte überschwemmen uns, der Kreuzzug der Virtuosen hebt an, Strauß und Lanner musizieren an öffentlichen Orten und in tausend Häusern hämmert das Pianoforte – das Gesellschaftsbuschwerk wuchert, und die Bälle und aller Teufel ist los. Anderwärts, z.B. in Wäldern und Feldern, ist die Natur tot; bei uns wird sie erst recht lebendig.

Es ist ein sonderbarer Gegensatz, wenn eine recht trübselig trübe Februarsnacht anbricht, wenn des ganzen Tages ein so dicker Nebel gelegen, daß man darin den Schatten des Stephansturmes hängen sehen konnte, und nun die Laternenlichter wie trübrote Meteore kämpfen; wenn sich nun Tausende von Fenstern nach der Reihe beleuchten, hinter denen entweder selber ein Vergnügen vorbereitet wird oder wo man sich wenigstens zu einem schmückt; wenn sich das Strahlenmeer in allen Buden über die glänzendsten Dinge ergießt, die ausgebreitet sind, um die Kauflust zu wecken und die Nachfrage zu befriedigen – ich möchte die Tränen nicht zählen, die wegen Versagung dieser Dinge in einem einzigen Winter fließen, noch weniger aber die Jubelrufe, die wegen überraschender Erlangung derselben ausgestoßen werden – dann beginnt das Rollen der Wägen, in denen Ballgestalten oder Gesellschaftsbesuchende sitzen. Dort ist ein erleuchteter Palast; an den Fenstern sieht man ein Schattengewimmel von Gestalten, unten steht das Volk der Vorübergehenden und schaut hinauf, und seitwärts zieht sich die lange Wagenreihe derer hin, die oben sind und hier auf sich warten lassen. In einer andern Straße rollt es dem Theater zu und lebhafte Fußgänger drängen sich. – Fast aus jeder Kneipe, weil Lustigkeit so recht zum Leben des Wieners gehört, tönt Musik – in der Redoute flutet ein Wald von Glanz und Fröhlichkeit – der kleine Bürger und Gewerbsmann gibt einen Punsch – der Student ist im Kaffeehause, und die ganze Stadt gleicht einem brausenden, kochenden Kessel der Freude und der Lust, indes ringsum auf den Fluren und Feldern die düstere, lastende, schwere, leblose Nacht liegt, durch deren dicke Dünste man kaum das Schellengeklingel eines zur Freude der Stadt fahrenden Schlittens hört oder dessen Lichter sieht, die wie trunkene Kometen durch die Nebel streichen, während über der Stadt ein heller Schein steht, der die Stätte des Jubels und des Schwärmens anzeigt – ein paar Meilen von der Stadt ist schon die tote, öde, geräuschlose Winternacht und das traurige Tuch des Todes gebreitet. Einen einzigen Zug von Winterfreude hat unsere Stadt fast gar nicht oder wenigstens im Verhältnis viel geringer als die unbedeutendste Landstadt, nämlich die Schlittenpartien. Wegen des ungeheuren Verkehrs und der großen Unbequemlichkeiten, die für denselben von vielem Schnee hervorgehen, nämlich endloser Schmutz, strömendes Wasser, Anhäufung von Flügeln und Knollen, die den Fahrzeugen gefährlich sind usw., ist es hier gebräuchlich, daß der Schnee aus ganz Wien fortgeschafft wird. Kaum daß er fällt, sind schon an die tausend Hände beschäftigt, ihn in große Haufen aufzuschaufeln und von da auf Wägen fortzuschaffen, und fällt morgen wieder einer, so wird er wieder aufgeschaufelt und fortgeführt, so daß, wenn er auf dem Lande mauerhoch liegt, wir auf dem nackten Pflaster gehen und keine Ahnung haben von der Bedrängnis, mit der sich ein Fuhr- oder Postwagen durcharbeiten oder mit der ein einsamer Wanderer waten muß. In dringenden Zeiten wird selbst nachts gearbeitet, daß man den roten düstren Schein der Fackeln längs den anstoßenden Häusern gleiten und auf die kräftigen Gestalten fallen sieht, die da arbeiten. Auf diese Weise sind die Schlittenpartien sehr beschränkt, und zwar auf die Zeit, die zwischen dem Schneefall und seiner Wegräumung verfließt, die meistens kurz genug ist.

Dem ohngeachtet hascht der Wiener auch dieses Vergnügen weg, soweit es möglich ist; denn wie durch Zauber verwandeln sich die Fiakerwägen in Schlitten, und wenn hier bereits die Schneekruste aufgebrochen wird, tönt dort noch das lustige Geklingel. Auch das Stadtklima steht dem Schlittenfahren sehr entgegen, indem es in unsern Mauern, wie wir oben sagten, immer wärmer ist als draußen, daher eine mäßige Linderung der Kälte draußen bei uns schon Tauwetter ist und ein Schneekoch macht.

Allein wir wollen hier abbrechen, die Winterphysiognomie unserer Stadt zu malen, und lieber zu dem versprochenen letzten Teile unserer wissenschaftlichen Abhandlung übergehen, nämlich zu den Wetterszenen und ihren Wirkungen.

Ich will hier zuerst von dem unterhaltenderen Wetter beginnen, nämlich von dem schlechten. Wenn es in der einfältigen Landstadt (ich meine hier die meiner Geburt) zu regnen anhebt, so sind die

Verhältnisse sehr einfach: *man geht nach Hause*, d.h. unser Nachbar schiebt seinen Mistwagen in den Schoppen, mein Vater macht die Haustüre zu und alles bleibt drinnen, so daß nichts naß wird als die Gänse und solche, die nicht schnell genug nach Hause kommen. In Wien ist es anders. In wieviel tausend Verhältnisse ein Regen eingreift, insbesondere ein plötzlicher, kann nur *der* mit Gewissenhaftigkeit ermessen, der im Geschäftswege den Regen beobachtet und protokolliert und dessen Auge daher geschärft sein muß. Wenn ich z.B. beauftragt war, den Steckbrief eines Maitages zu entwerfen und denselben abkonterfeit der Sitzung vorzulegen – Himmel! welche närrische Nebenspäne von Beobachtungen fielen da für mich ab, wenn so ein urplötzlicher, dauernder Regen vom Himmel fiel; noch lieber aber war es mir immer, wenn ich zur selben Zeit keine offiziellen Beobachtungen zu machen hatte, sondern nur die anstellen konnte, die ich eben wollte. Wenn sich die Landstadt verödet, sobald ein Regen beginnt – nur einen einzigen Fall einer närrischen Ausnahme weiß ich, den ich schnell erzählen muß: es liegt ein Flecken nicht weit vom Böhmerwalde, bei dessen Bewohnern die Leidenschaft der Graszucht eingerissen ist, weil der ursprünglich trockene Wiesengrund doch vortreffliches, sehr gesuchtes Heu gibt, das durch künstliche Bewässerung auch *viel* Heu wird; daher es sich ereignet, daß, wenn ein Regen beginnt, die Bevölkerung erst recht rührig wird, und wenn es erst zu strömen anhebt, so sieht man so viele Hausväter, als es Häuser gibt, nach allen Richtungen auseinanderrennen, jeder in dem ältesten Rocke, einen breiten Hut auf und ein Grabscheit auf der Schulter, um die Gräben, Gräbchen und Ausläufer zu lüften, daß das Wasser auf seine Wiese laufe, und um auch allenfalls hie und da ein wenig zu verlegen, daß seinem Nachbar nicht so viel darauf rinne, wenn dieser lässig war und nicht selbst auf dem Schauplatze erschien. Dieser Ort, wie ich sagte, macht eine Ausnahme von den Landstädten, und ich kehre nach der Abschweifung wieder zu meinem Texte zurück: Wenn sich also eine Landstadt verödet, sobald ein Regen beginnt, so wird Wien gerade lebendiger. Dem Bauer wächst sein Korn auch während des Regens, er braucht ihm nicht zu helfen; dem Großstädter aber wächst sein Kapital in der Tasche nicht während eines warmen Mairegens, namentlich, wenn er sich dieses Kapital durch Rennen und Laufen auf der Gasse verdienen muß – und wenige, die in Wien auf der Gasse herumgehen, tun dies mutwilligerweise, sondern es treibt sie irgendein schweres Geschäft, z. B. ihrem Vergnügen nachzugehen oder ein anderes. – Alle diese können daher nicht, wenn ein Regen erscheint, wie der Bauer nach Hause gehen und zuschauen, sondern sie müssen in ihrem Berufe ausharren, da jeder doch so wenig als möglich naß zu werden wünscht, so läuft er desto schneller, was ein närrisches Rennen und Stoßen zur Folge hat, das *den* sehr belustiget, der seines Geschäftes halber an den Regen gewohnt ist und daher gelassen seines Weges geht und sich auf den Mackintosh trommeln läßt. (Beiläufig gesagt, ich gehöre zur »Schlechtwetterbranche«, Abteilung »Niederschläge«, was wohl der Leser schon aus meiner Vorliebe für Winter und Regen wird bemerkt haben.) Schon *vor* dem Regen, wenn etwa der Himmel finstere Gewitterbrauen zieht oder sich mit jener sanften grauen Hülle überdecket, die dem Landregen vorherzugehen pflegt – schon damals fängt die Unruhe an, da geht schon ein und der andere dicke oder elegante Herr mit einem Regenschirme in der Hand, die Damenwelt sieht zum Himmel und ist ängstlich, der Botengänger und Kommissionär beeilt sich, der Trödler, Tischler und andere räumen ihre auf die Gasse oder unter die offene Ladentüre gestellten Sachen ein, die Promenadeplätze verdünnen sich und die Musik darauf läßt in ihrem Eifer nach; – wenn aber nun vollends der Regen beginnt, so siehst du wie mit einem Zauberschlag die Population mit einer Unzahl von Regenschirmen bedeckt, daß es mich immer an jene altrömische Kriegs- und Belagerungsfigur erinnerte, die man testudo hieß, nur daß hier die Schilde nicht so wohlgefügt passen, sondern sich ohne Unterlaß über- und untereinander verschieben und regen – dann, wenn die Straßenpflaster weithin in ihrer Nässe glänzen, dann beginnt erst ein rechtes Rasseln und Donnern, als stiegen die Wägen aus der Erde hervor und führen wie Frösche, die es geregnet, kreuz und quer herum. – Diese Zeit ist auch die Ernte der Fiaker. Selbst in den Häusern verändert ein solcher Regen alles und jedes. Die zum Spaziergange geputzten Töchter sitzen verdrießlich herum, unter den Torwegen stehen Gruppen, meist regenschirmlose Frauen, und in den Kaffee- und Gasthäusern wird es ordentlich finster vor Gästen. – Mancher, der selbst einen Regenschirm hat, redet sich zu, ein wenig unterzustehen und ein Glas zu trinken. – Wenn nun erst so ein Regen ein Platzregen ist und, seiner Natur zuwider, ewig dauert, und wenn er gar an einem Sonntagsnachmittag einfällt oder endlich gar in ein Volksfest – wie wenn Stürme auf dem weiten Meere wüten und an die festen und ruhigen Küsten nun nach und nach ein ganzer Saum von Trümmern angetrieben wird: ebenso sehen die, so an solchen Tagen in sicherer Behausung geblieben sind oder gemächlich unter dem Vordache eines Kaffeehauses sitzen, wie die Trümmer herein verschlagen werden von denen, die da draußen auf dem Meere der Freude trieben und doch endlich herein müssen. Vollgepfropfte Gesellschaftswägen schwanken wie Lastwägen einher; die Köchin trägt ihren neuen Hut, in ein Sacktuch gebunden, in der Hand; das weiße Kleid klebt triefend an Armen und Schultern und hat unten einen riesenbreiten Horizont von Kot; ihr Geliebter zieht sie am Arme, hat auch seinen Hut eingehüllt, und Frack und Pantalon und alles trieft von Wasser wie die Wolle eines Waschbären. So ziehen sie einher und der Regen stürzt unbarmherzig auf sie nieder. – Dann folgen erst die unglücklichen Väter mit ganzen abgeregneten Familien; Studentenketten, die gleißend vor Nässe heranmarschieren und vor Freude über den Spaß pfeifen und singen – dann der Spießbürger, der seinen Rock hinten aufgestülpt und mit Stecknadeln angenestelt hat, daß er wie ein Käfer einhergeht, dem die Flügeldecken zu klein sind. – Ich will nicht reden von den tausend zugrunde gerichteten Damenhüten, zerwaschenen Hauben, häßlich herausragenden Schultern, umhergeschleuderten Dachtraufen, sprudelnden Rinnen, sondern bemerke nur noch, daß die Dächer sehr rein werden, die Straßen wie ausgefegt und mancher Pudel wie neugeboren, indes die Menschheit voll Kot ist.

Sanfte, einfältige Landregen machen keine bedeutende Wirkungen als einige beschmutzte und bespritzte Kleider, wobei ich die Bemerkung nicht unterdrücken kann, daß, wie ich durch meine langjährige Praxis erfahren habe, es fast durchschnittlich dicke Herren sind, die von Fiakern und andern fahrenden Wägen so sehr und plötzlich angespritzt werden. Auch das muß ich noch erinnern, daß ich öfters zwei Herren gleichen Schrittes und sonst auch ganz gleich habe gehen gesehen, wovon der eine den letzten Spritzer, den er sich selbst gab, auf dem Hute hatte, der andere keinen einzigen auf dem Rocke, höchstens ein paar auf dem Beinkleide. – Es muß die Sache angeborne Anlage sein. Ich ging, als ich noch eitle Tage hatte, oft, wie wenn ich den Eiertanz tanzen wollte, und hatte des andern Tages einen ganzen Sternenhimmel von Kot auf dem Rocke. Das Reinbleiben im Regenwetter läßt sich nicht erlernen, sondern so etwas liegt im Blute wie die Poesie und wie das Konservieren der Röcke; – ich habe z. B. immer gleich Greise von Röcken an, während die meines Freundes Grimbucker immer Röcke in den schönsten Jahren sind.

Ich redete bisher bloß von einem einfachen Regen: aber so wie es einfache und qualifizierte Diebstähle gibt, ebenso gibt es einfaches und qualifiziertes abscheuliches Wetter. Ich will in folgendem ein solches Wetter zu schildern versuchen, z. B. einen Regen mit unerhörtem Sturme am Himmel und gänzlichem Glatteise auf Erden. Es ist dies, was ich erzählen werde, keine aus der Luft gegriffene Erfindung, sondern das Porträt eines Tages, den ich selbst in Wien erlebte. Es hatte fünf Tage so heftig geschneit, daß es unmöglich war, den Schnee so schnell hinwegzubringen, als er vom Himmel herabfiel, daher wurde er zu einer festen Kruste zusammengetreten, und nach allen Richtungen klingelten die Schlitten: – aber die Freude nahm ein abscheuliches Ende. Am sechsten Tage fuhren zerfetzte, blaugeschwollene Wolken durch den Himmel; alle Schornsteine und Bodentüren klapperten und heulten; der Regen schlug an die Fenster und unten war so glänzendes, kompaktes Eis, als hätte der Glaser einen einzigen Glasguß über das ganze Straßenpflaster gemacht, und das rieselnde Wasser und der Wind, der es dahin trieb, polierten das Eis noch immer mehr, daß es die reinste und glatteste Oberfläche gewann.

An regnerischen Sturmtagen schaut unsere Stadt wie eine zerzauste Perücke aus, alles, was an schönen, stillen Tagen recht artig parallel aufwärts steht, wie z. B. Kleider und Körper der Menschen, das ist nun zerbogen und weist nach allen Richtungen der Windrose; der Rauch über den Schornsteinen zerflattert, eine hölzerne Türe hoch oben am Turme reißt sich ewig auf und zu – ich will der fliegenden Dachziegel gar nicht gedenken, um niemanden Furcht einzujagen. Aber wenn nun noch dazu ein schönes, feines Glatteis kömmt, auf dem nicht ein einziger Fußtritt haftet: welch ein kläglicher Anblick unserer heitern, belebten Stadt! – eine belebte ist sie auch da noch, sie muß es sein, sie kann gar nicht anders und wäre selbst der Jüngste Tag auf der Gasse: der Kommis muß das Handelsgewölbe aufsperren, das Dienstmädchen muß einkaufen gehen, weil ihre Herrschaft nicht verhungern kann; zu demselben Zwecke müssen die Marktleute mit ihren Lebensmitteln zugefahren kommen, der Beamte muß ins Bureau, der Stundenlehrer zu seinen Zöglingen, das Putzmachermädchen in ihre Arbeit und vor allen die vielen hundert Schneeschaufler in die Gassen, um das vermaledeite Eis aufzuhauen und wegzuschaffen, der fahrenden Wägen nicht zu gedenken und aller derer auch nicht, die aus purem, blindem Spaß herausgehen, um sich die Sache anzuschauen – also belebt wäre es genug, aber wie es aussieht? Ich mußte auch jenes Tages ausgehen; ich legte sonach Juchtenstiefel an, band meine Kappe unter dem Kinne, nahm den Mackintosh und begab mich auf den Weg. Der Stephansplatz war merkwürdig – ich griff mich an den Häusern der Rotenturmstraße zu dem Platze hinauf: ein Fiaker rollte und glitschte über das Pflaster daher, sein gelber Mantel hoch flatternd im Winde wie der Faltenwurf einer tragischen Künstlerin – dort lauft einer seinem Hut nach, den er nicht einholen kann; hier sitzt einer sanft ins Nasse nieder, weil er sich, um eine Gewölbtüre zu öffnen, mit den Füßen gegen den Boden stemmte und ausglitt. – Um die Ecke des Bischofhofes werden die Menschen herumgeschleudert; aus dem Tore der Brandstatt wirft mir der Wind ein Buttenweib in die Arme; ein Mann steht mitten auf dem Pflaster und stemmt seinen spitzen Stock ein, daß er *drei* Füße habe und sich erhalte – ein alter Herr darf nicht von einem Barrierstocke weg, an dem er sich hält, während der Wind hinter ihm seine Schöße in kurzen erbitterten Schwingungen rüttelt; hinter ihm vorbei schwebt ein Mädchen (*gehen* kann man das nicht nennen) – der Wind faßt sie an allen ihren Segeln, sie greift nach Tuch und Hut, die unglücklichen Röcke fliegen im Kreisel, und die Arme muß sich in Verzweiflung gänzlich niederducken und setzen, um keine Blöße zu geben; an einer andern Dame faßt er Wimpel und Raaen und wirft sie durcheinander. – Dort öffnet ein Herr im elegantem Schlafrock sachte sein Fenster, um zu sehen, wie es sei: flugs reißt der Wind ihm den Flügel aus der Hand und wirft ihn an die Mauer, das gestickte Schlafkäppchen dreht sich noch ein paarmal in den Lüften und fliegt dann über einen Schornstein hinüber. – Die in Pelze gehüllten Kutscher der Herrschaften fahren wie ruhige Felsen in den Wirrwarr hinein, während Wind und Regen um die Rosse brausen und an das Kutschenfenster schlagen, und während Fußgänger teils einzeln, teils Arm in Arm mit dem Winde raufen und den Boden wegen seiner Glätte nicht selten mit Teilen berühren, die sonst nur die weichen Kissen des Sofas zu drücken gewohnt waren. – Welche verrückte Gestalten man an solchen Tagen sieht, welche Gesichterschneider, welche zerknüllte Hüte und zerfetzte Regenschirme, kann nur *der* ermessen, den seine Pflicht an solchen Tagen zu Beobachtungen antreibt, während alle andern den Elementen lieber aus dem Wege eilen und statt Beobachtungen an andern zu machen, lieber selber trachten, mit heiler Haut und ohne Lächerlichkeit an ihr Ziel zu gelangen. Dennoch ist die Freude und Lust der Wiener am Leben so groß, daß gewiß selbst an solchen Tagen nicht ein einziger ist, der des Wetters halber sein beabsichtigtes Vergnügen aufgäbe, und wenn Ball ist, fahren die Wägen lustig durch den Sturm, die Fußgänger steuern dem Gasthause, der Gesellschaft, dem Abendkränzchen zu – aber abends ist gewiß auch das Glatteis wenigstens schon weg, teils durch rüstige Arbeit, teils durch den Regen.

Den größten Sturm zeigten unsere Anemometer Anno 28 im Juli – ich glaube es war der 19. und ein Sonntag. Er erschien gegen Abend mit Gewitter und überraschte alles, was da spazieren ging oder fuhr. Des andern Tages waren die Straßen mit Ziegeltrümmern und Glasscherben gepflastert; im Stadtgraben lagen Schals, Tücher und Hüte, die jungen Pappeln am Heumarkte waren noch nach drei Jahren gebogen; der Wind hatte im strengen Sinne Menschen und Wägen umgeworfen, namentlich auf der Badnerstraße, und ein Freund von mir erzählte mir, daß er während der ganzen Zeit, fast eine Stunde, einen Baumstamm des Glacis umarmt halten mußte und nicht weggehen durfte. Zum Glücke hatte es nicht geregnet.

Allein es ist Zeit, daß wir einmal vom Winde wegkommen, freilich ist er ein bedeutendes Ingredienz unseres physischen und sozialen Lebens – Wien ist bekannt wegen seiner Winde – aber außer dem Staube, den er im Sommer aufrührt und der den schönen Herren die Röcke verdirbt, bringt er uns wohl kaum ein lebhafteres und bewegteres Bild zustande, als wir oben zu beschreiben versucht haben. Nur das erwähnen wir noch kurz, daß ihm die Damen ganz besonders feind sind; freilich bieten sie auch seinen schalkhaften Launen viele Flächen und Segel dar, an denen er verknittern und verderben oder die stolzeste Schönheit durch unersprießliche Situationen dem Lächeln der Umstehenden preisgeben kann.

Wie wir die langen Winterabende unserer Stadt assimilieren oder die dicken Novembernebel, in denen die Stadt, solange es tagt, wie in grauer Baumwolle eingewickelt ist und in denen die Lichter, wenn es Nacht wird, wie trübrote Karfunkel mehr glimmen als brennen – haben wir teils oben schon angedeutet, teils gedenken wir es an einem andern Orte näher auszuführen. Wie wichtig solche Tage freilich für die Kataloge unserer Gesellschaft in hygrometrischer und physiologischer Hinsicht sind, kann man sich denken, da ja jeder weiß, daß ein Nebel nur eine auf der Erde liegende Wolke ist und daher sehr auf das künftige Wetter Einfluß nimmt, und daß in Hinsicht des Körpers kein physikalisches Moment von solcher Bedeutung ist als der Feuchtigkeitszustand: aber wie bemerkenswert auch dies alles in unsern Sitzungen sein mag, so ist, leider! der Leser so beschaffen, daß er sich um nichts kümmert, was ihn nichts angeht, d. h. auf diesem Papiere hier nichts angeht, oder was er nicht versteht; daher wage ich es auch nicht, von den hygrometrischen, elektrischen, physiologischen und pathologischen Momenten der Nebel zu reden, gesetzt auch, ich verstünde etwas davon. Einen Wiener Witz aber kann ich nicht unterdrücken, den mein verstorbener Kleiderputzer bei solchen Gelegenheiten unermüdet zu machen pflegte, wenn ich ihn nach dem Wetter fragte: »Euer Gnaden! ein Nebel, daß man ihn auf das Brot streichen könnte, und dazu eine so scharfe Luft, daß sich eine Sau daran zu reiben vermöchte.« – Aber er ist nun tot mit allen seinen Sprichwörtern, und früher tot als ich, zu dem er oft sagte: »Prahlen Sie nicht mit Ihrer Jugend, ich kann noch mit Ihren Knochen Nüsse vom Baume werfen.« Es fallen mir nur bei Gelegenheit seine Sprichwörter ein.

Ich möchte nun noch recht gerne eine unsägliche Hitze malen, die wie ein Samum in unsere Häuser fällt und eine wahre Geißel der dicken Herren ist, allein ich befürchte, die Geduld unserer verehrten Leser auf eine gar zu harte Probe zu stellen, und die Ermattung, die ich schildern müßte, dürfte ich eher dem Leser mitteilen als den in meiner gemalten Hitze leidenden Personen.

Zum Schlusse füge ich eine Bitte hinzu: es wird jetzt auch im Vereine stark auf Magnetismus (versteht sich mineralischen) beobachtet, seit Humboldt und andere auf die Wichtigkeit desselben und seinen Zusammenhang mit dem Wetter aufmerksam gemacht haben. – Wenn nun unter meinen Lesern ein ungeheurer Pedant wäre (natürlich, ich klopfe nur auf den Strauch) – wenn ein solcher Pedant wäre, der täglich fünfmal zur selben Sekunde auf drei Instrumenten beobachten wollte, so würde er höflich eingeladen, sich zu melden. Ich glaube, der Verein stellt keine schlechten Bedingungen.

Ausflüge und Landpartien

Es ist in Wien ein stehender Ausdruck geworden, unsere »reizenden Umgebungen« zu sagen; allein so wie am Ende jede Stadt, die nur irgend Umgebungen hat, auch sogleich »reizende« Umgebungen hat oder wenigstens »reizende Partien«, so geht es wohl auch hier, und insofern jeder Mutter Kind, wenn auch eben nicht das schönste, doch gewiß das liebenswürdigste und holdeste ist, insofern sind auch unsere Umgebungen die liebsten und traulichsten, wenn auch nicht die schönsten in der Welt. Wir wollen sie vorerst ein wenig im allgemeinen beschreiben.

Im Osten unserer Stadt zieht eine weite Ebene gegen die sanftblauen ungarischen Berge hin und ist geschnitten oder gleichsam mit Silberbächen eingelegt durch den vielarmigen, viel gewundenen Strom der Donau, deren Glanz noch erhöht wird durch den dunkelgrünen Saum ihrer Auen und durch das Laub ihrer Inseln, die wie dunkle, weithingehende Flecken in das wallende Silber gestreut sind. Nördlich des Stromes, bis gegen Mähren hin, zieht sich das Marchfeld, im Westen durch das Kahlengebirge, im Norden durch den mährischen Höhenzug und im Osten durch die March geschlossen, – ein Boden, reich an Getreide und Dörfern, dreimal ein berühmtes Schlachtfeld, aber für das Auge des Landschafters erst ein gelblicher Heck, dann ein duftiger Streifen; hie und da ist der Schatten einer Baumgruppe eingestreut oder der weiße Blick eines Kirchturmes. Im Westen dieses Feldes beginnt, wie wir schon an einem andern Orte gesagt haben, das Kahlengebirge und zieht einen mit Wald, Feld und Reben bedeckten Höhenzug halbmondförmig um die Stadt. Dieser Höhenzug setzt sich von Nord nach Süd streichend bis zu jener Alpenkette fort, die von West gegen Ost zwischen Österreich und Steiermark zieht; er heißt der Wiener Wald und ist eigentlich ein Arm der Steirer Alpen, den sie nordwärts gegen die Donau strecken, ehe sie selber in den Ebenen Ungarns und in Oststeiermark ersterben. Süd und Südost von Wien besetzt ein sanfter, breitgedrückter Hügel, der Wiener Berg genannt. Da wir von den südlichen Basteien der Stadt auch die blauen Häupter und die gezackten Mauern der Steirer Alpen sehen, namentlich einen König derselben, den Schneeberg, und da wir jetzt mittelst der Gloggnitzer Eisenbahn in ein paar Stunden an ihrem Fuße sind, so fangen wir allgemach an, sie zu unsern Umgebungen zu rechnen.

Der Leser sieht, daß bei einer Umgebung so gewöhnlicher Art eigentlich der Ausdruck »schön« oder »reizend« nicht gebraucht werden kann in der Art, wie wir ihn von einer Schweizer Landschaft an einem ihrer Seen gebrauchen, ja wer nur die Landschaftsdichtungen des Landes ob der Enns gesehen und genossen hat, begreift den Enthusiasmus der Wiener nicht, in den sie häufig über ihre Umgebungen geraten; aber wer nun drei, vier, acht, elf Jahre in den ewig grauen Mauern und ewig fahlroten Dächern dieser Stadt gelebt hat, nicht einmal einen blauen, sondern häufig durch Staub getrübten Himmel gesehen hat, sich höchstens an der familienähnlichen Sippschaft der Akazien und Kastanien des Glacis oder der Basteien erlabt hat, wer hiebei nur zeitweise die Auen des Praters besucht und sonst in einem drückenden, drängenden Berufsgeschäfte arbeitet: der, wenn er nun einmal hinauskommt, begreift nicht nur jenen Enthusiasmus, sondern gerät selber in den höchsten. Und in der Tat, wenn man nicht eben die erhabensten und epischen Landschaftsdichtungen verlangt, sondern mit einem lieblichen, reichen, gemütanregenden Gemische von Feld, Wald, Weinberg, Hügel, Höhenzug, Strom und eingestreuten Landhäusern und Dörfern vorliebnimmt, bei welch allem, wenn man nur ein wenig emporsteigt, überdies noch immer das Epos der Alpen im Hintergrunde schwebt, der wird gewiß auch die Umgebungen Wiens schön nennen in dem Sinne, wie man gewöhnlich Gegenden schön nennt, an die man nicht eben die Anforderungen von Hochalpencharakter oder von Meereserhabenheiten macht.

Wir werden im Verlaufe dieses Aufsatzes Gelegenheit bekommen, den Leser in eine oder die andere unserer Umgebungen zu begleiten.

Wie aber gewöhnlich der Wiener, oder eigentlich der Mensch das Vergnügen zu dem Vergnügen fügt, das Nützliche zu dem Schönen, oder auch, wie jeder gesunde, heitere Mensch das Sinnliche zu dem Vernünftigen: so geschah es auch hier, daß immer *schöne Punkte* und *Wirtshäuser* beieinander stehen. Man hat uns deswegen häufig getadelt, und die Wiener Backhühner sind ordentlich berühmt geworden, so wie unser ewiges Weintrinken und Aufwarten mit einem Glase Wein. Aber ich glaube, man hat hierin unrecht. Wenn die Bewohner der kleinen Stadt, die uns tadeln, bedächten, daß unsere Spaziergänge nicht sind wie ihre, daß sie im Augenblicke außer ihren Toren, auf dem Lande und im Schoße der Bäume sind, wir aber so weit gehen müssen, daß sie es schon eine Reise nennen würden – wenn die kleine Stadt das bedächte, so würde ihr auch einfallen, daß man auf einer Reise einkehren müsse – und deshalb kehren wir ein. Es wäre in der Tat zu viel für ein Vergnügen verlangt, daß man, wie in der Wüste, Speise und Trank mitschleppen müßte; daher barmherzige Menschen an Stellen, denen sie abmerken, daß viele Wiener sie besuchen, gerne ein Wirtshaus bauen, um jenen Wienern ein Obdach und Labung zu geben. Ob hiebei zu viel oder zu wenig Wirtshäuser sind, kann der Fremde gar nicht ermessen, da er nicht weiß, wie viele wir in einem gegebenen Augenblicke da oder dort sein werden, wieviel wir also Labung und Obdach bedürfen. Was das Weintrinken anbelangt, so hat der Fremde auch unrecht, weil er bloß sagt: wir trinken Wein, wir ihm aber antworten könnten: wir trinken auch Bier; und wir danken Gott, daß er uns ein Land gab, wo beides gedeiht, und Fröhlichkeit dazu, beides zu genießen. Wenn in einem Lande, wo ein guter, derber, gesunder Wein wächst, kein Wein getrunken würde oder knickerisch wenig Wein getrunken würde, so wäre dies ja reiner Undank gegen das Land und den Schöpfer des Landes, und diesen Undank läßt sich der Österreicher überall nicht zuschulden kommen. Was endlich die Backhühner und den Wein anlangt, so zeigt sich das Auffallende, daß allerlei Fremde, wenn sie zu uns kommen, Backhühner und Wein verzehren wie wir, und zwar so viele Backhühner und so viel Wein wie wir. Ich denke, es muß die Sache entweder in der Luft liegen, oder die Fremden tun dergleichen zu Hause auch wie wir zu Hause – oder sie benützen es, daß hier eben diese Dinge zu haben sind. Bei uns ist es zuweilen umgekehrt; der Schreiber dieser Zeilen wenigstens fand einmal eine Kaltschale, die ihm ein nördlicher Landsmann bereitete, als ein grausames Gericht, das er schnell durch einen einfachen, aufrichtigen Grinzinger hinunterschwemmen und amortisieren mußte. Diese kleine Abschweifung über die verkannten Wirtshäuser in unsrer Umgebung sei mir erlaubt; ich kehre wieder zu meinem Stoffe zurück. – Doch noch eine Kleinigkeit muß ich hinzufügen: Man wirft uns nämlich vor, daß wir jeden höhern Genuß, z. B. den der Natur, den einer schönen Musik, einer häuslichen Freude usw., sogleich mit Essen und Trinken verbinden. Freilich ist die Sache wahr, aber es ist nur so: wir sind ein behagliches, sinnliches Volk, d. h. ein Volk, das seine guten, tüchtigen, körperlichen Eigenschaften hat und auf selbe hält. Da nun bei jedem gesunden und unverbildeten Menschen *der ganze* Mensch seine Rechte hat, so redet, wenn die Herrschaft »Vernunft« ein Fest feiert, auch die Dienerschaft »Sinnlichkeit« ein Wörtchen darein, und die Sache ist erst vollendet und ganz, wenn sich alles auf gleiche Weise freut, jedes nach seiner Art. Daß es übrigens in andern Ländern auch nicht gar viel anders ist, lese ich ja täglich in Zeitungen. Sobald mit den erhabensten Gefühlen einem großen Manne eine Statue gesetzt ist, so sitzt man nieder und gibt ein Bankett; wenn nationale Fest gefeiert werden, wenn man sich im großen versöhnt, wenn ein Durchreisender gefeiert wird, so deckt man den Tisch – und so ist es, und so ist es gewesen, und so wird es sein. – Darum, lieber Mit-Wiener, gehe aufs Land oder halte Hochzeit oder Kindtaufe oder Abschied oder Willkommen, so lasse deinen Körper sich mitfreuen, gib ihm ein Glas Wein, bringe ihn in eine behagliche Stellung, zünde ihm auch etwa eine

Pfeife Tabak an – dann, wenn er so zufriedengestellt ist, so genieße du die höhere und höchste Freude, die sonst auch noch zu haben ist. Wenn andere anders sind, so beneiden wir sie nicht darum; es kommt nicht darauf an, wie wenig man sich sinnlich freut, sondern darauf, wie stark man dies auch im höhern Sinne kann.

Nun endlich zu unsern Ausflügen und Partien zurück. Sie teilen sich in zwei Klassen: in die zufälligen und in die beständigen. Die ersten sind solche, die eben von der Laune, dem Wetter und dergleichen abhängen; die zweiten aber müssen immer zu einer gewissen Zeit, an einen bestimmten Ort hin geschehen. So z. B. ist am Ostermontage und am ersten und am zweiten Mai Pratergang oder höchstens Augartenbesuch – dann sind für das eigentliche Volk die sogenannten Kirchtage der umliegenden Punkte die eigentlichen Tage der Volksfeste. Hierunter nimmt der Kirchtag in der Brigittenau, der zwei Tage dauert, den ersten Platz ein – dann ist der Kirchtag in Mariabrunn, am Feste Mariä Geburt, ein wahres Volksfest; dann sind die zu Berchtholdsdorf, Hietzing, Grinzing usw. An einem solchen Kirchtage ist der Ort, wo er gefeiert wird, überfüllt von Menschen der mittleren Klasse; in allen Wirtshäusern, Kneipen, Schenken, Gärten der Weinhauer (Winzer) erklingt Musik, und wenn es auch nichts anders ist als eine Drehorgel, und lustige Gruppen sind im Hin- und Zurückwandern begriffen und an manchen Stellen trifft man Tanz, wenn auch oft die größte Sommerhitze herrscht. Manche dieser Kirchtage haben auch eine hervorragende religiösere Bedeutung, wenn auch das Irdische noch ein wenig stark darin vorherrscht, wie z. B. der in Mariabrunn am 8. September. Wir wollen ein wenig bei ihm verweilen. Mariabrunn liegt etwa eine Wiener Meile westlich von der Stadt. Es war einmal ein Kloster, die Gebäude sind aber jetzt zu einer Forstschule eingerichtet. In der kleinen Kirche wird das Gnadenbild Marias verehrt. Die heilige Sage erzählt, daß dieses Bild in einem Brunnen aufgefunden worden sei und im Mittelalter viele Wunder gewirkt habe, worauf eine Kapelle und daraus das Kloster entstanden sei. Es liegt außer unserm Zwecke, näher auf diese Entstehung und Ausbildung einzugehen. Der Ort liegt sehr anmutig am Eingange des Wiener Waldes, dessen Berge nebst einem Teile des kaiserlichen Tiergartens ihn umstehen. Gegen Norden breitet sich eine sanft emporsteigende Wiese aus – und diese ist der eigentliche Schauplatz des Kirchweihfestes der Wallfahrer. Schon beim ersten Morgengrauen des 8. September treffen einzelne Pilger und Gruppen in Mariabrunn ein, die gar nicht gerechnet, welche schon tags zuvor gekommen sind. Beim Vorrücken des Tages vermehrt sich auch die Zahl der Waller, bis endlich die Straße, die an dem Stifte vorbeiführt, so dicht besetzt ist, daß man dem Strome entgegen gar nicht durchdringen kann. Die Kirche, in welcher feierlicher Gottesdienst gehalten wird, ist bald besetzt, und zwar so gedrängt, daß keine Nadel zwischen den Menschen zu Boden fallen könnte. Diejenigen, welche in der Kirche keinen Platz mehr finden, oder die große Zahl derer, die sich überhaupt um eine Kirche gar nicht bekümmern, treiben sich außen herum. Auch das Gasthaus wird bevölkert, und während die Orgel aus der Kirche herübertönt, erheben sich dort Töne und Klänge, die nichts weniger als nach Andacht und Pilgerfahrt lauten; nämlich Singen, Lärmen, Gläserklirren, Klappern mit Tellern und Gabeln. Gegen Mittag und nach Ende des Gottesdienstes fängt eigentlich das wahre Volksvergnügen an. Es füllt sich nämlich obbenannte nördliche Wiese, so groß sie ist, mit der Menge des herbeigeströmten Volkes. Es lagert sich in allen möglichen Gestalten und Gruppen auf derselben. Tücher werden aufgebreitet, die mitgenommenen Speisen und Getränke werden darauf ausgepackt und verzehrt. Man kann ganze Familien mit Großvater, Großmutter, Tante, Vettern, Eltern und Kindern sehen, wie sie um ein solches Tuch, ja oft bloß um ein Stück Packpapier herumlagern und ihre Mahlzeit verzehren. Auch herumschwärmende Gruppen trifft man, welche im Lager hin und her ziehen, wobei sie häufig auf einem abgebrochenen Zweig ein Sacktuch oder ein Umhängtuch einer Schönen als Fahne tragen. Buden sind aufgeschlagen, in denen man Bildchen, Eßwaren, Getränke und dergleichen zu kaufen bekommt, oder in denen bekannte Volksspiele geboten werden, die die Gewinnlust manches der Vorübergehenden reizen und ausbeuten. An einer andern Stelle postiert sich eine Drehorgel und improvisiert aus lustigen Handwerkern und Schönen einen Tanz um sich herum, der nichts als einen weichen Rasen unter den Füßen hat – während an einer andern Stelle ein Harfenist eine tragische, blutdürstige Ballade vor seinen Zuhörern her abkanzelt, oder ganze Gruppen aufgereizter Burschen jauchzen und Lieder singen.

Wenn man in einer etwas größern Entfernung in einem der stillen Wälder ist, so hört man an diesem Tage das Brausen der Menschenmenge nicht anders als wie das Murmeln entfernter Meereswogen. Es wird nicht übertrieben sein, wenn ich sage, daß an einem besonders schönen Tage dieser Art zehn- bis fünfzehntausend Menschen auf dieser Wiese gelagert sein mögen, die alle lustig und freudig sind, da der Wiener sich gerne an Volksmengen entzündet und steigert. Hiebei sind die noch nicht gerechnet, welche in den Wirtshäusern und auf den Rasenplätzen der herumliegenden Orte zerstreut sind, z.B. in Hadersdorf, Weidlingau, Haimbach, und auch die nicht, welche Mariabrunn gar nicht erreichten, sondern schon im Brauhause zu Hütteldorf kleben bleiben mußten. Dieses Treiben herrscht gewöhnlich bis gegen Abend; dann lichten sich die Reihen. Der am Morgen hinausgekehrte Strom ist nun ein sich zurückwälzender, und wenn man in der Dämmerung über die Wiese geht, so ist sie leer, der Rasen ist zertreten, Zäune und Einfriedigungen sind teilweise umgerissen, und von den Gebüschen hängen Zweige und Äste herunter, an denen man gerissen. Das erst heute entstandene Meer ist wieder verronnen, nur einzelne Nachzügler und schwärmende Gruppen sind in den Gasthäusern zurückgeblieben, weil sie es nicht anders tun können, als daß sie erst am Morgen mit wüstem Kopfe und verstörten Gesichtern nach Hause gehen. Mancher arbeitende Vater mit seiner Familie aber hat sich eine solche Erholung aus dem aufregenden Gange, aus der gesehenen und mitgenossenen Lustigkeit, aus der heitern Luft und der erquickenden Landschaft mit nach Hause gebracht, daß er wieder wochenlang in seiner dumpfen Stube arbeiten und aushalten und abends bei einem Glase Bier mit seinen Nachbarn oder mit seinen Kindern von dem Kirchtage zu Mariabrunn reden kann. Ich meine darum, daß man nie und nirgends solche Feste, die sich das Volk selber gibt, um sich in Masse zu freuen, ausrotten soll, weil ein heiteres Volk auch ein gutes ist, weil der Österreicher in seiner gesunden Herzensgüte nirgends zu großen Ausschreitungen geneigt ist, und weil der geringe Schaden, der sich zeigt, wenn die Heuschreckenwolke wieder verflogen ist, leicht ausgebessert werden kann. Die Wiese wird ohnehin immer vorher abgemäht und die abgeschnittenen Äste und Zweige an den Waldbüschen, welche eine kriegslustige Jugend als Beute mitgenommen, verwachsen sich im Laufe des Jahres bis zum Unkenntlichen wieder.

Die andern Ausflüge, welche nicht an eine Zeit und an einen Ort gebunden sind, sind natürlich viel häufiger; aber sie sind im ganzen minder interessant, da sie im Grunde nichts Volkstümliches haben, sondern jeder großen Stadt eigen sind, nur mehr oder minder nach dem Charakter des Volkes schattiert. Genuß ist die Losung des heutigen Zeitgeistes, und mit der Geselligkeit steigt der Genuß. Ist es ja selbst mit den Tieren nicht anders; die scherzenden, schäkernden, spielenden sind zugleich die in Herden lebenden; der einsame Geier und der Adler sind die ruhigsten und mäßigsten. Die Freude des Landmannes dreht sich in einem einförmigen Kreise, und dies um so mehr, je mehr er im Walde und von größern Städten entfernt lebt. In der Stadt, und insbesondere in der Hauptstadt, drängen sich die Reizungen und Lockungen, namentlich da ein großer Teil der Bewohner sich davon nährt, andere zu reizen und zu locken. Das Beispiel, die Hoffahrt tun das Ihrige hinzu – und so rennt und stürzt sich alles in den Genuß, um von dem Leben, als sei es nur eine Minute, ja gewiß sein Teil wegzubekommen. Diese Sucht pflanzt sich bis zu den untersten Klassen fort; daher lechzen die, welche die ganze Woche in Arbeit sind, nach dem Sonn- und Feiertag, um da endlich dem Genusse nachjagen zu können. Im Sommer besteht er nun gewöhnlich darin, daß sie sich von der düstern Arbeitsstube losspannen und ins Freie hinaustrachten. Man sieht daher gerade an Sonn- und Feiertagen alle Straßen, die vor den Linien Wiens ins Freie führen, mit fröhlichen Menschen der untern Stände bedeckt – es mag wohl Luft, Freiheit, Sonnenschein seinen gebührenden Anteil an dem Spaziergange haben, aber insgesamt ziehen sie doch alle dem einen oder dem andern Unterhaltungsplatze zu, wie sie gleich unzähligen Monden die Sonne Wiens umgeben. Dort geben sie sich der Fröhlichkeit, dem Lärmen, Lachen – und dem Essen und Trinken hin. *Ein* Bestandteil ist es aber immer, der an solchen Unterhaltungsorten nie fehlt und nie fehlen darf, nämlich die Musik. Es ist, als wenn Wien die Stadt der Musik wäre und das Volk sich von Musik wie von der Luft nährte. Wo nur immer wenigstens eine Bank ist, daß sich ein paar Gäste darauf niedersetzen können, um einige Gläser Landwein zu genießen, dort finden sich bald auch Musikanten hinzu, wäre es auch nur einer, der die Gitarre kneipt, und ein andrer, der dazu singt.

Die Plätze, denen das Sonntagspublikum zuzieht, wechseln auch und haben so gut ihre Moden als die Kleider; ja oft taucht ein Phänomen dieser Art auf, überstrahlt in kurzem alles an Glanz und sinkt wieder spurlos in Nichtigkeit zurück. So z.B. erinnere ich mich, daß im Winter 1830 einer außerhalb der Stadt einen Saal aus purem Eise baute, und daß durch Monate jenes harten Winters die dahin führende Straße wörtlich mit Wallfahrern bedeckt war, die samt und sonders den Eispalast sehen wollten – und daß mancher sich Entzündungen und Rheumatismus zuzog, bloß um sagen zu können, daß er im Eissaale getanzt habe. Das Glück begünstigte auch den Unternehmer; denn ein Tag wie der andere, bis zum letzten Februar, waren granithart gefroren. Alle Eistempel, Salons und Palais, welche in folgenden Wintern gebaut wurden, schlugen nicht mehr so an und schmolzen schmählich dahin. – Ebenso wurde vor mehreren Jahren bei Meidling, nächst Schönbrunn, eine Rutschbahn unter dem Namen Tivoli angelegt, wo es eine förmliche Schande war, noch nicht dort gewesen zu sein – jetzt spricht fast niemand mehr davon. Aber es gibt auch Orte, welche ihren Ruf unerschütterlich behaupten. Hierher gehören alle jene, welche durch den stillen, aber dauernden Reiz guter Speisen und Getränke wirken. Da kenne ich ansprucblose Feinschmecker, die eine ordentliche statistische Karte der Umgebungen Wiens halten. Dorthin gehen sie wegen des erlesen guten Glases Grinzinger, hierher zum guten Märzbier; ein anderer Tag ist dem Karpfen gewidmet, der da am besten gebacken ist, wieder ein anderer dem feinen Schinken, der dort ausgeschnitten wird – und so haben sie die Gänse, den Hasen, die Würste – bis zu den Knödeln herab. Daß diese Besucher nicht auf Pracht und Reiz der Gegend schauen, versteht sich von selbst, über derlei sind sie hinaus; auch die Musik sucht er sich bald durch ein paar Groschen vom Halse zu schaffen. Dann sind Orte, die ihrer Lage nach, ihren sonstigen Annehmlichkeiten und dem alten Rufe nach beliebt sind. Da ist z. B. Hietzing, ein Dorf am Ende des Schönbrunner Parkes, wo es im Sommer so gedrängt ist wie fast in keinem Teile der Stadt selbst. Dommayers Kasino erschallt von Musik, meist der des Walzerkomponisten Strauß, und sein Garten und Salon ertönt von Gläsern und Rufenden und Lachenden. Das Dorf vergrößert sich aber auch so, daß es eigentlich eine Stadt ist mit Gassen, in denen man sich in der Tat vergehen kann. Im Osten Wiens liegt der Ort Simmering, der an Sonntagen die Bewohner der ihm nächstgelegenen Vorstädte verschlingt; weiter rechts ist das Stadtgut, ein Salon, wo auch öfter Feuerwerk, Beleuchtung, Affenkomödie u. dgl. ist; dann ist Meidling, Liesing mit dem Felsenkeller-Bier. – Im Westen ist Penzing, St. Veit, Hütteldorf (ein Brauhaus) und die kleineren Posten. – In Nord und Nordwest ist Döbling, Grinzing, Sievering, Nußdorf, Weidling ... und wie sie alle heißen. – Jenseits der Donau ist Jedlersee, Enzersdorf, Korneuburg usw. – Wundern mag es den Fremden, daß wir einen so großen, reizenden Strom haben, der sich noch dazu in der Nähe Wiens in so viele liebliche Arme auseinandergießt, und daß er so wenig von Spazierfahrern und andern Wasserfreunden bedeckt ist. Die Ursache mag wohl darin liegen, daß unser Strom, unähnlich dem Rheine und der Elbe, ein wilder und reißender ist, der nicht nur sein Befahren, namentlich für den Ungeübteren, sehr gefährlich macht, sondern auch gegen das Wasser nur sehr beschwerlich oder gar nicht befahrbar ist. Dies bewirkt, daß das schöne Stromsilber unserer schönen Donau einsam durch den Smaragd seiner Auen rollt, nicht einmal von großen Schiffen besonders belebt, da die Dampfboote oberhalb Wien in Nußdorf, die der untern Donau unterhalb Wien im Prater bei den sogenannten Kaisermühlen anlegen und die Frachtschiffe durch den schmalen, bogenartigen Seitenarm, der sich bei Nußdorf von dem Hauptstrom loslöset, an die Stadt hereinfahren. Und gerade dieser Arm, den sie Donaukanal nennen, hat auch in der Tat etwas Kanalartig-Reizloses und reicht bei weitem nicht an die Anmut und Großartigkeit der Donau bei Greifenstein, Klosterneuburg und unten bei der Insel Lobau.

Außer den obengenannten Ausflüglern und Genußjägern gibt es noch andere, zwar auch Genußjäger, aber feinere, nämlich solche, welche ländliche Reize und landschaftliche Vergnügungen aufsuchen. Ich kenne einen Mann, der alle Fußpfade in allen Wäldern und Parken auf zwei Meilen Halbmesser um Wien herum kennt, und das will sehr viel sagen, wenn man an die mannigfaltigen Verschlingungen des Wiener Waldes denkt. Wir wollen es versuchen, einige der schönen Punkte dieser Art in Kürze zu bezeichnen. Von dem obenberührten Forstinstitute Mariabrunn führt rechts von der Heerstraße ab eine Kastanienallee in ein anmutig gelegenes Dorf, Hadersdorf geheißen, hinter dem in englischen Gartenanlagen das Grabmal des großen Generals Laudon steht. Hinter diesem Grabmale führt eine gerade Straße, beständig von den Buchenlaubbergen des Wiener Waldes begleitet, tiefer in das Gebirge hinein, so einsam, daß man in der entferntesten Landruhe zu verweilen meint. Wenn man auf dieser Straße in den Ort Mauerbach gelangt ist, steigt man auf äußerst sanften Fußpfaden bald über grünen Weidengrund, bald zwischen zerstreuten Bäumen, bald zwischen Gebüsch und Wald hindurch, allmählich empor, bis man plötzlich am Rande des Höhenzuges steht, der auf der andern Seite steil abstürzt und unten das kleine Dorf Tulbing und das ganze Tullnerfeld zu Füßen legt. Der Punkt, auf dem man steht, heißt der Tulbinger Kogel. Außer dem Gipfel des Schneeberges wird es wenig Punkte geben, auf denen eine schönere Aussicht ist als auf diesem eigentlich kleinen Berge. Vom Schneeberge an über den Ötscher hinauf bis zu den Häuptern im Lande ob der Enns sieht man den ganzen österreichisch-steirischen Alpenzug, von dem Stifte Göttweig könnte man fast die Fenster zählen, und die Riesenschlange der Donau liegt auf der ganzen Strecke von Krems bis Greifenstein aufgerollt. Das große Tullnerfeld stellt sich wie Mosaik dar, so klein erscheinen seine Felderabteilungen, und auf die Stadt Tulln meint man mit einem Stein hinwerfen zu können. Es steht auf diesem Punkte ein von Holz errichteter Balkon, der die Rundsicht gewährt. Nur gegen Osten ist die Aussicht beschränkt; da stellen sich nämlich dieselben Waldberge, wie der Tulbinger Kogel selbst, und ungefähr von derselben Höhe, vor das Auge.

Aber nicht der Tulbinger Kogel allein ist es, welcher dieser Umgegend Wert verleiht: das Haupttal, welches von Hadersdorf nach Mauerbach zieht, hat ein Paar ungemein reizende Seitentäler, Haimbach und Steinbach. In beiden sind nur wenige Häuser, aber höchst anmutig gruppierte Höhen und Gebüsche. Von Haimbach führt ein Pfad den Berg hinan auf die sogenannte hohe Wand, wo eine zwar weit beschränktere Gebirgsaussicht ist als auf dem Tulbinger Kogel, aber dessenungeachtet eine noch immer sehr schöne. Von Haimbach sind bis Hadersdorf schöne Pfade durch den Buchenwald angelegt und mit Ruhebänken versehen. Aber auch von der hohen Wand aus kann man auf noch viel lockendern und einsamern Holz- und Jägerpfaden zu verschiedenen Punkten der Gegend gelangen.

Der Kahlen- und Leopoldsberg bieten eine Aussicht über das Marchfeld bis zu den ungarischen Bergen und eine Übersicht über die ganze, bunte, steinerne Scheibe der Stadt Wien. Dann ist in demselben Höhenzuge der Hermannskogel, der ebenfalls eine der lieblichsten Rundsichten gewährt. Und wunderbar ist es, welch stille Waldeinsamkeiten, tiefe Talschnitte mit dem kleinen kühlen Wässerlein, schattende Baumhänge und idyllische Triften man zwischen den obbenannten Höhenpunkten trifft. Selbst der Hirte mit seiner Herde fehlt auf den von Wald entblößten Weideplätzen nicht, nur, daß er hier nicht das Hirtenhorn, sondern eine kreischende Trompete bläst, und meistens noch dazu eine Klappentrompete.

Ein sanftes, schönes Tal geht, wenn man die Straße an der Donau aufwärts gegen Klosterneuburg zieht, links aus den Bergen heraus, läßt ein glasklares Wasser gegen die Donau hervorschießen und schließt den Blick jenseits des Stromes mit den sanft dämmernden Wänden des Bisamberges. In dem Tale liegt der Ort Weidling mit seinen berühmten Rebenabhängen. Eine schöne Wanderung dem Bache entgegen führt in den Park von Dornbach, durch welchen man, sich links wendend, wieder zur Hauptstadt gelangt. Der Kahlen- und Bisamberg stürzen gegenüber so steil ab und lassen die Donau zwischen sich durch, daß sie wie zwei andere Säulen des Herkules dastehen, und daß sich die Sage gebildet hat, sie seien eigentlich ursprünglich ein einziger von der Donau entzweigerissener Berg gewesen. Dann müßte das Tullner Feld notwendig ein See und die gegen dasselbe schroff absteigenden Tullner Höhen seine Ufer gewesen sein. Wir können uns in diese geognostischen Vermutungen nicht einlassen, sondern bemerken bloß, daß es ein wahrer Segen ist, daß jetzt die Donau zwischen den Bergen herausfließt, und daß oberhalb ein so schönes gartenartiges Land liegt. Die Waldhöhen, die von dem Kahlenberge südwärts ziehen, sind es, die die obigen Punkte und überhaupt die von den Landschaftsfreunden gesuchtesten und beliebtesten Stellen enthalten. Seit wir die nach Süden führende Eisenbahn besitzen, gehört auch Baden gewissermaßen zu den unmittelbaren Umgebungen Wiens, da man es von dem Bahnhofe aus in vierzig Minuten erreichen kann – und die Umgebungen Badens und der Brühl sind seit undenklichen Zeiten in den Jahrbüchern Wiens berühmt. In weniger als einer halben Stunde erreicht man von dem Bahnhof aus den uralten Markt Mödling, wo einstens die Herren von Mödling hauseten, ja selbst zuzeiten die Markgrafen und Herzöge von Österreich residierten.

Der Ort mit seiner malerisch alten Kirche lehnt sich an einen Zweig des Wiener Waldes, der aber hier in kahlen und felsichten Höhen vorspringt. Von Mödling aus ist ein schmales Tal ins Gebirge hineingeschnitten, welches einen Bach hat und zu dessen beiden Seiten mit Häusern besetzt ist, die zerstreut aus dem Grün der Bäume heraus und von dem Grau der Felsen wegblicken. Die Seitenwände des Tales steigen oft als grüne Waldberge, oft als kahle Felsen empor. Dieses Tal heißt die (von den Wienern so geliebte) Brühl. Wer Alpenfelsentäler gesehen hat, kann das Entzücken der Wiener über dieses Tal nicht teilen, aber anmutig und reizend ist es immer, nur daß der Reiz, der gerade Gebirgstäler am holdesten schmückt, hier ganz und gar fehlt, nämlich der der Einsamkeit. Man kann nämlich nicht zehn Schritte weit gehen, ohne auf geputzte Menschen zu stoßen. Die Brühl ist bekannt durch ihre vielen Ruinen, unter denen auch zum Unglücke neue, d. h. nachgemachte sind.

Baden war einst der Lieblingsort der Wiener, da noch der Hof alle Sommer einige Zeit dort zubrachte, aber auch jetzt ist die kleine, freundliche Stadt noch reichlich besucht. Sie liegt ebenfalls am Rande des Wiener Waldes, und von ihr führt ebenfalls ein Tal in denselben hinein, das so oft beschriebene und besungene Helenental. Es ist eine der lieblichsten Wanderungen durch dieses Tal bis zum Kloster Heiligenkreuz. Mit seiner andern Seite blickt Baden über eine sehr große Ebene bis zu den Leithabergen Ungarns. Jede seiner Waldhöhen hat daher eine sehr schöne Aussicht. Was es im Sommer in Baden an Bällen u. dgl. gibt, gehört nicht hieher, da dies eigentlich ein Stück Stadtleben ist, welches die Landbewohner mit hinausnehmen, wir aber hier bloß vom Lande und den Ausflügen dahin reden. Ebensowenig lassen wir uns hier in die Heilquellen Badens ein. Freilich, wenn wir einmal in Baden sind, könnte uns die Lust verleiten, mit allen unsern Lesern in das Gebirge zu wandern, sie nach Gutenstein zu führen, durch das Klostertal, auf den Schneeberg, ins Höllental, in die Prein, dann wären wir bald in Steiermark, — – aber da wir hier nur von den Umgebungen Wiens reden, so darf uns die Lust nicht verführen, sonst kämen wir mit demselben Rechte auch in Steiermark sachte von einem Stücke zum andern und ständen dann auf einmal in Triest, was doch wahrlich nicht zu den Umgebungen Wiens gehört.

Nur der Schneeberg und sein angrenzendes Land gehören jetzt beinahe dazu, da man auf der Eisenbahn in drei Stunden in Gloggnitz sein kann und von da in einer halben Stunde in Reichenau am südlichen Hange des Gebirgsrückens, als dessen höchster Punkt der Schneeberg emporragt. Unzählige Male wird jährlich diese wunderschöne Hochalpe von Wienern und Fremden besucht. Die Besteigung ist außerordentlich leicht, wenn auch nicht von allen Seiten gleich leicht, aber gefährlich von keiner, und die Aussicht so lohnend wie sehr oft von weit höheren Bergen nicht; denn der Schneeberg ist eine Voralpe und steht trotz seiner Höhe ziemlich weit im Lande draußen, beherrscht daher nach optischen Gesetzen viel höhere, aber entferntere Berge. Um nicht diesen Aufsatz übermäßig breit zu machen, gehen wir nicht näher in dies verlockende Thema ein, ebensowenig, als wir den Leser durch das Tal der Schlögelmühl (das erste an Gloggnitz), durch das von Reichenau und Hirschwang zu jener Windbrücke geleiten, die, über die gebirgshelle Schwarza gespannt, das Höllental eröffnet – ein äußerst schmales, tiefgeschnittenes Felsental, von den Wässern der Schwarza durchrauscht, beiderseits von Hochalpen begrenzt; denn auf der nördlichen Seite stürzen die furchtbaren Wände des Schneeberges ab, und gleichsam einen Schritt davon steigen schon wieder die senkrechten Massen der Preiner Alpen empor. Die Straße, welche durch dieses Tal führt, mußte teilweise den Felsen abgerungen werden, indem sonst nichts als die Schwarza Platz hatte. Der Weg läuft bald dies-, bald jenseits des Flusses, über den bei vierzehn Brücken gespannt sind. Vor noch nicht sehr vielen Jahren war kaum ein Fußpfad in diesem Tale, und man kann sich denken, welche furchtbare und entzückende Wildnis hier gewesen sein mag; zwei hohe Bergkolosse mit all ihren Wänden, Schründen, Bachgüssen und Waldbreiten so nahe gegeneinander schreitend, daß man meint, man könne von einem auf den andern hinüberrufen, zwischen ihnen meilenlang nichts als das rauschende, tosende Wasser, und an dessen Ufern eine zerrissene, üppig aufsprossende Waldung – – jetzt eine gute Straße mit Barrieren, Fiaker darauf aus- und einfahrend, Wiener Hüte, Schals, Mantillen, schöne Herren – usw. usw. Der Schreiber dieser Zeilen ist froh, das Höllental noch lange vor der Entstehung der Eisenbahn gekannt und manche einsame Stunde in seinen Felsen versessen zu haben. – Doch eben, da ich den Leser nicht hineinführen wollte, führte ich ihn eben hinein. Allein mit diesem schönen, düstern landschaftlichen Bilde schließen wir den Landschaftsrahmen, womit Wien umfaßt ist, da seine östliche und nordöstliche Seite nichts aufweiset, was den Landschaftsfreund anzieht, und da dorthin auch die wenigsten Ausflüge gemacht werden.

Wir haben bis hieher, um das System festzuhalten, drei Gattungen von Ausflüglern kennen gelernt, nämlich die zu Volksfesten, dann die zu Luft, Licht, Speise, Trank und Lustbarkeit – man glaube nicht, daß diese zwei Klassen zusammenfallen; denn es gibt Leute, die ein ganzes Jahr nicht aus ihrem Stadtviertel kommen, aber beim Brigittekirchtag, zum 1. Mai im Prater u. dgl. sein müssen, und sollten sie dazu die Wäsche vom Leibe und das Bett aus der Kammer verpfänden müssen, – während die bloßen Lust-, Luft- und Genußritter oft Sonntag für Sonntag ins Feld rücken und sich doch von derlei großen Schlachten wie die Volksfeste fernehalten. Zur dritten Klasse haben wir die Landschaftsbesucher gezählt, und wir gehen nun zur vierten über. Es sind dies diejenigen, die aus gar keinem Grunde ausfliegen. In einem schönen, bequemen Wagen zurückgelehnt, schwimmen sie bei einer Linie hinaus, die Straße entlang durch allerlei Bäume und Häuser, und kommen dann wieder heim. Es gibt unzählige solcher Schwimmer; aber umgekehrt ist nicht jeder ein solcher, der in einem schönen Wagen fährt. Ich kenne manche Familie, deren leichtfüßige Renner nur das Mittel sind, sie schnell auf das Land in die schöne Natur zu bringen, wo sie sich harmlos ergehen neben dem Bürger oder Arbeitsmann, der mit einem Pack Kindern angekeucht kommt, um auch sein Stück

Natur wegzugenießen. Den echten Schwimmer erkennt man an dem ruhigen, leeren Gesichte, mit dem er an den Dingen vorübergleitet. Es mögen Reiter oder Bäume oder wieder Wägen sein, an denen er vorbeikommt; es mögen schöne Damen in den Wägen sitzen oder eine Schar Handwerksgesellen den Rinaldo Rinaldini singen: – ihm ist es einerlei. – Der ist noch nicht der rechte Schwimmer, der noch seinen Gesellschafter fragt, wer diese oder jene sei, wen sie heiraten werde, mit wem dieser oder jener verschwägert sei. – Das tut alles der rechte nicht, sondern er fährt aus, weil er ausfährt, und kommt nach Hause, weil er ausgewesen ist. O, wieviel tausendmal glücklicher ist die derbe, gesunde Sinnlichkeit manches, dessen Hände mit grober Arbeit beschäftigt sind, und der sich doch noch auf seinen irdischen Genuß freut, als dieses Gift des Reichtums, das schon aus dem jungen Herzen allmählich den ganzen Himmel und die ganze Erde heraussog, daß beide nichts mehr haben, um es dem Darbenden geben zu können. Ärgert euch nicht über die, welche lärmend und schreiend, singend und jubelnd auf den Straßen, wenn es Abend geworden, der Stadt zuziehen; ärgert euch nicht, wenn sie selbst des Guten zuviel getan haben und etwas wanken; gebet ihnen durch Unterricht, Beispiel oder sonstwie *Höheres,* so werdet ihr ihnen helfen. Aber dem andern ist nicht mehr zu helfen, darum trauert über ihn; denn das einzige Heilmittel, das ihn retten könnte, ist er nicht mehr stark genug, anzuwenden, nämlich Maß und Beschwerde. »Wo das Unangenehme bei Anstrengungen anhebt, hebt auch ihr Nutzen an«, hörte ich einmal sagen, – aber diese Leute hören dort auf, wo das Unangenehme beginnt, also kommt der Nutzen gar nie. Jede große Stadt muß sie haben, weil sie ihnen die Lockungen geben kann, an denen sie verschmachten.

Wie schön ist dagegen jenes Bild, wo irdische Mittel zu höheren Zwecken verwendet werden. Wie wohltuend ist der Anblick, wenn ich so eine Mutter mit einem vollgestopften Wagen rotbackiger Kinder wie ein fahrendes Schwalbennest sehe, welches sich dann auf irgendeinem Anger ausleert, und die junge Brut in allen Richtungen freudig und rüstig herumspringt und sich an dem Dasein der jungen Körperchen ergötzt. Mögen sie bewahrt werden in dieser vollen, reinen Kraft, dann ist ihnen auch der ganze Himmel und die ganze Erde gegeben, die jenem genommen sind.

Wie sehr der Wiener seine Landpartien liebt, geht aus dem Umstande hervor, daß an schönen Sonn- und Festtagen nicht nur alle Straßen und Fußpfade vor der Stadt mit Hinauswandelnden bedeckt sind, sondern daß es auch Fuhrwerke und Bewegungswerkzeuge aller Art in Menge gibt, um diejenigen hinauszuschaffen, die ihre Füße nicht gebrauchen wollen oder können. Da sind unzählige Pferdehalter in der Stadt, welche den Sonntagsreitern zu Diensten stehen, die man dann auf allen Straßen zwischen den Wägen sieht. Da sind ferner die Gesellschaftswägen in ungemeiner Anzahl, so daß man sie auf gewissen Straßen, z. B. auf der Hauptstraße zu Maria-Hilf, an Sonntagen ununterbrochen fahren sieht. In der Regel sitzen neun Personen in einem solchen Wagen, in manchem haben auch zwölfe Platz. Wie sehr sich die Menschen aller Art auf die Sommerfesttage freuen mögen, so sehr würden sich die Gesellschaftswagenpferde, wenn sie die Einsicht in einen Kalender hätten, davor fürchten, da diese Tage wahre Martertage für sie sind. Außer den hier genannten Bewegungsarten harren noch vor den Linien der Vorstädte eigens gebaute sogenannte Steirerwägen mit Sitzen und einer Decke, die meist auf vier Stangen ruht, welche Wägen hier Zeiselwägen genannt werden und dazu dienen, Gesellschaften, die sich zu diesem speziellen Zwecke erst auf dem Platze zusammenfinden, weiterzubefördem. Endlich sind noch die Fiaker und die eigenen Equipagen, die an schönen Tagen nicht wenig zahlreich auf den nächsten Straßen dahinrollen.

Wir können uns bei dieser Skizze nicht darauf einlassen, irgend ernste oder komische Einzelheiten von Landpartien auszumalen, teils weil es unserm Zwecke zu fernliegt, teils weil derlei schon unzählige Male da war und oft schöner, als es unsere schwache Feder zu zeichnen imstande wäre.

Wiener Salonszenen

Es gibt kaum ein Ding in neuester Zeit, das so vieldeutig geworden, das so verbraucht und verpönt worden als der *Salon;* jetzt gibt es juridische, ästhetische, politische, radikale, konservative, Damen-, Herren-, Friseur- und Schneidersalons, während ich in den glücklichen Tagen meiner Kindheit keinen andern kannte als unsern Gartensalon, der acht hölzerne Säulen hatte und rot angestrichen war – jetzt gibt es solche, aus deren Mund man jeden Augenblick das Wort »fade Salonfigur«, »Blasiertheit des Salonlebens«, »Langeweile – Servilismus – Steifheit des Salons« usw. vernehmen kann, während unserm Gartensalon nur lauter Liebes und Gutes nachgesagt werden konnte, namentlich seit die alte Martha nie mehr Kaffeegeschirr oder gar Biergläser in denselben hinaustrug, sondern er jahraus jahrein leer blieb und endlich ein gar schönes Rotschwänzchennest darin entstand. Damals bedeutete mir Salon etwas viel Schlechteres und Luftigeres als eine Stube, da es keinen so soliden Habitus wie eine Stube, sondern eher einen komödiantischen Anstrich hatte – nun das Komödiantische dürfte geblieben sein –, aber daß es etwas unendlich Reicheres und Prächtigeres als unsre Stube bedeuten könnte, das ahnte ich damals nicht; ja, ich gestehe, als ich schon längst in den verschiedenen Salons der Hauptstadt herumgekommen und halb eingebürgert war, hing mir noch immer das altfränkische Bild des rotangestrichenen Türkentempels nach, wie einem entflohenen Sperlinge das schmähliche Stück Faden, mit dem er angebunden war. Daß Salon endlich gar kein Gebäude mehr bedeuten würde, sondern nur eine Versammlung oder eine Partei und zuletzt gar ein Buch*, das hätte mir damals freilich eine

* Heines Salon

Umwälzung geschienen, die einer Staatsrevolution völlig gleichkam – jetzt aber wundert es mich gar nicht mehr, seit ich weiß, daß man jedes Wort nach und nach für alles gebrauchen kann, wofür man will, wie man ja jedes Tags einen Menschen, dem man eben keinen schlechteren Titel zu geben weiß, mit dem Worte »guter Freund« anredet, was sonst das Höchste bedeuten sollte, was es außer Eltern und Gatten im menschlichen Leben gäbe.

Man fürchte sich aber hier nicht, daß ich wie ein verwilderter, bärtiger Musensohn über die Salone herfallen und sie in die Pfanne hauen werde – per parenthesin: ich habe am meisten über Hof-, Zirkel- und Salonleben von Menschen schimpfen gehört, die nie bei Hofe, in Zirkeln und Salons waren –, sondern ich werde harmlos sagen, wie es in diesem oder jenem Salon, aussieht, welch ein Bild er biete, und wie es sich dort bewege; gestehe hiebei aufrichtig, daß ich nicht sämtliche Salons der Stadt gesehen, sondern aus den gesehenen auf die andern schließe, und ich bemerke gleich im vorhinein, daß es mit dem Salonleben nicht gar so übel ist, wie es uns dieser oder jener junge Weltgesetzgeber glauben machen möchte, wenn er in einer Vorstadtkneipe sitzt und die Kraft des Jahrhunderts entwickelt – sondern es ist in den verschiedensten Dingen der Welt das Verschiedenste zu erleben, nur muß man das Erleben verstehen. – Ich kannte einen Mann, der fast *nur* in einer sehr kleinen deutschen Stadt unter keinen andern Veränderungen als denen der Jahreszeiten die außerordentlichsten tiefsten Ereignisse erlebte, – und ich kannte einen andern, der die Napoleonschen Feldzüge mitgemacht und gar nichts erlebt hatte – so geht es auch in der Stube, im Kabinette, im Salon. Die ganze Erde ist selber nur ein Kabinett, eine Stube, ein Salon; der eine sieht Wunderwerke des Lichtes, der Wolken, der Stürme, der Wälder, der Menschen – der andre sieht Gras, Steine, Dünste und Gesichter. – So gehen viele in die Salons und sehen dort Kravatten, Fräcke, Handschuhe, Seidenpolster, – und meinen, Kravatten, Fräcke, Handschuhe, Seidenpolster machen das Wesen des Salons; sie schaffen solches in ihrem Hause an und glauben, jetzt gäbe es bei ihnen auch einen Salon – oder sie setzen solches herunter und glauben, sie hätten die Schalheit und lange Weile des Salons charakterisiert – es ist hier wie überall: die Einseitigkeit gebiert den Ekel und die Vielseitigkeit die Harmonie. In den Salons ist so gut Leere, Abgeschmacktheit, Lauheit, lange Weile, wie in der Alpenlandschaft Kot, Steine und Morast – und gewöhnlich sind es die nämlichen Menschen, die in *beiden* das nämliche erleben. Freilich sind es auch wieder andere, die mit einer solchen Zähigkeit ihres Reproduktionsvermögens begabt sind, daß sich ihr Vorstellungssystem gegen jede neue Wahrnehmung sträubt; dieses Sträuben halten sie dann für eine Schlechtigkeit und Verwerflichkeit der Wahrnehmung; daher der Waldsohn den Salon ganz unleidlich öde und schal und peinvoll findet und der Salonsohn den Wald so dumm, verwirrt und langweilig – und beide kennen weder den Wald noch den Salon, sondern nur die Veränderung ihres Wahrnehmens. Die Welt hat tausenderlei Kräuter, und alle geben sie die Wiese, die Menschheit hat tausenderlei Blüten, und alle geben sie das Leben.

Gehen wir also von dieser abschweifenden Einleitung zu den Salonszenen selber über, und der Leser wird dann selber urteilen, ob etwas und was in Salons zu erleben ist.

Der Mensch ist ein geselliges Wesen, deshalb hat er Städte gebaut, deshalb setzt er sich mit seinesgleichen an den Kamin zusammen, und deshalb ist der Salon entstanden. Wem es möglich ist, der sammelt die Seinen in gemütlichen Stunden um sich, oder er sammelt auch noch ein paar gute Freunde mit dazu, oder er sammelt Künstler, Gelehrte, Lebemänner und die halbe Welt. So ist es eigentlich schon ein Salon, wenn Sommerabends die Mägde oder Knechte eines Landmannes ausruhend in der Stube oder auf dem Bänkchen vor dem Hause herumsitzen, oder wenn die Gewerkleute des flachen Landes in der Dämmerung Feierabend halten – und dasselbe Gefühl ist es, welches den Städter und Großstädter treibt, solche Versammlungen zu halten. Bei uns in Wien ist dieser Ursprung des Salons sich noch viel getreuer geblieben als anderwärts, wie denn überhaupt jede Sitte, die auf Gemütlichkeit und Treuherzigkeit beruht, bei uns nicht nur sehr leicht und sehr tief Wurzel schlägt, sondern auch ein sehr langes, langsam wandelndes Leben lebt. Bei uns sind noch nie fanatische, eifernde, verfolgende Parteisalons entstanden, sondern der primitive Zweck herrscht noch immer mit seinen leichten Schwingen vor, nämlich mit der Heiterkeit.

Es ist mir freilich anfangs, da ich nach Wien gekommen, mit dem Worte »Salon« gar seltsam gegangen. Ich geriet nämlich schon am zweiten Tage, da mir meine flatternden Landhaare gar nicht mehr gefallen wollten, in einen »Friseursalon«, wo wie Geister die weißen Mäntel herumhingen, leichtbeschuhte Haarkünstler gingen und der Vater seiner Tochter Adelgunde, die sehr schmachtend am Fenster saß, vorstellte, wie sie denn nicht immer gar so sehr lesen solle. Auch in einen Bäckersalon geriet ich. Aber daß nach mehreren Jahren manche erweiterte Kneipe ein Biersalon oder der Salon schlechtweg heißen würde, das dachte sich damals noch niemand. Auch ganz unbedeutende Gesellschaften, wo Ästhetik getrieben, mit verteilten Rollen gelesen wird, wo man Gruppen aufführt, wo bekannte Gemälde durch lebende Figuren kopiert werden, wo aufsprossende Genies ihre ersten Versuche vorlesen, wo man raucht, wo das Klavier gemartert wird, überhaupt, wo ein Sofa steht, auf dem eine Hausfrau sitzt, die Tee anbieten und um das Befinden fragen kann – alles das heißt man schon einen Salon – in der Regel aber versteht man darunter jene vornehmen Gesellschaftszimmer, in denen sich entweder bloß die Familie gelegentlich zur Erholung und Besprechung versammelt, oder wo zu bestimmten Tageszeiten oder an bestimmten Wochentagen auch Fremde sich einzufinden pflegen, um da irgendeiner bestimmten Lieblingserholung obzuliegen oder auch nur im allgemeinen der Gesellschaft zu genießen. Alle Salons aber, sie mögen was immer für Namen und Charakter haben, tragen das Gemeinschaftliche an sich, daß man mit Tee, Kaffee oder dergleichen beginnt und dann erst zu dem eigentlichen Zwecke übergeht. – Wir wollen in einen Spielsalon treten.

Es ist nämlich in nicht wenigen Familien hier Sitte, daß man in gewissen Jahren das Spielzeug wechselt; nämlich bis zum achten, neunten Jahre hat man Trommeln und Puppen, dann Tabakspfeifen und Bänder, endlich kleine, buntbemalte Papiertäfelchen, zu deren Gebrauch man sich mit vielem Ernste niedersetzt. Ja, es existieren sogar Bücher, in denen abgehandelt ist, wie und in wievielerlei Arten man sich mit den Papiertäfelchen spielen kann; während man es den Kindern frei überläßt, auf welche Art sie trommeln wollen, was freilich unverzeihlich ist, indem man sie da einer verderblichen Freiheit überläßt, die ihnen den Kopf verrücken kann, statt daß man die Trommelstückchen wissenschaftlich behandeln und einen Knabensalon errichten sollte, wo sie durch zusammenwirkendes Trommeln sich ernstlich unterhalten könnten. Da indessen dieses noch lange ein frommer Wunsch bleiben wird, so gehe ich lieber wieder zu den systematischen Spielen mit den bunten Papierblättern über. Ich kenne manchen sitzenden Mann, der in diesem seinen Berufe des Sitzens so eifrig ist, daß er sich nur die nötigen Nachtstunden abbricht, die er zum Liegen braucht, sonst aber stetig sitzt, bei Tag in seinem Bureau, des Abends beim Spiele, wobei nur der Umstand obwaltet, daß er im Bureau immer auf dem nämlichen Platze, beim Spiele aber sukzessive in so viel Häusern herumsitzt, als die Woche Tage hat. Das Gehen zwischen den verschiedenen Sitzplätzen nimmt ihm viel Zeit. Auch Frauen, vorzüglich wenn sie wieder in das kindliche Alter eingerückt sind, zeigen wieder den Sinn zum Spielen. Sie setzen eine sehr schöne, sehr breite, sehr bunte Haube auf, tun ein schillerndes Gewand an und finden sich abends in dem Spielsalon ein, dessen Jour eben ist. Im ganzen aber spielt doch das schöne Geschlecht weniger als das starke. Mancher pensionierte Leichnam, wenn er aufgebahrt wird, hat seine sechzehn- bis siebzehntausend Robber geleistet, während die trauernde Witwe höchstens neunhundert aufweisen kann.

Wenn eine solche Familie, die Spiel gibt, ihren Jour hat (Tag darf man nicht sagen, weil jour vornehmer ist) – wenn also die besagte Familie Jour hat, so wird schon gegen Abend alles zu dem gesellschaftlichen Zwecke hergerichtet. Die Dienerschaft klappt die Tische, die mit dem grünen Tuche gefüttert sind, auseinander und bürsten und putzen sie eilfertig aus und rücken sie zurecht. Auf jedem liegen dann die erforderlichen Spiele Karten und die etwa notwendigen Marken. Die silbernen Leuchter mit den langen Wachskerzen werden gestellt und die Flügeltüren gelüftet. Durch alle Zimmer weht die Erwartung. Hinter kolossalen silbernen babylonischen Türmen, Teekesseln genannt, thront eine Dame, oft, sogar meistens die Frau des Hauses, und beginnt das Gebräue des duftenden Heuwassers – endlich rücken die Truppen an, und zwar sind die, welche auf allen andern Feldern schon die invalidesten sind, oft gerade hier die tauglichsten und ausharrendsten. Die Prozedur eines solchen echten Spielsalons ist eigentlich sehr einfach. Nachdem das Brausen des Willkommens, Neuigkeiterzählens, Teenehmens und Anordnens vorüber ist, werden die lockenden grünen Schlachtfelder besetzt, die Gruppen sind abgeteilt; es wird stumm, nur das Rauschen der Karten, das Klappern der Marken und monotone technische Ausdrücke werden gehört, außer daß zuweilen nach Beendigung eines Robbers oder andern Spielteiles ein Lärm losbricht, wie man es besser hätte machen sollen, oder wie man sich verwundert, daß die Sache so kam, wie sie eben kam. Der echte, reine Spielsalon leidet keine fremden Ingredienzen, d. h. keine solchen, die nicht spielen, außer etwa einen Lichterputzer, der wie ein Schatten zwischen den Spieltischen herumschifft. Im Vorzimmer langweilt sich die Dienerschaft. Sind noch andre da, z. B. junge Leute, so mögen sie sich gruppieren, nicht gar laut sprechen und suchen, wie sie die drei tödlichen Stunden hinbringen mögen. Endlich rückt man die Sessel, man zahlt aus, man neckt sich über Verlust und Gewinn, läßt sich Tücher und Überröcke reichen und begibt sich vergnügt nach Hause – sich still freuend, wann es wieder morgen würde sein, wann die Tagespflichten aus sind und anderswo sich das augenfreundliche Grün auftut. In die Spieldetails kann der Referent dieser Zeilen nicht eingehen, weil er in einem solchen Salon nicht zu gebrauchen ist, oder etwa nur im äußersten Falle zum Lichterputzen. Da ich mich stets der Objektivität, so viel mir möglich war, beflissen habe, so wage ich nichts über die Langeweile eines Spielsalons laut werden zu lassen, in der Überzeugung, daß derselbe schon allerlei wesentliche Merkmale der Freude und Kurzweile haben werde, die nur meiner schlechten Beobachtungsgabe und meiner Unfähigkeit, in die Sache einzugehen, entgangen sind. In gewissen Bürgershäusern, die doch auch gerne ihr Spiel und ihren Salon haben möchten, war ich schon so glücklich, einige Merkmale der Lust und des Vergnügens aufzufinden; aber ich fürchte leider, es möchten nur *zufällige* sein, die der Logiker nicht brauchen kann – es war nämlich eine Familie, in der stets an Spieltagen ein großer Kuchen zwischen den Tassen prangte, der sich von acht zu acht Tagen immer selbst übertraf und viel Stoff zu Heiterkeit in sich trug – dann war es noch Sitte – (aber fast schäme ich mich, das hieher zu rechnen, da es von Kennern eher als eine Verunzierung als eine Pertinenzsache des Spielsalons angesehen werden möchte) – es war nämlich Sitte, wenn Vater und Mutter zum Spieltische niedergesessen waren, daß sie sich um nichts mehr kümmerten als um sich selbst, was zur Folge hatte, daß wir jungen Leute uns zu den Mädchen gesellten (es waren nämlich zwei wunderschöne Töchter da, und manche spielende Mutter brachte als Ballast auch noch eine mit) – daß, sage ich, wir uns zu den Mädchen gesellten, uns wie ein junger Bienenschwarm an eine ferne Fensterecke, an einen Kamin und dergleichen anlegten und die holdesten Dinge plauderten, wobei nur das einzige zu beobachten war, daß kein Kichern bis zum entfernten Lichterschein dringe, in dem die grauen Häupter saßen und spekulierten. An keine Spielabende denke ich mit so viel Vergnügen zurück als an jene. Freilich muß ich hinzufügen, daß sie durch ihre eigene Natur und Konstitution den Todeskeim in sich trugen; denn die Mädchen wuchsen nach und nach heran und heirateten weg – während nun der Vater Robber gewann, verloren sie Herzen, und das war auch das einzige Glück und dieser Verlust der beste Gewinn, der in jenem Spielsalon gemacht wurde; denn die Mutter aspirierte für ihre Töchter in die höchsten Stände, namentlich war sie auf Staatsbeamte versessen, die schon sehr hohe Grade und Würden hatten, daher sie die Töchter auf das eifersüchtigste vor jedem andern als solchen, meist schon ins Graue spielenden, langsam schreitenden Bewerbern hütete; nur wenn sie die gemalten Blätter vor Augen hatte, hielt sie die Töchter für geborgen und gönnte ihnen die unbedeutende Witzunterhaltung mit den jungen Laffen, da sie schon einmal mit nichts Ernsterem zu vergnügen waren. – Aber die Töchter vergnügten sich mit dem Allerernsthaftesten und schlossen mit eben jenen, zwar nicht hochbeliebten, aber desto jüngern und schönern Laffen Traktate, heilige Allianzen, Trutz- und Schutzbündnisse, beschworen selbige jeden Spielabend – und nach etlichen Stürmen, Weinen, Ermahnungen und Flehungen heirateten sie die Bundesgenossen und brachten nach der Hand dem Vater und der Mutter die schönsten und lieblichsten Bübchen ins Haus, wie sie nie ein Kartenmaler zuwege zu bringen imstande war. Und endlich geschah es doch auch von selbst, daß die Laffen mehr und mehr wurden und Titel und Würden bekamen. Die greisen Häupter spielen noch heutzutage fort, aber die Fensterecke ist leer, und selbst der große Kuchen sitzt so einsam auf dem Tische (ich war nachher noch mehrere Male dort), daß ich nicht begreife, wie er mir einst habe so sehr gefallen können. Zur Vollständigkeit der Geschichte und zu ihrem schönern Schlusse muß ich noch hinzufügen, daß ich keiner von den verheirateten Männern bin, wohl aber zu seiner Zeit im tiefsten Vertrauen der Parteien steckte.

Alles, alles vergeht. – – Wo ist die ferne Blüte jener Mädchen hin? Wo ist die holde, liebe Zeit, in der wir uns mit einem wahren Nichts so selig ergötzten – wo das *Meer* von Zukunft, das vor uns schwamm? – – Ach, die Eltern sind grau und zitternd geworden, die Töchter selbst abgeblühte Mütter, Jahre sind wie Winde dahingefahren, und die Zukunft ist nur noch ein kleines Endchen.

Wahrhaftig, wenn es nicht meine Pflicht wäre, die Salons der Hauptstadt weiter zu schildern, ich hörte hier auf und dächte an nichts als an die Vergänglichkeit des Irdischen, so sehr hat mich die Erinnerung jener kindischen Abende überkommen und verstimmt. Ich will daher zu einem jener Salons übergehen, die auch eine Rolle in meiner Jugend spielten, nicht darum, weil ich damals in ihnen war, sondern gerade darum, weil ich *nicht* in sie kam, und weil sie dennoch der Gegenstand meines Staunens, meiner Bewunderung und, ich darf es schon gestehen, meines Neides waren. Ich glaube dem Leser schon gesagt zu haben, daß ich so glücklich war, meine Kindheit nicht in den Mauern der großen Stadt verlebt zu haben. – Als ich nun den ersten Winter in derselben zubrachte, geschah es, daß ich oft des Abends vor einem großen Hause vorüberzugehen hatte, das schwerfällig vornehm gebaut war, und wovor zwischen Steinen eine gewichtige Kette lief. Das Haus hatte sehr große Fenster, deren Glas so fein war und spiegelnd, daß man des Tags, statt nur im geringsten hineinzusehen, eher den Himmel und seine Wolken auf ihnen abgebildet erblickte. Nachts aber, wenn Schnee und rauher Nebel heraußen war, geschah es zuweilen, daß alle diese Fenster in einem Strahlenglanze leuchteten wie lauter Diamanten – schwere Draperien sah man an ihnen inwendig auseinandergehen, zahllose Kerzen auf Lustern schwanken und manchen dunklen Schatten hin und her streichen. Unten auf der Gasse stand reitende Polizei, an jeder Gassenecke standen Polizeisoldaten zu Fuß, und ein Reiter sprengte gar zwischen diesen Posten hin und her, um die Ordnung zu erhalten; denn es drängte sich eine Unzahl Wägen vor dem Hause, die teils standen, teils zu-, teils abfuhren. Auf jedem Kutschbock, hochthronend, saß ein Kutscher, in eine ganze Wolke von Mantel oder Pelz gehüllt; – mit einem Schrei wie Schlachtkommando wurden von Dienern die Wägen vorzufahren gefordert, und mit donnerndem Gerassel flogen diese durch die Einfahrt. Ein Portier mit funkelndem, großknöpfigem Stabe und einer breiten Goldschärpe, darüber aber der Riesenpelz, verneigte sich vor Kommenden und Abfahrenden. Die gaffende Menschenmenge aber, die herunten stand und auf die Lichter hinauf sah, sagte, es sei da oben heute Gesellschaft oder Salon. Es ist ganz und gar wunderlich und abenteuerlich, was ich mir damals unter einem solchen Salon vorstellte; es muß da außerordentlich, es muß ganz betäubend von Pracht und Herrlichkeit sein – wenn ich nur einmal, nur ein einziges Mal eine solche Gesellschaft sehen könnte! – Und nach vielen Jahren sah ich in der Tat eine, gerade in demselben Zimmer sah ich sie. Mit schwerer, ruhiger, vornehmer Pracht waren sie dekoriert, alles mit Geschmack, nichts vorstechend, nichts auffallend, alles zusammenstimmend, alles bloß negativ, fast wie die Menschen, die sich da drängten; nur die alten, großen Gemälde hätten bald eine Ausnahme gemacht und die Aufmerksamkeit auf sich gerissen, wenn die Personen, die an ihnen vorübergingen, nicht schon alle Gemälde der Welt gesehen hätten und daher von keinem mehr beunruhigt wurden. Man ging breite, erleuchtete Treppen hinan, auf denen bordierte Diener auf und ab liefen, Tücher, Mäntel, Überwürfe und derlei tragend oder ihre Herrschaft begleitend oder den Wagen derselben holend. Die Gesellschaft selbst bewegte sich in einer Zimmerreihe durch einen Wald von Kerzen, der durch viele Spiegel noch dichter und strahlender wurde; oder sie saß und stand gruppenweise herum. Die Anzüge waren nichts weniger als auffallend, sondern einfach, aber fein, und jedes Schmuckstück echt. Das Benehmen aller dieser Menschen war gelassen und harmonierend, war frei und präzis – aber je länger man es sah, desto bedrückender wurde es einem; denn es war bei allen gleich, es war wie gelernt, oder es war der Ausdruck der Gattung – keiner galt, sondern es galten nur alle – darum waren eben auch alle bei allen. Man kam, man sprach, man ging herum, man fuhr ab, meistens um noch einen andern solchen Salon zu besuchen. Und nachdem dieses Kommen, Sprechen, Sehen und Gehen einige Zeit gedauert hatte – war der Salon aus. »Ach, welche gräßliche lange Weile!« hörte ich hier manchen rufen, und dennoch sage ich: unter diesen glatten Menschen, die sich nichts sagen, als was jeder schon tausendmal gehört hat, und was jedem schon tausendmal geschmeichelt hat – unter diesen Menschen mag manch tiefer, gewaltiger Charakter gewesen sein, der seinen Arm in den Speichen der Weltgeschichte hat, hier aber am sanften Zügel der Politur dahingleitete; es mag manches Wort gefallen sein, was ein kleines Kompliment, ein kleiner Sarkasmus war, und doch, von dem Rechten in ferne

Länder berichtet, dort als schweres Gewicht auf das Kissen drückt, auf dem eine Krone liegt.

Ich gestehe, ich hatte damals auch bittere lange Weile, weil ich nicht ahnete, daß Menschen, die alles gesehen, alles erlebt, alles genossen haben, anders konversieren als andre, und weil ich nicht wußte, daß sie das Außerordentliche im Guten wie Bösen glatt und gelassen tun, nicht mit dem Sturm der Gefühle, mit denen ich es in meinem jungen Herzen getan hätte, wenn mir die Aufgabe wäre zuteil geworden.

Auch denke ich nicht, daß die meisten dieser Leute den Salon besucht haben als einen Ort der Geselligkeit und Freude, sondern es ist eine Art Zeremonie, die sie abtun, eine Höflichkeit, wie man zum Gruße den Hut lüftet, ein Herkömmliches, das eben geschieht, weil es sonst geschehen. – Mancher mochte in schwerer Arbeit die Tagesstunden hingebracht, tausenderlei gedacht, tausenderlei abgefertigt haben, und jetzt läßt er sich in diesem glänzenden Strome gehen und läßt Haupt und Herz ausruhen, indem die glatten und gewohnten Formeln unbewußt von den Lippen gleiten. – Andere mögen in der Tat etwas Großes, Vornehmes, Adeliges in dieser Art finden und erscheinen sich groß, vornehm, adelig, wenn sie in dem Salone sind, und deshalb gehen sie hin – und diese genießen in der Tat eigentlich die Freude der Geselligkeit, und für sie hat der Salon seinen Begriff am reinsten bewahrt. Der Haufe, der auf der Gasse steht, ist auch derselben Meinung; er bewundert und beneidet das Glück und die Fülle, in denen die Großen schwimmen – und er stellt sich oben ein Meer von Seligkeit vor.

Nach einigen Stunden aber ist der Arme und der Reiche, der Geringe und Hohe, der Diener und Herr im Schlafe begraben; die Finsternis der Nacht zieht über die Stadt, und unter ihr sind alle klopfenden Herzen gleich.

Eine andre Gattung von Salons erinnert sehr an jene Zeit der französischen Damengesellschaften vor der Revolution, wo irgend eine an Geist und Geselligkeit ausgezeichnete Dame in ihrem Hause die ihr zusagenden Notabilitäten des Geistes versammelte und der Versammlung präsidierte. Freilich den *europäischen* Ruhm, den jene Gesellschaften erlangten, kann jetzt weder eine Pariser noch Wiener Gesellschaft ansprechen; damals hielten wir die Franzosen noch für unsere Lehrmeister in der Philosophie, namentlich jener leichten, glänzenden, heute für bares Nichts erkannten Gattung, wie sie Voltaire hatte, dann in den Künsten, in der Mode, hauptsächlich aber in der Kunst des Umganges, so, daß es einem Könige als Ehre erschien, bei dieser oder jener solcher Frauen vorgestellt zu werden – dies ist nun heutzutage alles anders; jene humanistischen, kosmopolitischen Versammlungen haben den Klubs und den politischen Parteisalons Platz gemacht. – Bei uns ist die Sache aber auch von jeher harmloser betrieben worden, weil die deutschen, und darunter wieder namentlich die Wiener Damen trotz der Eitelkeit, die auch sie von ihrer Ahnfrau geerbt haben, viel zu viel Gutmütigkeit und Treuherzigkeit besitzen, als daß sie sich zu der Ostentation und Schaustellung der Franzosen erheben, die noch immer ihr Paris für die Weltstadt, für das Lichtzentrum der Bildung und ihre Literatur für die einzige halten. Wo bei uns ein solcher Geistsalon besteht, trägt er bei weitem nicht das Gepräge eines solchen zur Schau, sondern wenn etwa der eine oder der andere gerade Freude an geistiger Größe hat, wenn eine Dame Geschmack an Hervorbringungen des Genies findet, so geschieht es, nicht daß sie gleichsam wie ein Engländer eine Sammlung von Genies in ihren Zimmern anlegt, sondern daß sie solche, welche sie vorzugsweise liebt, in ihre Gesellschaft mischt.

Trete mit mir, geliebter Leser, in jenes Haus, von dem eine Reihe Spiegelfenster des ersten Stockes auf einen lichten Platz hinaussieht. Die Treppen sind sanft und mit Strohmatten belegt. Durch geräumige Vorzimmer treten wir in den Salon. Da wir beide unsichtbar sind, so können wir die bereits versammelte Gesellschaft desto ungestörter beobachten. Sie ist heute besonders zahlreich besucht. Jene ältliche Frau, die auf den rotseidenen Kissen leicht zurückgelehnt ist und mit geistreichen Augen und fast mehr hausmütterlichem Aussehen, als sich eigentlich für einen Schöngeist schickt, auf den vor ihr stehenden jungen Mann blickt und seinen Reden lächelnd zuhört, ist die Frau des Hauses und eigentlich Präsidentin des Salons, obwohl sie nichts weniger als auf dem Präsidentenstuhl, nämlich dem unmäßig breiten und langen Sofa sitzt, dessen Mitte vielmehr ganz allein ein heiterer, bereits ergrauender Mann einnimmt, so ungeniert oder vielmehr so naiv, als wäre er eben eine Dame, die man hingenötigt – ich darf keinen Namen nennen, sonst würde ich dir sagen, daß es einer ist, dessen Worte dir gewiß schon oft Freude und Erhebung gebracht. Die Diwans siehst du alle mitten im Saale, gerade und schief, gleichsam wie vom Zufalle hingestellt; es ist jetzt so Mode, und auf allen, sowohl denen, die ganz ohne Lehne sind, als auch auf denen, deren Lehne mitten läuft, siehst du teils junge Damen gruppiert, teils Herren, die mit ihnen im Gespräche sind. Der gewöhnliche Teekessel fehlt hier, weil es in diesem Hause Sitte ist, daß erst gegen Ende der Gesellschaft, d. h. um zehn Uhr, gespeiset oder Tee genommen wird. An den Wänden hängen Bilder der ersten Künstler. Der junge Mann, der zur Frau des Hauses spricht, ist ihr Neffe, ein Kaufmann, voll der drolligsten Dinge, die er der Tante vorsagt. – Die mit den langen, schönen Locken von tiefstem Schwarz und mit den großen, dunklen Augen ist ihre Tochter; die Blonde neben ihr ist eine Nichte; der starke, schlanke, grauhaarige Mann, den sie auslachen, ist einer, dessen Wort die tiefste Geltung in der wissenschaftlichen Welt hat, und der gleichwohl so heiter ist, daß seine beißenden Scherze immer die Wirkung haben, daß die jungen Damen unwillkürlich den Schmelz ihrer schönen Zähne zeigen müssen – er steht in dem Rufe, daß er einen Sägebock lachen machen kann. – Jene streitende Gruppe am Fenster sind Glieder eines Kränzleins, das täglich den Mozart lobt und täglich disputiert; – der ältliche Mann, der ihnen lächelnd zuhört und so gutmütig im Sessel lehnt, als wäre dies seine tägliche und ausschließliche Beschäftigung, ist nichts Geringeres als – – aber ich darf ja keinen Namen nennen, obwohl seiner so weit genannt wird, als man deutsch spricht und wahrscheinlich noch genannt werden wird, wenn unsre alle verklungen sind, ja, dann wird er wohl noch strahlender, wenn auch einsamer dastehen. Tausend Herzen hat er entzückt, und tausend Seelen hat er gehoben und in Tausende die schöne, sanfte Sitte seiner Worte geflößt. Mögen einige, die selbst dicke Bücher über deutsche Geister schreiben, immerhin den Mann kurz abtun – die Nachwelt wird ihn nicht so kurz abtun können, wie es schon jener Brite voraussagte, der ein Urteil in der Sache haben dürfte. Hier in dieser Gesellschaft aber sitzt er so harmlos natürlich, daß man ihn ungefähr charakterisieren dürfte, wenn man sagt, er sei unter den Anwesenden der Bescheidenste. Sein Mitkämpfer auf der jugendlichen Rennbahn des Geistes ist eben jener Mann auf dem Sofa, dessen ich oben gedacht. Man wird sie einst beide nebeneinander stehen haben, wird sich bald an dem einen, bald an dem andern erquicken und wird sagen: »Sie waren Jugendfreunde.« Die Bescheidenheit, Ruhe und Güte dieser zwei Männer wäre manchem unserer jungen Genies zu wünschen; – aber sind sie eben Genies, so werden sie gerade so bescheiden werden und dasselbe gelassene Bild darstellen wie diese beiden – nur Jahre müssen noch hinfließen. Die andern, die nicht Genies sind, müssen eben zerrissen mit der Welt zerfallen und vorlaut sein, daß sie sich als Genies vorkommen. Auch Maler findest du heute hier; auch Musiker, obwohl eigentlich im strengsten Sinn *jeder* und *jede* von den hier Anwesenden ein Musiker ist; denn du wirst keinen finden, der nicht etwa Klavier spielt, geigt oder ein anderes Instrument handhabt – ja, dort sitzt einer, dessen Amt weit von aller Musik entfernt ist, und in dessen Kehle doch eine wahre zauberische Nachtigall des Wohllautes wohnt, so, daß sich ganz Wien bei seinem Namen immer eher den Mann des Gesanges vorstellt als den Mann des Amtes. Du siehst auch, daß man sich's hier ganz ungezwungen eingerichtet hat. Jeder darf kommen, wann er will, jeder geht, wann er will; es ist keine Etikette des Sitzens, Gehens, Stehens, Grüßens. – Die Gruppen können sich gestalten, wie sie wollen, und meistens tun sie es, wie sie die Laune oder das Bedürfnis des Gespräches zusammenführt. Es unterscheidet sich dieser Salon von andern literarischen und künstlerischen dadurch, daß es bei ihm Gesetz ist, kein Gesetz zu haben; man wird da durchaus nicht mit Literatur gequält; es sind keine Stunden und Tage, wo vorgelesen, vormusiziert, vorrezensiert wird, sondern der Salon soll eben gar nichts sein als ein Ort, wo man an gewissen Tagen sicher ist, daß man jemanden findet, der einen anziehen kann. Was und wovon man an diesem Tage reden wird, ob alle miteinander reden, oder ob sich Abteilungen, ja sogar Zweigespräche bilden, ob etwa gesungen, gelacht, disputiert oder gar geschwiegen wird – alles das ist im voraus ganz und gar nicht bestimmt – es soll eben ganz beliebige Gesellschaftsfreiheit sein. Als Zwang und Regel herrscht nur die, die jedem sein Takt und Zartgefühl von selbst auflegt, und in dieser Hinsicht wirst du bemerken, wie es jedem der Anwesenden ist, als fühle er sich durch sanfte, linde Fäden angeregt, aber nicht gebunden. Dafür ist es aber auch eine Auszeichnung, in diese Gesellschaft geladen zu werden; – nicht etwa geistige Größe gibt da den alleinigen Ausschlag, sondern ein solches billiges Benehmen und Maßhalten, daß man überzeugt sein darf, daß das neue Mitglied kein fremdes Element in der schon obwaltenden Harmonie sein wird. Nur so geschieht es, daß sich die fremdartigsten Ansichten hier vertreten finden, ohne daß je Störung und Disharmonie entstände, weil nur Gründe mit Gründen, nie aber Menschen mit Menschen kämpfen. Wer hier länger aus- und eingeht, empfindet in dieser jedes Äußerste vermeidenden Ebenmäßigkeit am reinsten, wie sehr es schade ist, daß jene Höflichkeit des alten Schlages immer mehr und mehr abnimmt, wie man sie noch hie und da an einem liebenswürdigen Greis der alten Schule wahrnimmt; jene Höflichkeit, die so leicht und unmerklich das eigene Ich aus dem Spiele läßt und dem andern Raum gibt, zu gelten und sein Fremdsein nicht zu fühlen, und die sich am edelsten darin zeigt, daß gerade Schwächeren gegenüber, wie z. B. dem schönen Geschlechte, das eigene Gelten ganz und gar nicht erscheint, sondern auf eine anmutige Weise die Pflicht, zum Schutze und zur Aufmerksamkeit dieses Geschlechtes da zu sein. Ich habe oft bemerkt, daß zu dieser Art Höflichkeit und Toleranz weit mehr Kraft erfordert wird als zu der vordrängenden Selbstsetzung der heutigen Ichs. Diese Ichs renommieren heutzutage so sehr in der Gesellschaft und in der Literatur, daß man oft in einem Buche vor lauter Autor gar nicht zu dem Stoffe gelangt. – – Allein wir müssen hier unser Spintisieren abbrechen; denn eben wird zu Tische gebeten. Du siehst auch an den zwei Herren, die ihre Hüte nehmen, daß es hier keine Unartigkeit ist, nicht bei Tische zu bleiben; allein da wir beide unsichtbar sind, für uns also auf keinen Fall Kuverts bestellt sind, so tun wir auch am besten, uns zu entfernen und lieber noch ein wenig bei einem Musikkränzchen vorzusprechen, das noch in voller Arbeit ist. Danken wir übrigens Gott, daß wir unsichtbar in der Gesellschaft sein durften; denn wer weiß, ob wir sichtbar die Erlaubnis gehabt hätten, dazusein. Wir gehen durch den Vorsaal zurück, durch das Bedientenzimmer, über die mit lebenden Blumen umstellte Treppe hinab und in die finstere Nacht hinaus; aber tröste dich, wir haben nicht weit zu gehen, um in das Haus zu gelangen, in welchem unsre musizierende Rotte sitzt. Seit der Schlacht bei Leipzig musizieren sie schon. Damals war der Violoncellist noch ein Dichter und Patriot. Er erzählte mir erst neulich bei einem Glase Wein, wo er offenherzig geworden, welche außerordentlichen Schimpfverse auf Napoleon er damals zu Transparenten gemacht habe, und wie, wenn die Franzosen gewußt hätten, daß er der Verfasser sei, sie ihn unfehlbar noch zerrissen haben würden, da er vor zwanzig Jahren in Paris war. O, was ist er seitdem geworden! Er ist nicht der halbe Mensch mehr; das Feuer sei niedergebrannt; er sei zufrieden mit seinem bißchen Häuslichkeit und Musik. Diese letztere sei nun seine einzige Leidenschaft, und zum Glücke habe er gleichgesinnte Freunde und Kenner gefunden, mit denen er sich der unvergleichlichen Kunst hingäbe. – Er habe das Vergnügen, in den Quängerschen Salon als Violoncellist zu gehören, und wolle mich einführen; ich könne da die präziseste Musik in ganz Wien hören und dürfte nicht fürchten, durch Übermaß an Gesellschaft gestört zu werden; denn es sei meistens niemand anderer da als die Musizierenden allein. Den Lichterputzer, der die Ordnung immer störte, haben sie seit der Erfindung der Millikerzen entlassen; Wachs, das sie früher gebrannt, hätte doch der Schere nicht ganz entbehren können. So sagte der Mann; allein ich kannte Herrn Quänger und seinen Salon ohnehin recht gut, und es war mir ganz unbegreiflich, wie mich der Violoncellist nicht konnte gesehen haben, da ich seit mehreren Jahren der einzige Zuhörer der Quängerschen Musik gewesen war, d. h. nicht jedesmal, wenn Musik gemacht wurde, hörte ich zu, sondern unter den wenigen Malen, wo überhaupt jemand zuhörte, war es ich, der dieses tat. Man wird hier vielleicht meinen, die Quängersche Musik sei so schlecht gewesen, daß sie keinen Zuhörer gefunden habe; allein wie falsch diese Meinung sei, geht aus der Tatsache hervor, daß in Wien gar keine Musik existiert, die nicht Zuhörer hätte, sondern Quänger und seine Freunde *wollen* vielmehr gar keine Zuhörer, außer wenn einer einen Freund oder Vertrauten mitbringen will, der aber dann in der entfernten Finsternis eines ledernen Sofas absolut ruhig sitzenbleiben muß, bis die arbeitenden Mitglieder die Instrumente weglegen und aufstehen. Die Musik aber ist in der Tat, wie sich der Violoncellist ausdrückte, die »präziseste« in Wien. Man wird mich fragen, warum denn nun die Leute dieselbe nicht hören lassen wollen, da ja eben in der Mitteilung derselben ihr Genuß liege und die Begeisterung einer entzückten Menge der schönste Lohn des ausübenden Künstlers sei. Darauf muß ich nun freilich antworten: daran liege dem Herrn Quänger und seinen Freunden nichts, und sie haben bei ihrer Musik eine ganz andre Art von Freude. Der Leser erinnert sich sicher an jene hölzernen Knöpfe, welche man auseinanderlegen kann und dann nur mit vielem Studieren und Versuchen wieder zusammenbringt, oder an jene eisernen Rahmen, von denen man kunstreich eine Anzahl Ringe abhaspelt und wieder aufhaspelt – ein solcher Knopf und ein solcher Rahmen ist für Quänger und seine Freunde die Musik – es ist eigentlich ein Quartett, und es war sehr schwer, dasselbe zusammenzubringen; Quänger richtete sich den großen Saal seiner Wohnung eigentlich zu Anfange bloß für seine Einzelübungen ein, wo er jahrelang aus verschiedenen Stücken den

Prim oder Sekund einstudierte, bis er ihn ohne die geringste Abweichung des Zeitmaßes geigen konnte. So tat er es mit hundert Kompositionen. Alle Leute wußten, daß er sich zu Hause oft fünf bis sechs Stunden unausgesetzt übe, und dennoch hat ihn noch niemand bei einer Exekution mitspielen gesehen, und auch mit ihm, hieß es, möge niemand spielen. Dennoch mußte er sich darnach gesehnt haben, zu sehen, wie nun *zwei* Geigen ineinanderspielen und die Aufgabe des Zeitmaßes lösen. Daß es ungleich schwieriger sei als bei einer, das leuchtete ihm gleich ein, bei *dreien* noch schwieriger – und vollends bei vieren! Nach und nach fanden sich denn doch die Bestandteile des Quartetts zusammen, und nun spielen sie mit ergrauten Köpfen, aber mit heißer Jünglingsleidenschaft schon seit der Schlacht bei Leipzig Quartette und haben die reinste, abstrakteste Freude an ihren gegenseitigen Bemühungen; denn sie ruhen und rasten nicht eher, sollten auch dreihundert Proben nötig sein, bis sie ein vorgenommenes Stück absolut mathematisch präzis darstellen können – und sie haben sich für das Zeitmaß ein solches Ohr herangebildet, daß die kleinste Differenz gleich mit dem entschiedensten Unwillen empfunden wird, und sie haben sich so ineinander hineingespielt, daß sie sich kennen und vertrauen, daß sie ihre eigene abgeschlossene Musikwelt und Zuhörerschaft sind, wobei sich aber eine solche Reizbarkeit entwickelte, daß ihnen ein Gang durch das Zimmer, ein Tritt, ein schnelles Wort die unleidlichste Störung ist, daher sie am liebsten allein sind; denn was andern die Musik und ihre Mitteilung so teuer macht, nämlich ihre Schönheit, das, wird der Leser schon bemerkt haben, gilt bei Quänger und seinen Freunden nichts – ihnen ist sie nur die Lösung eines Problems – und wenn sie freilich auch von Schönheit eines Stückes sprechen, so ist es nur immer so gemeint, als wenn ein Auflöser und Zusammensetzer des obigen hölzernen Knopfes nur einen andern solchen Knopf fände, der noch kunstreicher gefügt, noch schwieriger zu lösen und zu binden sei. Hieraus erklärt sich auch die Erscheinung, daß dieses Quartett, d.h. die vier Freunde, oft in öffentlichen Musikexekutionen gesehen werden, daß sie selten einen Vortrag schön finden, für ihre Meinung auch die schlagendsten Gründe anführen, die die Nichtpräzision der Darstellung beweisen und andere Menschen überzeugen – und daß dennoch dieselben gründlichen Freunde, wenn von der Schönheit dieses oder jenes Musikwerkes die Rede ist, ganz gelassen Dinge sagen und Stücke in eine Reihe stellen, daß den andern Menschen das Wort im Munde stecken bleibt – und da dies mit der Ruhe der Überzeugung geschieht, und da andrerseits so kolossale Kenntnisse der Mathematik der Musik aus ihnen heraussehen, so ist mancher schon an sich selber irre geworden und hat gemeint, er kenne ganz und gar nichts. Wer aber das Glück hatte, öfters den Quängerschen Übungen beizuwohnen, dem klärt sich das Rätsel auf. Sie haben schon mehr als hundert musikalische Nüsse aufgeknackt und knacken jetzt am liebsten an Beethovens letzten Quartetten, den sie bis in den Himmel erheben. Wäre ich ein Kompositeur, ich setzte mich hin und verfaßte bloß für Quänger einen Inbegriff von Schwierigkeiten, womit ich das Quartett beseligte; denn sie arbeiteten freudig daran und hörten nicht auf, wenn sie auch so alt würden wie vier ewige Juden. Hiebei stört es sie auch natürlicherweise nicht im geringsten, wenn einer die äußersten Grimassen macht; denn das muß er tun, die Leidenschaft preßt sie ihm aus, und er muß mit seiner innersten Seele nachhelfen, wo physische Kräfte und Fertigkeiten nicht mehr ausreichen. So kaut z. B. der Violoncellspieler alle Noten mit dem Munde mit, was, wenn ein Wald von Sechzehnteln kommt, zu einem wirklich erbarmungsvollen Anblicke führt; gleichsam wie Blitze müssen da die Mundwinkel fliegen. Der Altist hat auch eine Manier, nur ist sie würdiger und gesetzter; er neigt sich nämlich sanft vor und zurück, wie mehr oder weniger Noten in dasselbe Zeitmaß gehen, und hebt sich empor und duckt sich nieder, wie es forte oder piano geht. Der Sekundist geigt nur mehr ein ganz klein wenig mit den Füßen mit, und der Primist, Herr Quänger, sitzt ganz ruhig, da er auch auf Eleganz hält.

Nach dem Quartette ist ein ausgesuchtes Essen; nur beileibe nicht im Musiksaale; denn der ist bloß für die Musik. Er ist akustisch gebaut, hat zur Dämpfung der Resonanz alle Wände mit Wollteppichen belegt, hegt keine andere Einrichtung in sich als Fächer für Musikalien und Instrumentenkästen, Pulte, Sessel und ganz im Hintergrund ein ledernes Sofa, wo Quänger zuweilen liegt, wenn er sich die Finger müde geübt und nun im Haupte weiterarbeitet. Das Abendessen ist in der gewöhnlichen Wohnung des Herrn vom Hause, und Quänger beladet da den Teller des Violoncellisten gar reichlich mit Speise, da er ein armer Teufel ist, Herr Quänger aber sehr viele tausend Taler jährlich zu verzehren hat. Alle Mittwoch und Sonnabend ist Quängersches Quartett.

Ein anderer, aber in der Tat ganz anderer Musiksalon ist bei ***, nur herrscht dort wieder die Manie, daß nur *alte* Musik gemacht wird, freilich auserlesene und mit auserlesenem Geschmacke, aber jede neue, und wäre sie die beste, wird gesetzlich ausgeschlossen, und die Vereinsmitglieder müssen, dieselbe zu verkosten, sich andere Orte aufsuchen. Es wäre wünschenswert, daß auch Salons existierten, in denen alte Literatur gelesen würde, z.B. die aus der Reformationszeit, aus dem Mittelalter, die alten Griechen, Juden und dergleichen, und hiebei wäre zu wünschen, daß mancher eingeladen würde, und daß er auch hinginge und erführe, welche Leute jenseits der Berge gelebt haben. Aber meines Wissens existiert kein einziger solcher Salon, und nur der eine oder der andere einsame Mann trägt sich mit seinem Sophokles, Aschylus und Homer. Es ist eine Sünde, die zum Himmel schreit, ich will nicht sagen, daß nicht sogenannte Gebildete, sondern daß nicht einmal Schriftsteller, ja Dichter imstande sind, eine Zeile im alten Griechischen zu lesen – die einzige Sprache, in der die einzigsten Produkte geschrieben sind, die so weit über alles hinausgehen, was unsere Zeit produziert, welchen Produkten vergeblich alle späteren Jahrhunderte nacheiferten; – diese Sprache wird von so vielen bei uns als eine bloße Kuriosität betrachtet, die man dem pedantischen Gelehrten überlassen müsse. Dafür aber kann der Schriftsteller sein Französisch und leistet Dinge, die alles, nur keine Poesie sein mögen.

Da wir eben von Musik redeten, so könnte ich noch mehrere Versammlungen anführen, in denen regelmäßig Musik, und zwar ganz vortreffliche Musik gemacht wird. – Diesen alten Ruhm, glaube ich, bewahrt ja noch unser Wien, daß es die Stadt der Musik, guter Musik und in erlesenen Zirkeln auch *verstandener* Musik ist –, aber da unser Aufsatz den Titel »Salonszenen« führt, jene Versammlungen aber harmlose Privatzusammenkünfte sind, so dürfen sie hier keinen Platz haben.

Freilich sollte ich noch von jenem Salonleben reden, wo gar nichts da ist als der Salon, d. h. ein sehr großes Zimmer mit Spiegeln, Sesseln, Sofas, Draperie, Menschen und anderer Staffierung. Manche sehr edle Frau oder geschmackvolle Frau oder elegante Frau oder Lebefrau – oder welchen andern Titel ich ihr geben soll – hält sich solch einen Salon. Er hat den Zweck, daß sich hier andere an bestimmten Tagen zu einer sogenannten Gesellschaft versammeln, d. h. da tun sie Kleider auf ihren Körper, Ringe an die Finger, Goldbänder auf die Arme, haben Haare und den Kopfputz schön gemacht, tragen Gold- und andere chemische Produkte, z. B. geschliffenen kristallisierten Kohlenstoff (der ihnen am liebsten ist), dann kristallisierte Tonerde und dergleichen auf sich – setzen sich nieder und lassen all das im stillen wirken. Ich habe es durch einen mühsamen Schluß herausgebracht, daß dies der Hauptzweck eines solchen Salons ist; denn wenn der Mensch in Seligkeit ist, braucht er das Wort nicht; die äußerste Wonne, heißt es, ist stumm. – Wenn aber der Mensch seine Seligkeit gerade nicht zur Schau tragen, sondern sie eher verbergen will, so tut er, als rede er; er redet auch, aber seine Seele und sein Verstand ist von der Rede abwesend, und seine Worte sind leer; er gibt sich nicht die Mühe, daß sein Wort etwas heißt; sein Herz ist bei anderem. Nun beobachtete ich, daß die Worte sehr vieler solcher schöner Damen leer sind, daß sie reden, was zu reden nicht der Mühe wert ist: wer geheiratet hat, wer gestorben ist, wer wieder geheiratet hat, wer andrer gestorben ist, wer mit dem und jenem verwandt ist und wer wieder mit anderen verwandt ist, – also, schloß ich, daß diese Rede nur so nebenher ist, und daß sie, da sie sehr vergnügt aussehen, eine innere Seligkeit haben müssen, welche der eigentliche Zweck ihres Hierseins ist. – Da ich nun ferner bemerkte, daß man sich zu solchen Gesellschaften mit viel Sorge und Umsicht und Ärger die Kleidungsstücke und den Schmuck zusammenstellt, so brachte ich leicht heraus, daß diese der Zweck der Gesellschaft seien, und jetzt war mir alles begreiflich: das stille Lächeln der einen, welche im Bewußtsein ihrer Mantille dasitzt, die Huld der andern, deren Armbänder wirken, dann die absolut schönen Handschuhe, der Seidenrock, der Kopfputz – usw. usw. In solchen Salons werden auch gerne Herren gesehen, die schön sind, d. h. makellose Handschuhe tragen, mehrere Bärte sehr zugeschnitten haben und sonst an Kleidung und Wäsche hervorragen. Solche Salons weisen auch gerne sehr viel an Polstern, Sofas, Spiegeln, Teekesseln, Tischen, Seidenzeugen, Tapeten, Fenstervorhängen usw. usw. auf. Manche wollen sagen, daß es in ihnen langweilig sei; ich weiß nicht, ob dies bei so viel Pracht möglich ist; es mögen daher andere entscheiden. Ich kann aus Erfahrung von diesen Salons nicht viel sagen, weil ich, wenn mich das Glück in einen führte, immer der Häßlichste war und von der Pracht und den Reden rauschig wurde.

Von den verleumdenden, ehrabschneidenden und ähnlichen Salons rede ich nicht, weil ich nicht recht weiß, ob solche existieren, oder ob sich nicht vielmehr nur Privatversammlungen oder bloß Gruppen auf diesen Zweig werfen – gepflegt wird er aber, das weiß ich, und die Residenz ist zwar kein Krähwinkel, aber eine Sammlung von Krähwinkeln.

Von solchen Versammlungen, die an öffentlichen Orten statthaben, wie z. B. die Gasthauskränzchen, die Kaffeehausgesellschaften und dergleichen, kann ich nicht reden, da sie nicht in die Kategorie des Salons gehören, und wir schließen diese schwachen Skizzen des Salons mit dem Wunsche, daß sie dem salonhassenden Leser nicht gar die große lange Weile möchten verursacht haben als etwa der Besuch eines Salons selber.

Nachwort

Adalbert Stifters facettenreicher Bilderbogen aus »Wien und die Wiener in Bildern aus dem Leben« (1844) in einer Einzelausgabe einem breiteren Lesepublikum wieder zugänglich zu machen ist ein großes Verdienst, stellen doch diese Miniaturen der Großstadt in dem von Natur- und Landthemen dominierten Werk Adalbert Stifters ein interessantes, komplementäres Phänomen dar. Dass die Neuauflage dieser Wien-Schilderungen zum 200. Geburtstag des Dichters erfolgt, ist wie ein Geschenk, das uns der Dichter durch den Amalthea Verlag gibt.

Im Werkekanon Stifters führten und führen diese Großstadtbilder immer so etwas wie ein Schattendasein, denn nur die großen Stifter-Ausgaben bezogen sie in ihre Text-Repertoires ein, die seltenen Einzelausgaben waren immer Raritäten. Die Aufsätze von »Wien und die Wiener« galten als Nebenprodukt eines sonst von den »Studien«, den »Bunten Steinen« und den Romanen »Der Nachsommer« und »Witiko« repräsentierten poetischen Hauptwerkes. Dabei ist es von Bedeutung, dass Stifter in diesen Stadtschilderungen die konkrete Gegenwart seiner eigenen städtischen Erfahrungswelt reflektiert, also ein aktuelles Bild seiner Wiener Zeit um 1840 vermittelt, während die poetischen Texte in eine gegenwartsferne oder historische Zeit und Zivilisation zurückweisen (sieht man von den in Wien lokalisierten frühen Erzählungen »Der Condor« und »Feldblumen« ab). Die Stadt als literarisches Sujet und der zeitgenössische Charakter der Stadtdarstellungen in »Wien und die Wiener« ist also für Stifter eine außerordentliche Perspektive.

Stifters Wien-Schilderungen verdanken sich einem größeren Buchprojekt, das der Budapester Verleger Gustav Heckenast 1841 ins

Leben gerufen hat und für welches er schließlich Adalbert Stifter nicht nur als Beiträger, sondern auch als Redakteur und Herausgeber gewinnen konnte. Für den zu jener Zeit fast mittellosen Dichter und Maler Adalbert Stifter war diese Auftragsarbeit eine willkommene Einnahmequelle. Da seit den 1830er Jahren die feuilletonistische Großstadtliteratur und speziell auch die Wien-Bücher Konjunktur hatten, wollte auch Heckenast offenbar so rasch wie möglich seinen Wiener Feuilletonband auf den Markt bringen. Diese Situation führte zu einer überstürzten Planung und Produktion, die Stifter neben der Arbeit an seinen literarischen Hauptwerken zu leisten hatte. Die bereits von Stifters Vorgängern und Stifter selbst rekrutierten Beiträger für »Wien und die Wiener« waren zu kurzfristigen Textlieferungen angehalten, denn bereits in den letzten Monaten des Jahres 1841 begann die Ausgabe zunächst in Doppelheften zu erscheinen. Das Autorenteam war nicht erstrangig: Wer kennt heute – außer vielleicht den Dichter Franz Stelzhamer – Namen wie Carl Edmund Langer, Nordmann, Anton Ritter von Perger, Daniel Friedrich Reiberstorffer, Ludwig Scheyrer oder Sylvester Wagner (der die meisten Beiträge verfasste)? Bekannte Wiener Größen wie Ignaz Franz Castelli, der selbst seine »Wiener Lebensbilder« publiziert hatte, oder gar Franz Grillparzer, Nikolaus Lenau, Anastasius Grün e tutti quanti scheinen nicht auf. Stifter hatte seine Mühe mit dem Lektorieren und Redigieren, denn manche Texte mussten aus qualitativen oder thematischen Gründen überhaupt zurückgewiesen oder von Stifter überarbeitet werden.

So entstand ein im Ganzen merkwürdig inhomogenes Buch von 460 Seiten Umfang, das sich in 55 Kapitel gliedert. Das Werk erschien als Sammelband 1844 im Verlag Gustav Heckenast in Pesth, mit Illustrationen von Wilhelm Böhm in Stahlstichen von Carl Mahlknecht. Die Auslieferung erfolgte in drei Varianten: mit kolorierten bzw. schwarz-weiß gedruckten Stahlstichen und eine Ausgabe ohne Bildbeigaben. Es blieb allerdings bei dieser ersten und einzigen

Gesamtausgabe. Heute ist das Buch eine bibliophile antiquarische Kostbarkeit. Erst nach rund 160 Jahren liegt das Werk nun in der neuen historisch-kritischen Adalbert Stifter-Ausgabe (Verlag Kohlhammer, Stuttgart) in einem kompletten Reprint vor.

In der »Vorrede« zum Gesamtband von »Wien und die Wiener« kündigt Stifter namens der »Verfasser« an, dass es »Zweck und Ziel dieser Blätter« sei, »in ernsten und heitern Bildern, wie in einem Kaleidoskop Scenen dieser Hauptstadt vorüber zu führen, die nur ihr zukommen, so daß sich der Leser nach und nach ein Bild des Lebens und Treibens dieser Residenz zusammen malen« könne, ein Bild, in dem sich Humoristisches mit dem Ernst der historischen Bedeutung der Residenzstadt mischt, und der Leser werde sich nicht verwundern, »wenn ihm Figuren aus den untersten Ständen begegnen und aus den höchsten«. – Heraus gekommen ist am Ende ein bemerkenswertes, wenn auch etwas inhomogenes Buch, in dem Genrebilder aus der sozialen Unterschicht dominieren, in dem sich aber Stifters eigene zwölf Beiträge sowohl vom Inhalt und geistigen Tiefgang, als auch von der literarischen Qualität her markant abheben (wie auch in der zeitgenössischen Kritik vermerkt wurde).

Dies wird besonders in Stifters Haupttexten wie »Aussicht und Betrachtungen von der Spitze des St. Stephansturmes«, »Ein Gang durch die Katakomben« und »Der Tandelmarkt« deutlich, wie auch in den sozialgeschichtlich interessanten Schilderungen »Der Prater« und »Warenauslagen und Ankündigungen«, sowie in den satirischen Gesellschaftsbildern »Die Streichmacher« und »Wiener Salonszenen«.

Stifters Zustandsbilder der Residenzstadt Wien um 1840 sind nicht »statistisch« im Sinne von historisch-politischen Sachdarstellungen, sondern weithin erlebnismäßig gestaltet, sie besitzen vielfach einen autobiografischen Kern. Die Basis des Selbsterlebten wird besonders sichtbar in Kapiteln wie »Ein Gang durch die Katakomben«, »Leben und Haushalt dreier Wiener Studenten«, »Der Tandelmarkt«

und »Die Karwoche in Wien« – sie gewinnen z.T. geradezu bekenntnishaften Charakter. Auffallende Stiftersche Züge eignen den Darstellungen in der Bildhaftigkeit und Farbigkeit von Stil und Sprache, mit denen Elemente von Stifters Naturschilderungen auf die Charakterisierung der Großstadt übertragen werden, und so zugleich Stifters Malerblick verraten.

Dem entspricht in der rhetorischen Fassung der Beiträge vielfach die »Ich- oder Wir-Perspektive«, aus der dargestellt, gewichtet und gewertet wird, anderseits der scheinbare Dialogcharakter: der Erzähler spricht mit einem fiktiven Begleiter oder Gegenüber und in der direkten Leseranrede mit dem »geneigten Leser«. Solche kolloquiale Sprechsituationen insinuieren dem Leser auch die Bewertung des Erlebten, ja, insgesamt die Wertvorstellungen des Erzählers und Autors. Und diese erscheinen echt biedermeierlich im Sinne von Bewahren.

Stifter stellt das bewährte Alte neben die Errungenschaften des Fortschritts, den er als gebildeter Naturwissenschaftler durchaus anerkennt, aber in ihren zukünftigen Entwicklungsmöglichkeiten auch als potentiell bedrohlich ansieht. Am Beispiel der Anwendung der Dampfkraft zum Betrieb der Eisenbahn manifestiert sich ihm nicht nur der Triumph der menschlichen Intelligenz über die Gewalten der Natur, sondern auch die mögliche Ambivalenz des technischen Fortschritts in zukünftigen Zeiten:

»Wie das majestätisch ist! Und der Mensch, das ohnmächtige Ding, hat das Alles zusammengebracht; die furchtbar gewaltige Naturkraft, blind und entsetzlich, hat er wie ein Spielwerk vor seinen Wagenpallast gespannt, und lenkt sie mit dem Drucke seines Fingers – und so wird er auch noch andere, noch innigere, noch grauenhaftere seinem Dienste unterwerfen, und allmächtig werden in seinem Hause, der Erde. Die Welt wird immer schöner und großartiger – fast ist es betrübend, sterben zu müssen!« (»Aussicht und Betrachtungen von der Spitze des St. Stephansturmes«).

Stifters Wertehorizont in seinen Wiener Essays ist tendenziell noch orientiert an den religiös-moralischen Prägungen aus seiner ländlichen Herkunftswelt. Trotz seines 15-jährigen Großstadtlebens in Wien erscheint er nicht voll integriert, dies zeigt seine merkliche innere Distanz zur Mentalität des unreflektiert die gesellschaftlichen Usancen des Großstadtmenschen vollziehenden »eigentlichen« Wieners. Die Großstadt als Lebensraum bleibt ihm irgendwie fremd, sein Blick auf Wien in den Essays ist der eines Außenseiters. Aber gerade diese Ambiguität der Existenz und die aus ihr folgende Ambivalenz in der Wertung des Phänomens Großstadt und der Residenzstadt Wien, diese latenten inneren Vorbehalte, machen vielleicht den spezifischen historischen und literarischen Wert und Reiz dieser Stifterschen Großstadtbilder aus.

Dass sich Stifter der historischen und literarischen Relevanz seiner biedermeierlichen Zustandsbilder von Wien um 1840 bewusst war, belegt die Anfang der 1860er Jahre beabsichtigte Neufassung und Neuausgabe seiner Wiener Essays aus 1841–1844. Die Stadtentwicklung war nach der 1848er Revolution mächtig fortgeschritten und die Mentalität der Bevölkerung war eine andere geworden. Die erste Gründerzeit hat das Bild der Residenzstadt nachhaltig verändert: Von 1858 an wurden die Festungswerke rundum der Inneren Stadt (Basteien) abgetragen und die Erweiterung der Stadt über das Glacis in Angriff genommen – die »so genannte Neugestaltung« der kaiserlichen Metropole hatte begonnen. Stifter selbst kamen seine Schilderungen zwanzig Jahre später bereits als historisch vor. Sie sollten aber zu einer bleibenden Reminiszenz an das »alte Wien« werden: So begann er um 1860, nunmehr länger als zehn Jahre in Linz lebend, mit der Neufassung unter dem Titel »Aus Wien«, von der allerdings nur die neue Vorrede und ein Fragment des ersten Kapitels, nun betitelt »Vom Sanct-Stephansthurme«, überliefert sind. Stifter wollte seine Essays über Wien in einer neuen, selbstständigen Ausgabe, als wichtigen Teil seines literarischen Lebenswerkes der Öffentlichkeit präsentieren. Warum die Arbeit nicht fortgeführt werden konnte, ist unbekannt.

Dennoch lohnt es sich, die in der so genannten Prag-Reichenberger Stifter-Ausgabe vom Wiener Germanisten Gustav Wilhelm 1935 philologisch exakt edierten Bruchstücke der Neufassung in der Ausgabe des Amalthea Verlags im nachfolgenden Faksimile-Druck neu zu publizieren.

Dr. Johann Lachinger

Aus Wien.

Wie in längst vergangnen Tagen
Sich die Sachen zugetragen.

Was ich hier von Wien sage, stammt aus Wien vor der so genannten Neugestaltung, also, wie sie jezt sagen, aus dem alten Wien Nicht jederman wird das alte Wien verachten, und wir, die wir älter werden, verachten es am wenigsten. Ich hatte einmal eine Freundin, sie war sehr schön, ich hätte mich beinahe in sie verliebt — oder vielmehr, ich war in sie verliebt; verbiß aber die Sache, und ließ mir nichts merken. Sie war ein wildes hochfahrendes aber auch wieder ein herrliches Ding. Die Farbe ihres Angesichtes war fast brauner, als es sich für ein Mädchen ziemt. Oft meinte ich, ich müßte ihre kräftigen rothen Lippen so sehr küssen, daß sie bluteten. Sie nekte mich mit Übermuth; liebte mich aber doch nach ihrer Art. Nach einer Trennung von vielen Jahren, in denen wir jedes an einem andern Orte lebten, sah ich sie als eine sanfte edle Mutter als eine liebreiche Gattin und als eine vortreffliche Hausfrau wieder. Und als müßte sich alles an ihr geklärt und abgemildert haben, so war auch ihre Hautfarbe viel weißer geworden, so daß sie jezt als alternde Frau fast schöner war als einstens als blühendes Mädchen. Ich saß mit Verehrung gegen sie an ihrem Tische, hatte aber doch eine gewisse Wehmuth in dem Herzen, und konnte dieser Wehmuth nicht Meister werden. Erst in meinem Gasthofe erkannte ich, daß ich ihre Fehler vermißte. Ich war ein Narr; aber die Sache war nicht anders. Ich hatte auch einmal einen Vetter, er war ein leidlich guter Mensch, und ich war ihm herzlich zugethan. Als ich ihn nach langer Abwesenheit mit einigen Widerwärtigkeiten ausgerüstet wieder fand, konnte ich ihn nicht mehr leiden. Es wird mir bei Wien mit seinen guten und bösen Veränderungen ein wenig so gehen wie bei meiner Freundin und bei meinem Vetter. Die im alten Wien fröhlich waren, werden die harmlosen Dinge, welche in diesen Blättern folgen, ansehen, wie die ausgebleichte Schleife einer Geliebten, die jezt alt geworden ist, und von der sie nicht einmal wissen, wo sie sich befindet.

1.

Vom Sanct-Stephansthurme.

Diese Worte sind eigentlich falsch, wie die Worte falsch waren, die wir lange in einem der schmalen Gäßchen Wiens lasen: „dürrer Obsthändler"; denn weder wollte man den Obsthändler als dürr noch den Thurm als heilig bezeichnen — man sollte sagen: „vom Thurm der Kirche des heiligen Stephan"; aber die Wiener sagen hartnäkig: „der Sanct Stephansthurm" oder noch häufiger: „der Stephansthurm", und da ich ein übler Feind vom Abbringen guter alter Bräuche bin, so will ich bis zu meinem Lebensende sagen: „der Stephansthurm".

Wenn man Wien von einer Anhöhe aus betrachtet, deren mehrere in ganz geeigneter Entfernung liegen, so zeigt sich die Stephanskirche gewissermassen als Schwerpunkt, um welchen sich die Scheibe der Stadt lagert. Und an der Kirche ist wieder der Thurm der Zeiger ihrer Majestät; denn denkt man ihn weg, so könnte die Kirche auch irgend ein ansehnliches Stadthaus oder ein hervorragendes Schloß sein. Er gibt ihr ihre Bedeutung. Wenn man in großen Entfernungen ist, in denen man weder die Stadt noch die Kirche erbliken kann, so ragt doch er wie ein blauer Schatten oder wie eine matte Linie oder wie eine dämmerige Pappel empor. Denen, die auf den Ebenen von Ungarn daher kommen, steht er lange wie ein Meilenzeiger vor dem Angesichte, der allgemach riesenhaft emporwächst, wie man ihm Stunde nach Stunde entgegen fährt. Die Pappel ist er, wenn man sich Wien donauabwärts nähert. Da ist eine Stelle, von welcher man eine graue Pappel unter grünen stehen sieht. Sie unterscheidet sich von ihnen Anfangs nur durch die Farbe, und später auch dadurch, daß die grünen Pappeln deutlicher werden, und beim Vorüberfahren zurük weichen, während die graue wieder in der Ferne steht, und die nehmliche zarte Farbe trägt. So kündet der Thurm in Weiten, von denen aus man sonst nichts sehen kann, immer den Plaz an, auf welchem die Stadt steht. Wenn ich von Anhöhen Wien betrachtete, so hielt ich den Stephansthurm für den Stift, an dem man die Scheibe der Stadt empor heben könnte. Das Bild ist lächerlich; aber es fiel mir sehr oft ein. Wenn der in Wien Geborene sich in dessen Umgebung befindet, sei es, daß er sich als Lustwandelnder irgend wo lagert, oder daß er ein Landhaus in der Gegend bewohnet, so richtet er ein Fernrohr auf den Stephansthurm, und freut sich, wenn er dessen Zierathen sieht, oder seines Kaiserreiches Zeichen auf der Spize erbliken kann, oder wenn er gar erkennt, wie viel Uhr es ist. Man sagt den Eingebornen Wiens nach, daß sie Herzweh bekommen, wenn sie den Stephansthurm nicht mehr sehen. Man könnte ihn auch den Stift eines Sonnenzeigers nennen, zu dem alle Straßen der Umgegend wie die Halbmesser eines Kreises zu ihrem Mittelpunkte zusammen laufen.

Aber nicht blos, wenn man sich außerhalb der Stadt befindet, ist der Stephansthurm ein Gegenstand des Augenmerkes, er ist es auch für die innerhalb der Umgebungslinien Wiens Wandelnden. Wenn man bei dem gegitterten Holzthore irgend einer der Außenlinien Wiens eingegangen ist, und nun in einer der langen und unabsehlichen Gassen der Vorstadt fortschreitet, welche gegen die eigentliche Stadt führen, so schaut man sorgfältig herum, ob man nicht irgend wo den Stephansthurm erbliken kann. Zuweilen täuscht sich ein Neuangekommener. Die zartgegliederte Spize des Thurmes der gothischen Kirche Maria am Gestade hat entfernte Ähnlichkeit mit dem Stephansthurme, und der Unkundige hält sie, wenn er sie allein empor ragen sieht, für ihn. Aber wenn er dann durch irgend eine Wendung in seinem Gange plözlich die mächtigere schlankere Gestalt in luftblauern Farben emporsteigen sieht, erkennt er seinen Irrthum, und wendet sich von dem Afterbilde dem Urbilde zu, auf dessen Spize der große kaiserliche Adler klein wie eine Fliege ruht. Es gibt mehrere Vorstadtgassen, in denen man den Stephansthurm sehr gut sieht. An vielen Stellen der Gassen, die als Fortsezung der Straßen von Italien und Ungarn der Stadt zu führen, thront einem dieser erhabene Leitstift gleichsam in Würde und Ernst entgegen. Wenn man in der Jägerzeile der Stadt zugeht, ruht die einfache edle Last der ganzen Kirche und des Thurmes als große Macht und doch als leichtgebildetes Kunstwerk in den Augen des Wandelnden. Es gibt aber auch viele Vorstädte, in deren langen der Stadt zu führenden Gassen keine Stelle zu finden ist, von welcher man den Stephansthurm erbliken könnte. Durch welche Gasse einer Vorstadt man aber auch der Stadt zugegangen sein mag, alle münden endlich an einem grünen freien Plaze, der an vielen

Stellen mit Reihen von Laubbäumen besezt ist, nach allen Richtungen Pfade hat, auf denen sich gepuzte Menschen bewegen, und jenseits dessen die eigentliche Stadt steht, welche die Stephanskirche und ihren Thurm in der Mitte hat. Der freie Plaz aber ist der gewöhnliche Spielraum, der um jede Festung herum laufen muß, und der auch um Wien als Festung herum lief. Seit die Festung durch Aufhören der Türkengefahr und durch Anwachsen der Stadt zu einer Weltstadt ihre größte Bedeutung verloren hat, ist der Plaz als Erinnerung geblieben, verwandelt sich immer mehr in einen Garten, und führt der Stadt einen Strom erneuerter frischer Luft zu. Wenn man ihn überschritten hat, gelangt man zu einem der Thore der eigentlichen Stadt, und durch dieses in sie selber.

Auch hier sieht man sich gerne nach der emporragenden Gestalt des Stephansthurmes um, obwohl es wenige Punkte in der Stadt gibt, von denen man ihn sehen kann. Allein wenn man durch die belebteren Gassen vorzüglich dem Menschenstrome nach geht, so kann es kaum fehlen, daß man nicht auf den Plaz gelangt, welcher den Namen des heiligen Stephans führt, und daß man nun endlich den Bau ohne Zwischengegenstand vor Augen hat, von dem die Blike schon in aller Ferne so sehr angelokt worden waren. In der Mitte eines weiten Plazes steht das Werk mit seinen großen Linien mit seinen reichen Verzierungen und mit seiner dunkeln Farbe. Die Häuser umsäumen den Plaz wie ein niedrerer bunter heiterer Kranz, und obgleich der Plaz sehr geräumig ist, so läßt die Ausdehnung der Kirche doch nur einen verhältnißmäßig schmalen Gürtel frei, der der Bewegung der Menschen gegönnt ist. Aber jeden Fremden, er müßte denn ein sehr geübter Fachmann sein, ergreift, wenn er zum ersten Male den Stephansplaz betrit, die höchste Verwunderung, daß die Kirche und der Thurm so klein sind, die sich in der Ferne mit solcher Macht angekündigt haben. Dies hat der Bau mit großen Gebirgen gemein, und dadurch wird er wieder groß. Die hohe Gebirgskette schaut als breites dämmeriges Band weit in die ebenen Lande hinein, wenn man sich in großen Fernen von ihr befindet, und steht als eine Aufthürmung nicht gar hoher Felsblöke vor einem, wie man an den Fuß einer ihrer Abtheilungen getreten ist. Mit der Annäherung wird das Kleine schneller groß als das Große, weil dieses als in der Ferne schon groß die Annäherung verträgt, und weil sich bei zu großer Nähe seine oberen Theile mehr verjüngen als bei dem Kleinen. Wenn man das Gebirge besteigt, so gewinnt es seine Größe wieder, und drükt mit derselben auf den Besteiger. Und wenn man oben ist, so ist es gerechtfertigt. Alle Kleinheit, und wäre sie doch von ziemlicher Bedeutung, liegt tief unten, der Blik ist frei, und alles ist ins Klare gebracht. Auch der Stephansthurm läßt dem Besteiger seine Höhe fühlen, und wenn man von ihm nieder blikt, so sind die mächtigen Stadthäuser und die andern Kirchen klein, und das Auge kann sich in der weiten Runde ergehen. Der Fremde, wenn er sich lange mit der Kirche und besonders mit ihrem Thurme beschäftigt, lernt sie nach und nach kennen, und wird mit ihrer Bedeutung vertraut. Wenn man längere Zeit von Österreichs Hauptstadt entfernt gewesen ist, und wieder zu ihr zurük kehrt, so erstaunt man neuerdings wieder über die merkwürdige Wesenheit dieses Werkes, und ist darüber erfreut.

Aber auch dem Einheimischen ist der Anblik der Kirche wichtig. Außerdem, daß sie und ihr Thurm ihm wie dem Fremden einen Mittelpunkt abgeben, um den herum er sich die ganze Stadt zurecht legt, wirkt sie auch sonst noch gar oft auf ihn: sei es, daß er in Gedanken oder gedankenlos durch eine Gasse heraus geht, und nun den Bau vor sich hat, der wie ein Gebirge einfach und doch so schön ist, und der seinen Geist erhebt, und kräftigt; sei es, daß er aus der Goldschmidgasse kommend immer wieder durch das plözliche Vorspringen der großen Gestaltungen überrascht ist, oder sei es, daß an nebligen Spätherbstabenden, auf welche der Vollmond scheint, der Thurm einen fantastischen Schatten auf den Nebel wirft, welcher Schatten unten durch das feurige Roth der Stadtlichter und oben durch das Silberblau des Mondlichtes begrenzt ist, sei es, daß in klaren Nächten, wenn man gegen die große Schulenstraße zugeht, breite Silberströme von dem glasirten Dache der Kirche nieder rinnen, gegen die der Thurm wie ein dunkler Riese empor ragt, und zu dem Monde weiset, welcher diese Wirkung hervor gebracht hat; sei es, daß ein Falke oder ein anderer Raubvogel, der die Kirche als einen Felsen angesehen hat, auf derselben irgend ein Federvieh zerreißt, die Federn herabfallen läßt, und tausend Blike zu sich hinauf zieht; sei es, daß der Sturm, der unten Fenster zerschmettert, Thore auf und zu schlägt, und alles in Verwirrung bringt, dem Thurme nichts anhaben kann, der ruhig da steht, und den Regen gegen sich heranpeitschen läßt, sei es, daß die Spize bei trübem Schneewetter gar nicht sichtbar ist, und in die niederen Winterwolken hinein ragt; sei es, daß in stiller Winterszeit die tausend und tausend weichen Schneekißchen auf den unzähligen Zierathen des Thurmes von unten bis oben lagern; oder sei es, daß an ganz gewöhnlichen Tagen, die wolkenlos sind, Thurm und Kirche einfach in die blaue Luft empor ragen, ruhig und milde da stehen, nach oben immer duftiger werden, und endlich die funkelnde Spize zeigen. Tausend Gelegenheiten gibt es, daß die Kirche auf den Bewohner Wiens einen Eindruck macht, daß sie ihm zugeartet wird, so daß das Sprichwort entstehen konnte, welches oben angeführt worden ist. Da wir hier von dem Äußeren der Kirche und vorzüglich von dem Thurme reden, so sprechen wir nicht von dem Gottesdienste im Innern derselben, obwohl auch er in dieser Kirche eine andere und erhabnere Gestalt hat, als in andern gewöhnlicheren Kirchen. Wir erwähnen nur einer Thatsache, die wir einmal bei einer erhebenden Feier der Auferstehung des Heilands beobachtet haben. Obwohl unzählige Kerzen brannten, und das Untere der Kirche in einem Lichtmeere schwamm, konnte doch dieses Licht nicht die Rippen der Einwölbung sichtbar machen, was nicht nur den Ernst der Kirche sondern auch die Würde des Festes erhöhte. Wer wird nicht ergriffen, wenn die langsamen Töne der großen Gloke wie eine Erscheinung des Himmelsgewölbes von dem Thurme auf die Stadt hernieder wallen.

Vor langer Zeit stiegen wir oft unser mehrere als Jünglinge auf den Thurm hinauf, oder gingen wenigstens innerhalb der Brustwehren herum, die vom untern Rande des Kirchendaches empor ragen. Wir sahen dann auf die menschenbewegte Stadt hinab, oder suchten uns Theile derselben zu erklären, oder blikten in die duftige Ferne hinaus, und forschten nach allerlei Punkten, die in derselben lagen, oder maßen mit den Augen den Abgrund, der sich unter uns hinab senkte, oder gaben uns einfach den großartigen Eindrüken hin, oder wir stiegen blos hinauf, um oben zu sein. In diesem Falle stiegen wir gewöhnlich so hoch, als man kann, ehe sich die Spalte des zulaufenden Thurmes schließt, oder so enge wird, daß man kaum ein Haupt kaum eine Hand hinaus streken kann. Man sagte uns, daß außen in dem Mauerwerke eiserne Stangen steken, daß man durch eine Thurmspalte hinaus und an den Stangen bis zur Spize empor steigen könne. Uns erfüllte die Sage mit Schaudern, und wir versuchten gar nicht zu erforschen, ob wirklich die Stangen steken. Einmal waren wir in den Katakomben, welche unter der Kirche und dem Thurme so wie unter Theilen des Stephansplazes und der Stadt mit unzähligen Wölbungen fortlaufen, und eine Menge geschichteter Menschenknochen und getrokneter Menschenleichen enthalten. Wieder an das Tageslicht getreten bestiegen wir den Thurm, um den traurigen Eindruk von unten wieder in den offenen Lüften und in dem freien Leben hinweg zu bringen. Einmal tranken wir auf dem Thurme das Wohl unserer Geliebten, ein anderes Mal an dem Erinnerungstage der Schlacht bei Leipzig das des deutschen Vaterlandes, und schlenderten die Gläser in die Zaken des Thurmes, damit sie nach einem solchen Trunke nicht mehr durch einen andern entweiht werden konnten.

Sehr oft, und namentlich schon in späteren reiferen Jahren erwartete ich durch die Güte des Thürmers, mit dem ich Bekanntschaft gemacht hatte, auf der höchsten Höhe des Thurmes das Erwachen des Tages. Ich stieg zu diesem Zweke entweder schon vor Tages Anbruch auf den Thurm, oder ich durchwachte die Nacht auf demselben, und stieg bei noch vollständigem Sternenscheine auf meinen Beobachtungsplaz. Diese Nachtspähen waren das Lohnendste. Erst gegen den Morgen hin wird die Stadt stille, und es gibt nur eine kurze Zeit nach Mitternacht und vor dem Morgen, in welcher es in der Stadt Nacht ist. Da liegt sie unten wie todt und starr. Und wenn man auf dem Thurme hoch oben ist, von den prangenden Sternen umgeben, von der umliegenden Landschaft nichts im Einzelnen gewahrend sondern nur die dunkle Scheibe derselben erblikend, die von der lichten Sternflimmernden Himmelsgloke geschnitten wird, und wenn man dann niedersieht in die schwarzen Klumpen der verschiedenen Häuserdurchschlingungen, in denen sich die Nachtlichter wie trübe irdische Sterne zeigen, so erscheint einem erst recht das menschliche Treiben, das hier eine Größe darstellen will, als Tand. Von Lauten hört man in dieser Zeit gar nichts als den Glokenschlag der Thurmuhr, dem die Schläge von anderen Thürmen antworten, und in Sommernächten zuweilen den Ruf einer Nachtigall, welche ein Liebhaber vor seinem Fenster hängen hat, welcher Ruf wahrscheinlich ein Noth- und Angstruf in diesem Steinmeere ist. Die Menschen schlafen indessen in diesem Steinmeere, und wenige von ihnen werden zu dieser Stunde je einmal von dieser Stelle auf die Stadt nieder geschaut haben. Der Thürmer thut es sehr oft, aber er ist des Anblikes schon gewöhnt.

Endlich noch lange vorher, ehe sich durch die erste Himmelslichtung das Nahen des Tages ankündigt, ertönen seine ersten Schalle für die Stadt Wien. Man hört ein fernes Rasseln durch eine Gasse, als ob Kriegsgeschüze im strengen Laufe führen. Es sind die ersten Wägen, welche beginnen, diesem ungeheuren Magen seine tägliche Nahrung zuzuführen. Vorzüglich sind es Fleischerwagen, die so heftig rollen, und die ihren Bedarf zum Verkaufe in die Stadt schaffen, daß er dort an den Verkaufsorten zurecht gerichtet werde. Die Menschen werden durch dieses nachmitternächtliche Rasseln nicht beirrt; denn entweder schlafen sie ihren ersten festen Schlaf, und hören nichts, oder das Rollen tönt in ihre Träume, und ändert sie nicht, da sie dasselbe oft gehört haben, und es gewöhnt sind. Dieses Rasseln verliert sich entweder in einer fernen Gasse, oder es hört plözlich auf, da der Wagen hält, und dann ist es wieder stille. Aber es wiederholt sich, die Zwischenräume werden kürzer, und es mischt sich das Rollen anderer Wagen hinein.

Indessen fängt der Himmel an, im Osten lichter zu werden, und die dunkle Landschaftscheibe löset sich wenn vorerst auch nur in einzelne größere Theile. Gegen Norden ziehen und ruhen Nebel. Dort ist die Donau, und die dunkleren Streifen, die im Nebel liegen, oder mit ihm zu gehen scheinen, sind Auen, durch welche der schöne Strom wallet. Allmählich wird der Himmel im Morgen immer klarer, die Sterne blassen, und die Rundsicht beginnt deutlicher zu werden. Jenseits des Nebels ist ein fahlrother Hauch hinaus; es ist das Marchfeld. Rechts von ihm unter der hellsten Stelle des Himmels im Osten schneidet sich der Rand der Scheibe am schärfsten von der Luft; dort sind die Karpathen, sind die ungarischen Höhenzüge, und ist die ungarische Grenze. Die Berge im Westen, welche jezt fast unschön schwarz in den Himmel ragen, sind anmuthige Höhen, auf denen meistens Laubwald steht, die gegen ihren Fuß herab Reben hegen, in denen Landhäuser Dörfer und Schlösser herum gestreut sind, und durch die tausendfach verschlungene Wege laufen. Diese Höhen sind fast ein ungeheurer Garten, welcher in einiger Entfernung in einem großen Bogentheile um die Stadt liegt. Nach und nach wird der Morgenhimmel golden, die Sterne sind erloschen, und der Süden trit auch in die Rundsicht ein. Dort steht ein Berg, scheinbar nahe, mit bleigrauem Lichte auf dem Schnee, den sein Rücken hie und da trägt. Er ist der Schneeberg, eine Tagereise von Wien, das lezte Haupt in jener Bergkette, welche von der Schweiz ausläuft, durch Tirol und Salzburg geht, zwischen Österreich und Steiermark hinzieht, manchen Gipfel mit Eis und Schnee zeigt, und hier gegen Ungarn hin mit einem Male ein Ende nimmt. Der Himmel wird röther, und legt auch schon ein ganz schwaches Roth auf die Steine und Rippen des Thurmes in der Gegend, in welcher wir stehen. Selbst durch Theile der Stadt läuft hie und da ein graues Schimmern, sie wird immer größer, und strekt ihre Glieder sie gleichsam im Morgenschlummer dehnend über Hügel und Thäler hinaus. Der Himmel wird nun glühend rothgelb. Die Nebel sind von der Donau verschwunden, und sie geht nun wie ein stiller goldener Bach dahin. In der Stadt blizen hie und da Funken auf, es sind Fenster, an denen sich die Glut des Morgenhimmels fängt. In ihren Gassen wird das Rasseln häufiger, in anderen verworrenen Tönen beginnt es sich

zu regen, und dort und da erbrauset es sanft wie Athemzüge e
Erwachenden. Auch einzelne Rauchsäulen steigen gegen den Him
Jezt geht sachte ein anschwellender Bliz auf das Steinwerk un
Thurmes. Die Sonne ist es, welche die ersten Strahlen auf ihn sen
Die Stadt trift sie noch nicht. Bald wird auch sie begrüßt, und di
Anblik ist unbeschreiblich schön. Von den tausend und tausend Fens
glänzt es wunderbar. Zuerst entzündet sich irgend ein Theil, d
verbreitet sich der Brand, von Gasse zu Gasse lodert es gleichs
endlich glüht alles, und darüber funkeln die Thurmkreuze und Kupp
In einem großen Theile des Jahres ist bei dem Eintreten di
Schauspieles die eigentliche Stadt noch keineswegs erwacht. Nur Fre
sind es, die kamen, ihr Zufuhr zu bringen, und die sich in ihr
wegen, Leute der Vorstadt sind es, die auch herbei eilten, ihre
schäfte vorzubereiten. Nach und nach mehren sich die Zeichen des Leb
Der aufsteigenden Rauchsäulen werden mehrere, bis ein allgeme
leichter Rauch wie ein trüber Schleier gegen den Morgenhimmel em
wallt. Einzelne sich bewegende Menschen werden in den Gassen
schwarze Punkte sichtbar, die sich regen und durcheinander schie
sie werden schnell ihrer viele und mehren sich stets, neue Le
schlagen herauf, das Rollen, Rasseln und Prasseln wird immer dich
das verworrene Tönen ergreift alle Stadttheile, gleichsam als ob
Häuser und Gassen rührten, bis ein einziges gleichmäßiges dum
Brausen unverändert durch die ganze Stadt geht. Sie ist erwa
Die Sonne hat sich indeß einsam und lächelnd wie ein silberner Sc
höher an dem Himmel geschwungen, und schaut auf alles herab. D
Zeit ist es, in der man das Schauspiel zu seinen Füssen am
getrübtesten betrachten kann, ehe der Wind sich hebt, und der St
seinen schmuzigen Schleier über ganze Theile der Stadt und
Schmelz der Fernsicht legt.

Anmerkungen zum Text (1909)

Seite 17f.: Die kaiserliche Gemäldegalerie war von 1777 bis 1888 im oberen Belvedere untergebracht.

Seite 20: Die Kanonenbohrerei (k. k. Stückbohrerei) auf der Landstraße war in den dreißiger Jahren als Zweiganstalt der Kanonengießerei errichtet worden, die Maria Theresia auf der Wieden hatte bauen lassen.

Seite 22: Die Leopoldstadt besonders hatte im Winter 1830 unter der großen Überschwemmung gelitten.

Seite 22: Das k. k. Landesgericht, 1832 erbaut, wurde im Volksmund »Kriminal« oder »graues Haus« genannt.

Seite 40: In einer medizinisch-historischen Studie über die »Katakomben bei St. Stephan« (Wien 1902) wirft Dr. Leopold Senfelder mit gutem Recht auch Stifter die Nacherzählung allgemein gangbarer Irrtümer vor. So sei es ganz unmöglich, daß die Besucher unter dem Hochaltare gestanden hätten; denn dort befinde sich die von den Katakomben abgeschlossene, für jeden Besucher unzugängliche Herzogs- oder Fürstengruft. Eine einfache Beschreibung der sagenhaften Grabgewölbe bei St. Stephan, die eigentlich keine Katakomben, sondern Grüfte sind, hat zuerst Albert R. v. Camesina in den »Berichten und Mitteilungen des Altertumvereins« (Band XI, Wien 1870) gegeben. Sie wurden in dem Zeitraum zwischen 1486 und 1732 ausgebaut und verwendet, ihre Tiefe war gering und nicht mehrere Stockwerke groß, ihre Ausdehnung beschränkte sich auf den heutigen Stephansplatz. Unter den Häusern dieses Platzes lag nur der Eingang zu den Gewölben.

Seite 44f.: Die Särge sind seit den achtziger Jahren des 19. Jahrhunderts in Seitenkammern geräumt und den Katakomben dadurch alles Gruselige benommen worden.

Seite 51: Der untere Teil der Praterstraße hieß auch damals noch die Jägerzeile.

Seite 54: Erzherzog Karl.

Seite 58: Anton Stuwer, der dritte Sproß aus der berühmten, seit 1777 in Wien wirkenden Generation von privilegierten Feuerwerkern.

Seite 61: Zu Stifters Zeiten stand auf dem Kahlenberge noch das Schlößchen des Fürsten de Ligne; das Wirtschaftsgebäude auf dem Leopoldsberge, das derselbe Fürst eine Zeitlang bewohnte, wurde die Burg genannt.

Seite 62: Stifter selbst wohnte damals recht bescheiden im vierten Stockwerke des alten Hauses »zum Küßdenpfennig«, in der engen Adlergasse der inneren Stadt (vgl. Seite 199), das am Ende des 15. Jahrhunderts den berühmten Paracelsus beherbergt haben soll und bis 1878 bestand. Im Jahre 1844 scheint Stifter in die benachbarte Seitenstettergasse übersiedelt zu sein.

Seite 63: In einem engeren Sinne hat Friedrich Schlögl (»Wienerisches«, 1883) die Streichmacher geschildert, nämlich nur im Typus der »Aufhauer« mit ihren »Geldhinauswerfungs-Bravouren«.

Seite 70: In der zweiten Fassung dieser Studie heißt es: »wenige Striche des Schülers ausgenommen«, eine unsinnige Korrektur, die man wohl auf Aprents Rechnung setzen muß.

Seite 72: Die sanfte Umschreibung des Cul de Paris ist in der zweiten Fassung der Studie gestrichen.

Seite 74: Dieser Aufsatz bedeutet ein Stück freier Selbstbiographie. Stifter war im Jahre 1826 vom Stifte Kremsmünster, wo er das Gymnasium absolviert hatte, auf einem Donaufloße nach Wien gekommen. Zwei Studiengenossen begleiteten ihn: Anton Mügerauer und Franz Xaver Schiffler, die später Ärzte wurden. Stifter hat sie in den »angehenden Heilkünstlern« Heinrich Quirin und Urban Schmidt abgezeichnet. Er selbst stellt sich als Franz Xaver Pfeiffer, Kandidat der Rechtsgelehrsamkeit, dar, obwohl er sich bald aus Liebhaberei den naturwissenschaftlichen Studien ergab.

Seite 78: Das Schanzel, einst berühmt durch den dort gelegenen Obstmarkt, war eine Landungsstätte am Donaukanal, nahe der Augartenbrücke in der Gegend des Franz-Josefsquai gelegen.

Seite 78: Stifter war allerdings schon 21 Jahre alt, als er nach Wien kam.

Seite 82: Georgi war der Ausziehtermin im April. – Bei der ehemaligen Marxer-(St. Markus-)Linie vereinigen sich Rennweg und Landstraße (Hauptstraße).

Seite 91f.: Das Gebäude der alten Universität ist 1753 von dem französischen Architektenjean Nicolas Jadot de Ville Issey erbaut, der Festsaal von Gregor Guglielmi mit Fresken geschmückt worden.

Seite 95: Die Neulingische Bierbrauerei, zu der auch ein besuchter Garten gehörte, war auf der Landstraße (Ungargasse) gelegen. – Stifter selbst malte fast nur Landschaften. – Bassettel bedeutet im Wienerischen Violoncell. – Im April 1821 war Opus 1 (»Der Erlkönig«), seit damals waren bereits mehrere Werke von Schubert erschienen. Da Schubert schon 1828 starb, dürfte Stifter mit ihm nicht zusammengetroffen sein. Aber von einer künstlerischen Berührung der beiden erzählt Emil Kuh (»Zwei Dichter Österreichs: Franz Grillparzer -Adalbert Stifter«. Pest 1872): »Stifter suchte in seinen Gemälden Stimmungen zu Bildern zu geben. Das Seltsamste aber unternahm er einst, indem er Schuberts Lied ›Aufenthalt‹ (aus dem ›Schwanengesang‹) nach den plastischen Umrissen des Textes und im Hinblick auf die Melodie für seinen Freund Rizy (vermutlich Theobald, Gnllparzers Vetter), einen in der Jugend ausgezeichneten Schubertsänger, auf die Leinwand warf.«

Seite 96: Vielleicht spielt Stifter, der längere Zeit in Wien von seinem kleinen Vermögen und von dem Ertrag einiger Lektionen lebte, hier auf sein Hauslehreramt beim Fürsten Clemens Wenzel Metternich, dem Staatskanzler, an.

Seite 97: Die Cholera trat in Wien zum erstenmal 1831 auf.

Seite 103: Der Lichtensteg verbindet den Hohen Markt mit der Rotenturmstraße.

Seite 103: Das Tor am Katzensteig, der zur Zeit der Babenberger einen Teil des Stadtwalles ausmachte, wurde am Anfang des 19. Jahrhunderts abgebrochen und die danach benannte Straße erweitert. – In der Gegend des Konkordiaplatzes lag früher eine Sackgasse, die zuerst Im Elend (Fremdenviertel für Schotten und Iren), dann Zeughausgasse (nach dem alten Arsenal) benannt war. – Eine Sackgasse war auch das Paternostergassel (Paternosterer nannte man die Erzeuger von Rosenkränzen), das mit seinen zwei Häusern den Graben zwischen Kohlmarkt und Tuchlauben verlegte und 1840 verschwand.

Seite 106: Der Tandelmarkt wurde am Anfang des 17. Jahrhunderts vor dem Kärntnertore errichtet, 1671 in die Leopoldstadt, 1733 wieder vor das Kärntnertor, und zwar auf den Platz der später erbauten Technischen Hochschule verlegt, 1816 endlich auf seinen ursprünglichen Standplatz zurück, zwischen der sogenannten Mondschein- (später Tegetthoff-) und der Karolinen-Brücke des Wienflusses. Hinter diesem Tandelmarkte wurde 1841 die Heumarktkaserne erbaut. Seit dem Jahre 1864 lag der Tandelmarkt bei der Berggasse am Aisergrund. — Seit dem Abbrennen des Amphitheaters nächst den Weißgärbern (1796) war die von Spaniern eingeführte Tierhetze in Wien verboten. Das öffentliche Turnen war im Vormärz wegen seines radikal-politischen Beigeschmacks untersagt.

Seite 118: In der ersten Fassung dieser Studie steht statt »engherziger« »edelherziger Trödler«.

Seite 134: Auf dem Hause »zur Unmöglichkeit« war ein Schild als Erklärung angebracht; es stellte ein Schiff dar, das einen Berg hinauffahrt.

Seite 153: Der Erzherzog Karlsche Palast hieß später nach seinem vorletzten Besitzer Albrechtspalais.

Seite 153: Ähnlich schrieb der Wiener Maler Karl Schuch, Leibls Freund, im Jahre 1870: »Ich habe die kuriose Entdeckung gemacht, daß die einzelnen Bezirke ihr eigenes Klima haben mit eigenen Launen des Wetters.«

Seite 157: Stifter war in Oberplan, im südlichen Deutschböhmen, als Sohn eines Leinenwebers geboren.

Seite 166: Auf dem Marchfeld spielten die Schlachten von Dürnkrut (1278), Aspern und Wagram (1809).

Seite 174: Das Etablissement Tivoli wurde 1828 von den Berlinern Gericke und Wagner errichtet. Nur die später dort gegründete Meierei hatte Bestand.

Seite 175: An der Stelle des Dommayerischen Kasinos stand seit 1908 Hopfners Parkhotel. – In Simmering lockte das große Brauhaus; überdies fanden auf der Simmeringer Heide im Frühjahr Pferdewettrennen, im Herbst Artillerieübungen statt. – Für Stadtgut dürfte Landgut zu lesen sein. Unweit der Favoritenlinie war ein Kasino dieses Namens, das 1834 aus einer Ziegelei umgestaltet worden war. Der Orientierung nach paßt Stifters Beschreibung nur auf dieses Etablissement, und nicht auf das sogenannte kleine Stadtgut in Sechshaus, das übrigens nur einen Tanzsaal bot.

Seite 177: Haimbach oder Hainbach war ein Lieblingsort der vormärzlichen Wiener. In Hinterhainbach stand vor dem alten kleinen Wirtshause ein Nußbaum, der nach Stifter benannt ist. Ein Unbekannter ließ in der Mitte der achtziger Jahre an diesem Baume eine runde Tafel anbringen mit der Inschrift: »Hier hat Adalbert Stifter im Mai 1835 die Erzählung Feldblumen entworfen.«

Seite 178: Der Park von Dornbach gehört eigentlich schon zu Neuwaldegg, als Besitz der älteren Linie der Fürsten Schwarzenberg.

Seite 190: Der Salon, dessen Gesellschaft Stifter hier beschreibt, dürfte der der Frau Henriette Freiin von Pereira, geborenen Baronin Arnstein, gewesen sein.

Seite 196f.: Der grauhaarige Mann ist vielleicht der Orientalist Josef von Hammer-Purgstall, der ältliche Mann natürlich Grillparzer, von dem Byron (»jener Brite«) in sein Tagebuch geschrieben hatte, die Welt werde diesen sonderbaren Namen noch aussprechen lernen.

Seite 197: Sein Mitkämpfer ist wahrscheinlich Eduard von Bauernfeld, obwohl man auch schon auf Johann Ludwig Deinhardstein (August Sauer, »Grillparzers Gespräche«, II. Band, Wien 1906) und Josef von Zedlitz riet. – Der Mann des Gesanges dürfte Karl Freiherr von Schönstein gewesen sein, ein Staatsbeamter und vortrefflicher Tenorbariton, der namentlich als Schubertsänger in der Wiener Gesellschaft gefeiert wurde.

Seite 203: Alte Musik, z. B. von Palestrina, Allegri, Scarlatti, Bach und Gran, wurde jährlich einige Male, besonders im Advent und in der Fastenzeit beim Hofrat Raphael Georg Kiesewetter von Weißenbrunn aufgeführt, einem hervorragenden Musikgelehrten und guten Sänger.